Jörg Rodloff

Scheidung ohne Scherben

Jörg Rodloff

Scheidung ohne Scherben

Mit Mediation zur fairen Konfliktlösung

HERDER

FREIBURG · BASEL · WIEN

MIX
Papier aus verantwortungsvollen Quellen
FSC® C083411

Originalausgabe

www.herder.de

Umschlaggestaltung: Christian Langohr, Freiburg
Umschlagmotiv: © kromkrathog, fotolia.com

Lektorat: Ute Maack, Hamburg
Satz: Barbara Herrmann, Freiburg
Herstellung: CPI books GmbH, Leck

Printed in Germany

ISBN 978-3-451-33294-4

Für Elke, Tina, Roman,
Ariane, Edina und Anna-Robina

Inhalt

Wer sich aber wundern sollte, dass nach so vielen Büchern auch mir die Abfassung einer solchen Schrift in den Sinn kommen konnte, der lese zuvor alle Schriften jener anderen, mache sich darauf an die meinige und dann erst wundere er sich.

nach Flavius Arrianus, Der Alexanderzug

Scheidungsmediation – Das Verfahren für eine neue Zeit

Ehepartner, die sich trennen und sich mit dem Gedanken der Scheidung beschäftigen, beauftragen in der Regel je einen Anwalt. Mit ihm möchten sie bestmöglich aus ihrer Lebenskrise herauskommen. Diesen Weg bezeichne ich im Folgenden als das juristische, das herkömmliche oder auch das traditionelle Verfahren.

Die Anwaltsmediation ist dagegen eine neue Methode, bei der beide Ehepartner *einen* Anwalt, genannt Anwaltsmediator, beauftragen, um mit ihm gemeinsam ihre Probleme zu lösen. Hiervon handelt dieses Buch; es ist ein Buch von einem Praktiker der Anwaltsmediation über und für die Mediationspraxis mit dem Spezialgebiet Familienmediation. Ein Buch aus der Praxis für die Praxis. Mein Hauptanliegen ist es, den Leserinnen und Lesern aufzuzeigen, dass das neue Verfahren der Mediation dem bisherigen in allen wesentlichen Bereichen überlegen ist.

Das Buch richtet sich zunächst an Ehepartner. Sie waren so mutig, weil sie sich getraut haben, sich trauen zu lassen. Führen sie eine gute Ehe, so kann allein das Wissen um die Vorzüge der Mediation vorbeugende Wirkung entfalten. Im Falle von Eheproblemen – und nur wenige Ehen bleiben davon verschont – soll dieses Buch dazu beitragen, die Krise zu überwinden und die Ehe zu retten. Führt die Krise jedoch trotz aller Bemühungen zur Trennung und Scheidung, dann soll es Hilfestellung leisten für eine optimale Nutzung der Trennungszeit, mit anderen Worten, für eine faire, rasche und kostengünstige Konfliktbeilegung.

Auch Heiratswillige soll vorliegendes Buch ansprechen. Jedes Jahr werden in Deutschland etwa 400.000 Ehen geschlossen. Nur wenige entscheiden sich für einen Ehevertrag. Bei der Frage, ob oder in welcher Form es für sie sinnvoll ist, einen Ehevertrag zu schließen, gehen die Meinungen der Partner häufig stark auseinander. Immer wieder scheitert an dieser Frage bereits die Eheschließung, weil die Partner fürchten, übervorteilt zu werden und das Vertrauen in den anderen unterminiert wird. Mithilfe der Mediation können bis hin zur Vertragsgestaltung solche Konflikte vermieden werden.

Singles mögen sich ebenfalls angesprochen fühlen. Hier sind diejenigen gemeint, die eine Ehe oder eine partnerschaftliche Bindung vor allem deswegen ablehnen, weil sie durch die Aufgabe ihrer völligen Unabhängigkeit mehr Nachteile als Vorteile für sich befürchten. Vielleicht führt die Lektüre dieses Buches sie zu der Einsicht, dass eine solche Bindung keine Falle sein muss, aus der es – ohne katastrophale Folgen – kein Entrinnen mehr gibt.

Und nicht zuletzt richtet sich dieses Buch an Jedefrau und Jedermann. Wir alle können mit Auseinandersetzungen konfrontiert werden, die keinen familiären Ursprung haben, sondern in anderen Lebensbereichen entstehen, wie beispielsweise Streit mit den Nachbarn oder kritische Situationen im Beruf. So wie sich Mediation bei der Lösung selbst komplizierter Familienkrisen bewährt, führt sie auch auf anderen Konfliktfeldern mit vergleichbarer Tragweite zu überzeugenden Ergebnissen.

Da sich der Begriff »Anwaltsmediation« etwas holprig liest, verwende ich in diesem Buch oft nur das Wort Mediation. Gemeint ist stets die Mediation, bei der der neutrale Dritte ein Rechtsanwalt ist. Darauf hinzuweisen erscheint mir deshalb wichtig, weil in Fachkreisen mit dem Wort Mediation sowohl die Anwaltsmediation als auch die Mediation gemeint sein kann, die von Psychologen, Sozialpädagogen, Psychiatern und zahlreichen anderen Angehörigen ähnlicher, sogenannter psychosozialer Berufe praktiziert wird.

Also noch ein Buch über die Mediation. Ist das erforderlich? Gibt es nicht schon genügend Veröffentlichungen zu diesem Thema? Es gibt sie. Eigentlich mehr als genug. Fast unübersehbar ist das Feld wissenschaftlicher Arbeiten, deren Erkenntnisse in Monografien, Sammelbänden, Zeitschriften, Broschüren und sonstiger Literatur veröffentlicht wurden. Einige Bücher widmen sich auch der Praxis durch die Darstellung von Fallgeschichten. Aus der Sicht der Betroffenen ist dieses Material jedoch unübersichtlich und verunsichernd. Ironischerweise könnte man sagen, es fehlt eigentlich nur noch eine zehnbändige Ausgabe mit dem Titel: »Mediation leicht gemacht«. Viele Ansichten, Meinungen und Behauptungen werden über die Mediation geäußert, und die Antworten auf die Frage, wie Mediation zu praktizieren sei, sind oft widersprüchlich, irritierend und bisweilen sogar irreführend. Und dies gilt nicht nur für die Literatur, sondern quer durch alle Medien. Die Folge ist der Griff zum vermeintlich altbewährten Verfahren. Man muss fragen: Zu dem wirklich bewährten? Oder ist es nicht doch der Griff zum schlichtweg Gewohnten, zum Eingefahrenen?

»Es ist ganz eigen«, so schrieb schon Johann Wolfgang von Goethe, »dass man deutlich sehen und wissen kann, was gut und besser ist; will man sich's aber zueignen, so schwindet's gleichsam unter den Händen, und wir greifen nicht nach dem Rechten, sondern nach dem, was wir zu fassen gewohnt sind.«[1]

Hat sich also das Gewohnte, in diesem Fall die Familienrechtsjustiz, bewährt? Aus der Sicht der Gerichte und Anwälte kann ich die Antwort unterstellen: ein eindeutiges Ja. Und aus der Sicht der Betroffenen? Wer könnte für sie sprechen? Weit und breit niemand zu sehen. Ich möchte es wagen: Die Antwort ist ein eindeutiges Nein. Ist dieses kompromisslose Nein nicht ein wenig gewagt? Ich meine wiederum: Nein. Hier halte ich es mit Pfarrer Dietrich Bonhoeffer: »Es gibt doch nun einmal Dinge, für die es sich lohnt, kompromisslos einzustehen.«[2]

Keine Statistik hat bisher erfasst, was die in Trennung und Scheidung befindlichen Ehepartner und Familienmitglieder an oft unerträglichen Belastungen vor, während und nach einem Scheidungsverfahren durch die Familienrechtsjustiz durchleben und durchleiden müssen und inwieweit ihnen diese psychische, physische und finanzielle Leidenszeit durch das Mediationsverfahren hätte erspart, zumindest aber gelindert werden können.

Ich bin davon überzeugt, dass sorgfältige Studien hierüber zu erschütternden Erkenntnissen kämen. Würden sie veröffentlicht, so verfiele wohl kaum noch jemand auf die Idee, diesen seelenlosen und oft menschenverachtenden Weg zu wählen; jedenfalls niemand, der sich von ihm Hilfe und Gerechtigkeit erhofft – und erst recht niemand, der die Mediation als Alternative kennengelernt hat. Eine vergleichende Untersuchung wäre, davon bin ich überzeugt, höchst aufschlussreich.

Es sei daran erinnert, dass die Bereitschaft und Offenheit für die Familienmediation – wenn man so will, der Ruf nach der Mediation – eine Reaktion auf die Enttäuschung der Bürgerinnen und Bürger war, die große Erwartungen in die erste große Familienrechtsreform von 1977 gesetzt hatten, mit der das Schuldprinzip abgeschafft wurde. Die Desillusionierung, von der hier die Rede ist, lässt sich vor allem an zwei Punkten illustrieren:

- Der Unterhaltsanspruch des Unterhaltsberechtigten wurde nach der Reform nicht mehr mit der Frage verknüpft, wie sehr er sich in der Ehe schuldig gemacht habe (nach dem alten Recht war die Höhe des Unterhaltsanspruchs in einer Art Automatismus an das Maß der Schuld geknüpft). In der Folge wurde der Kampf um die elterliche Sorge erbitterter als je zuvor geführt, da mit der Betreuung der Kinder auch der Unterhalt des betreuenden Elternteils gesichert war.
- Mit der Abschaffung des Schuldprinzips konnte jeder Ehepartner buchstäblich von heute auf morgen die Ehe aufkündigen, ohne sich im Sinne des Gesetzes schuldig gemacht zu haben. Für eine sehr hohe Zahl von Ehepartnern, für die das Eheversprechen auch eine hohe emotionale und moralische Bedeutung hatte, stellte und stellt sich nach wie vor der Weggang des Ehepartners, »einfach so« als eine Tragödie dar. Dies umso mehr, als zu jener Zeit die Ehefrau mit den Kindern, noch ohne juristische Nachteile befürchten zu müssen, in einer Nacht- und Nebelaktion aus der ehelichen Wohnung ausziehen und das Weite suchen konnte.

Den hiermit verbundenen Problemen war das justizielle Verfahren nicht gewachsen. Schnell stieß es an seine Grenzen und zeigte eine Hilflosigkeit, die jener der Ehepartner in nichts nachstand. Die Gerichte sprachen damals bei einer streitigen Auseinandersetzung um das Sorgerecht sogar nicht mehr von einer Entscheidung zum Wohl des Kindes, sondern resignierend von einer »am wenigsten schädlichen Alternative« für das Kind.

Diese missliche Lage hat sich mit der Familienrechtsreform 1998 nicht nennenswert verbessert. Während noch bis dahin der Elternteil, der die alleinige elterliche Sorge für das gemeinsame Kind beanspruchte, nachweisen musste, dass er hierfür geeignet sei, drehte sich nach 1998 der Spieß sozusagen um. Seitdem muss ein Elternteil, der die alleinige elterliche Sorge für ein gemeinsames Kind begehrt, nachweisen, dass dem anderen Ehepartner diese Eignung fehlt. Mit anderen Worten: Die geschiedenen Eltern stellen zunächst eine Art Zwangsgemeinschaft für die elterliche Sorge ihrer Kinder dar. Sie sind folglich in dieser Frage auch gezwungen zu kommunizieren. Kommunikation unter Zwang! Wie soll das funktionieren? Die Ehepartner müssen also, ob sie wollen oder nicht, zunächst versuchen, ihre Probleme selbst zu lösen, und weil sie dazu oft nicht in der Lage sind, brauchen sie Hilfe. Diese Hilfe kann das justizielle Verfahren (Gericht und Anwälte als Parteivertreter) aber nicht in einer Weise leisten, dass die Kinder dabei von massiven seelischen Belastungen so weit wie möglich verschont bleiben.

Eine andere Lösung, die Mediation, schafft Abhilfe! Sie ist, wie der ehemalige Gerichtskorrespondent des »Spiegel«, Rolf Lamprecht, schreibt, dem Gerichtsprozess »haushoch überlegen«, insbesondere wenn sich, wie z. B. bei scheidungswilligen Ehepaaren mit Kindern, »Konfliktparteien gegenüberstehen, die auch in Zukunft miteinander auskommen müssen«.[3] Es erscheint daher ganz unverständlich, dass noch heute eine nur verschwindend geringe Zahl von Ehepartnern den Zugang zur Mediation findet, und das nach mehr als zwanzigjährigem Bemühen engagierter Mediatorinnen und Mediatoren und erklärter Zielsetzung seitens der Politik, den Schlichtungsgedanken in der Öffentlichkeit zu stärken. So hieß es schon 1989 in der Antwort der Landesregierung von Nordrhein-Westfalen auf eine große Anfrage der SPD-Fraktion: »Bei dem vorhandenen Angebot an Schlichtungseinrichtungen ist es schwer vorstellbar, daß der Bürger, der einen Konflikt ohne Einschaltung der Gerichte beizulegen bereit ist, dazu nicht die geeignete Stelle findet. Problematisch ist vielmehr, daß der Bürger dieses breitgefächerte durchaus attraktive Angebot an Schlichtungseinrichtungen vielfach nicht annimmt. Daher gilt es, die Einsicht zu stärken, daß der Bürger zunächst für den Schlichtungsgedanken erst noch gewonnen und ihm das vorhandene Schlichtungsbewußtsein nähergebracht werden muß. Es geht also darum, ein ›Schlichtungsbewußtsein‹ in der Bevölkerung derart zu verankern, daß der Gang zum Gericht erst dann der letzte Ausweg der Konfliktbeilegung wird, nachdem alle Möglichkeiten außergerichtlicher Streitbeilegung ausgeschöpft sind.«[4]

Ein Grund für die bis heute mangelnde Akzeptanz oder gar Kenntnis der Mediation ist sicherlich der Umstand, dass auch hier brauchbare empirische Untersuchungen darüber fehlen, welche Erfahrungen die Menschen mit diesem Konfliktlösungsmodell gemacht haben. Es gibt folglich auch kaum praxisnahe Literatur für die Konfliktbetroffenen, an der sie sich orientieren können. Dies wiederum bewirkt, dass der Zugang zur Mediation weiter erschwert wird. Ein Teufelskreis also. Mit diesem Buch will ich dazu beitragen, ihn zu durchbrechen.

Nicht selten spielt der Mensch in den Bereichen gesellschaftlicher Planung, in denen er gerade im Mittelpunkt stehen sollte, die geringste Rolle, jedenfalls dann, wenn es um die Fragen geht, wie die Inhalte der Zielvorgaben und der Weg dorthin, wie Planung und Durchführung mit den Bedürfnissen der Menschen in Einklang gebracht werden können. Unser Schulsystem mag ein Beispiel hierfür sein. Die Mediation ist ein zweites.

Woran liegt das? Ein Erklärungsversuch: Als die Mediation in den neunziger Jahren des vergangenen Jahrhunderts aus den USA importiert und in Deutschland eine Vielzahl von Seminaren und Ausbildungslehrgängen über diese Methode angeboten wurde, war man bemüht, dieses in den USA sehr bewährte Verfahren so authentisch wie möglich auf unseren Kulturkreis zu übertragen. Somit hat sich im Laufe des letzten Jahrzehnts ein typisches Mediationsverfahren herausgebildet, das sich in der Theorie ganz überzeugend anhören mag, in der Praxis aber bei Anwälten und Betroffenen nur sehr begrenzt auf Zustimmung stößt. Die USA sind eben nicht Deutschland. Mediation, so ist in der einschlägigen Literatur immer wieder zu lesen, muss man kapieren und nicht kopieren.

In Mediationskreisen ist man sich einig darüber, dass die Mediation in Deutschland »angekommen« ist. Dies mag zwar stimmen, jedoch nicht, so meine ich, in einer Weise, wie sie es verdient hätte, nämlich begeisternd, inspirierend, ansteckend! Gemessen an den vielen Ehepartnern, die sich jedes Jahr von der Familienmediation angesprochen fühlen müssten, ist die Zahl derer, die diesen Weg tatsächlich beschreiten, geradezu entmutigend gering. Die erwähnte mangelnde Praxisnähe aller bisherigen Bemühungen, die Mediation in Deutschland heimisch zu machen, ist nur ein Grund. Ein anderer liegt vielleicht in der immer noch spürbaren Zurückhaltung gegenüber einem Verfahren, das die bisherigen Denk- und Vorgehensweisen unseres Rechtssystems hinterfragt. So kommt es bei Gericht gegenwärtig noch oft genug auf das Konfliktlösungsbewusstsein einzelner Richter an, ob die Mediation verlangt oder angeraten wird. Auch in der Anwaltschaft stößt das neue Verfahren auf ein eher gemischtes Echo. Fordert doch die erfolgreiche Mediation über den juristischen Sachverstand hinaus eine hohe Problemlösungskompetenz im Bereich zwischenmenschlicher Konflikte. Diese Herausforderung scheuen viele Anwältinnen und Anwälte – sie bewegen sich lieber auf dem sicheren, weil »studierten« Terrain des im Übrigen weit besser honorierten herkömmlichen Verfahrens.

Nun ist die Frage berechtigt, warum gerade ich mich berufen fühle, dem Leser mit diesem Buch die Mediation näher zu bringen. Ermutigt haben mich 1988 die Worte des Zukunftsforschers und Erfinders der »Zukunftswerkstatt« Robert Jungk, die ich in einem Zeitungsinterview las. Jungks Worte haben an Aktualität nichts eingebüßt: »Wo haben wir denn noch die Möglichkeit der Einflussnahme, um in eine sichere und bessere Zukunft zu steuern? Die Menschen müssen auf bessere Informationen dringen, sie müssen protestieren, Widerstand leisten. Aber das ›Nein‹ genügt mir nicht. Die Betroffenen müssen selber Vorstellungen entwerfen, wie eine bessere Gesellschaft aussehen soll. Das geht am besten im lokalen Bereich, wo der einzelne Mensch selbst noch Einblick hat.«[5]

Drei glückliche Umstände möchte ich nennen, die es mir ermöglicht haben, eigene Vorstellungen im Sinne Robert Jungks entwerfen zu können. Da war zunächst die Reaktion auf meinen Aufsatz »Der Scheidungsanwalt«, veröffentlicht in dem Buch »Facetten des Anwaltsberufs«[6], des Weiteren mein früher Einstieg in die Mediation, und zwar zu einer Zeit, da sich diese Methode gerade angeschickt hatte, in Deutschland Fuß zu fassen, und schließlich meine Mitarbeit an dem Fernsehfilm »Scheidung ohne Scherben«.

Anfang 1990, kurz bevor die Mediation in Deutschland Einzug hielt, appellierte ich in meinem Beitrag »Der Scheidungsanwalt« an meine Anwaltskollegen, mehr Verständnis und Menschlichkeit gegenüber den in Trennung und Scheidung befindlichen Menschen walten zu lassen. Gleichzeitig wies ich auch auf die große Bedeutung eines besseren und professionelleren Verhandelns hin.

Die Reaktionen auf diese Publikation bestätigten mir, dass ich damit einen wunden Punkt berührt hatte. Ein Richter am Oberlandesgericht resümierte, dass der Beitrag viel Beherzigenswertes enthalte. Eine Referendarin entdeckte dieses Buch in der Universitätsbibliothek Freiburg und bewarb sich bei mir um ein Praktikum mit dem überraschenden Hinweis, dass sie sich besonders für das alternative Scheidungskonzept der Mediation interessiere.

Heute kann ich sagen, dass dieser Aufsatz für mich eine Art richtungweisender Vorläufer auf meinem Weg zur Mediation war. Er enthielt bereits mediative Elemente, ohne dass das Wort Mediation darin vorkam. Möglicherweise hat er auch – wenn auch nur in einer eher symbolischen Größenordnung – dazu beigetragen, einen Impuls für die Anwaltsmediation in Deutschland zu geben. In einem bin ich mir allerdings sicher: Mitentscheidend für die positive Resonanz war der Umstand, dass ein Scheidungsanwalt, der für die Betroffenen seinerzeit (und überwiegend wohl auch heute noch) die Rolle eines beinharten Kämpfers für die eigene Partei zu spielen hatte, ganz neue Töne – weniger waffenklirrende – angeschlagen hatte.

Neu in diesem Zusammenhang und in ihrer Wirkung offensichtlich besonders nachhaltig waren Aussagen des großen indischen Pazifisten und Revolutionärs Mahatma Gandhi über seine Erfahrungen als Rechtsanwalt, die auch für mich so überzeugend gewesen waren, dass ich sie in dem Beitrag ungekürzt wiedergab. Das Zitat ist später immer wieder in der Mediationsliteratur aufgetaucht, und ich möchte Gandhis Worte zum besseren Verständnis dessen, was mir damals am Herzen lag, auch hier noch einmal bemühen: »... Meine Freude war grenzenlos. Ich hatte die wahre Rechtspraxis gelernt. Ich hatte gelernt, die bessere Seite der menschlichen Natur zu aktivieren und zu den Herzen der Menschen vorzudringen. Ich begriff, dass die wahre Funktion eines Anwalts darin bestand, die zerstrittenen Parteien zusammenzuführen. Diese Lehre wurde mir so unauslöschlich eingebrannt, dass ein großer Teil meiner Zeit während der zwanzig Jahre meiner Anwaltspraxis darauf verwendet wurde, in Hunderten von Fällen private Vergleiche zustandezubringen. Ich verlor nicht dabei – nicht einmal Geld und ganz gewiß nicht meine Seele.«[7]

Während ich noch 1990 zu diesem Plädoyer uneingeschränkt stehen konnte, eben weil die Mediation hier noch unbekannt war, halte ich es heute für nicht mehr vollständig. Ich würde Gandhi, lebte er noch, fragen, ob es in seinem Sinne wäre, dieses Zitat wie folgt zu ergänzen und zu aktualisieren:

»Durch die Mediation kann das Ziel, die Konfliktparteien zu einigen, ungleich leichter erreicht werden als im herkömmlichen Verfahren. Die zahlreichen Streitigkeiten, die nicht selten erst durch das Einschalten von parteiischen Anwälten hervortreten und eskalieren, können durch die Mediation schon im Ansatz vermieden werden. Durch die Mediation bleibt der bislang oft mühselige Weg erspart, den Anwalt der Gegenseite von dem Prinzip der Gewaltlosigkeit, auch und gerade bei Familienkonflikten, zu überzeugen.«

Aufgrund meines Anspruchs, mehr Menschlichkeit und Mitgefühl gegenüber den Konfliktbetroffenen walten zu lassen, war ich ganz besonders gespannt – aber zunächst auch kritisch distanziert – als ich Anfang 1989 erstmals mit der gerade in Deutschland Fuß fassenden Mediation in Berührung kam. Meine primäre Frage war: Trägt dieses Verfahren den wirklichen, tiefer liegenden Interessen und Bedürfnissen der Betroffenen Rechnung? Sogleich beschäftigte ich mich mit den Arbeiten der namhaften amerikanischen Vertreter der Mediationslehre John M. Haynes, Gary J. Friedman und Jack Himmelstein. Von Letzteren, die mit ihren Seminaren seinerzeit auch in Deutschland Pionierarbeit leisteten, ließ ich mich zum Anwaltsmediator ausbilden. Da es zu dieser Zeit noch keine nennenswerte deutsche Literatur über die Mediation gab, probierte ich die Erkenntnisse, die aus dem US-amerikanischen Mediationsmodell gewonnen werden konnten, gleich aus, experimentierte mit ihnen und entwickelte schließlich auch eigene Gedanken dazu. So gesehen, gehörte ich – wie es so schön heißt – zu den Mediatoren »der ersten Stunde«. Die Anwaltskammer Stuttgart gab mir – auf meine Anfrage vom 10. Dezember 1990 antwortend – grünes Licht für dieses Verfahren, eingestehend, dass ihr der »Fachbegriff der Mediation bisher noch nicht bekannt« gewesen sei.

Das dritte Glücksmoment, die Chance, dem Stiefmütterchendasein der Mediation abzuhelfen und ihr eine würdevollere Existenz zu verschaffen, fällt in das Jahr 1998. Das inzwischen vielfach mit Preisen ausgezeichnete Filmteam Heidi und Bernd Umbreit setzte sich in menschlich sehr engagierter Weise mit dem Thema der Anwaltsmediation auseinander.

Aufmerksam wurden die zwei Filmproduzenten auf mich durch einen Sorgerechtsstreit, bei dem ich zur mediativen und menschlicheren Lösung eines hoch komplizierten juristischen Falles hatte beitragen können. So mancher Leser wird sich noch an den amerikanischen Film »Kramer gegen Kramer« mit Michelle Pfeiffer und Dustin Hoffman erinnern, der einen ähnlich gelagerten Konflikt behandelt: Eine Mutter erhält nach bitterbösen gerichtlichen Auseinandersetzungen das alleinige elterliche Sorgerecht für ihren etwa zehn Jahre alten Jungen. An dem Tag, an dem sie das Kind von dem Vater abholen will und an dem sie den juristischen Triumph hätte auskosten können, bringt sie es nicht übers Herz, den vom Vater liebevoll behüteten Sohn aus seiner harmonischen Welt herauszureißen. Sie verzichtet somit auf die Durchsetzung ihres Rechts.

Den Fall, von dem hier die Rede ist und der das Interesse des Filmteams weckte, habe ich unter dem Titel »Das lange Adoptionsverfahren« in dieses Buch aufgenommen (s. unten S. 176). Als ich den Filmemachern erläuterte, dass es mediative Elemente gewesen waren, die zu dem ebenso guten wie unerwarteten Ausgang des Falles geführt hatten, entschieden sie sich zu einen Film über die Mediation. Der Film erhielt den Titel »Scheidung ohne Scherben«. (Ich habe – Dank der freundlichen Zustimmung von Heidi und Bernd Umbreit – diesen Titel für das vorliegende Buch auch selbst verwendet, weil es für mich keine klangvollere kurze Beschreibung der Wirkung gibt, die Mediation entfaltet.)

In diesem Film stellten wir drei Ehepaare vor, die während der Mediation von mir begleitet worden waren. Authentisch und nicht gestellt. Der Film wurde vom ZDF in der Reihe »hautnah« am 28. März 1998 ausgestrahlt. Die Resonanz der Zuschauer auf diese Sendung war enorm, die Presse reagierte nahezu ausnahmslos positiv.

Viele Menschen wollten spontan dieses Verfahren näher kennenlernen und auf ihre Ehekonflikte anwenden. Während ich auf Seminaren und Fortbildungslehrgängen über Mediation immer wieder von den Kolleginnen und Kollegen hörte, wie schwierig es sei, Eheleute für die Mediation zu gewinnen, machte ich jetzt eine ganz andere, positive Erfahrung.

Durch die vielen Fragen und Probleme, die im Verlauf unzähliger Besprechungen, Diskussionen und Mediationen von den Konfliktpartnern unmittelbar an mich herangetragen wurden, insbesondere Fragen zum Wesen und Ablauf der Mediation, bekam ich die Möglichkeit, mich an die wirklichen Sorgen, Nöte und Vorstellungen der Ehepartner heranzutasten und mich mit ihnen kreativ auseinanderzusetzen. So gesehen, halte ich seit über zwei Jahrzehnten eine Art überdimensionalen »Workshop« ab, an dem bei stets steigender Nachfrage mittlerweile Hunderte von Ehepartnern teilgenommen haben. Ihre Wünsche und Erkenntnisse habe ich peu à peu in das erwähnte, von den amerikanischen Lehrern entwickelte Mediationssystem integriert. Was sich nicht harmonisch einfügen ließ, was die Ehepartner nicht überzeugte, wurde weggelassen. Deren Anregungen und Ideen wurden aufgenommen, modifiziert und konkretisiert. Auf diese Weise konnte das Verfahren von Jahr zu Jahr verfeinert werden.

Unschätzbare Dienste für den »Feinschliff« dieses Modells haben mir auch die Diskussionsabende geleistet, die jeweils im Anschluss an meine in verschiedenen Städten Baden-Württembergs gehaltenen Vorträge zum Thema »Scheidung ohne Scherben« stattfanden. Nach dem offiziellen Ende dieser Veranstaltungen wurde ich häufig von Besuchern gebeten, Fragen zu ihren jeweiligen persönlichen Konflikten und deren Lösungsmöglichkeiten zu beantworten. Auch hier konnte ich mich an den wirklichen Bedürfnissen und Vorstellungen dieser an der Mediation so sehr Interessierten orientieren.

All diese Erfahrungen haben dazu beigetragen, dass schließlich ein Mediationsmodell entstanden ist, das sich an den Vorstellungen der Betroffenen orientiert. Ein Modell, das funktioniert, auch weil es von den Teilnehmern uneingeschränkt angenommen wird. Es entspringt den Quellen ihrer Bedürfnisse. Dieses Modell nenne ich den Königsweg der Mediation.

Ausdrücklich sei dabei vermerkt, dass ich mich trotz meiner Begeisterung für die Mediation uneingeschränkt zu unserem Recht im Allgemeinen und zu der Werteordnung, auf der unser Recht basiert, bekenne. Allerdings bin ich der Auffassung, dass im Familienrecht, vor allem im Zusammenhang mit der Mediation, nach wie vor vieles reformbedürftig ist. Wohl alle Mediatoren hegten die Hoffnung, dass mit dem im Juli 2012 in Kraft getretenen Mediationsgesetz ein wirklicher Fortschritt für dieses Verfahren erreicht werden könnte. Der Gesetzesentwurf enthielt bereits eine Regelung, die es ermöglicht hätte, die in der Mediation erarbeitete Vereinbarung für vollstreckungsfähig zu erklären. Damit hätten nicht nur die nicht unerheblichen Kosten einer notariellen Beurkundung der Trennung- und Scheidungsfolgenvereinbarung vermieden werden können, die Mediation hätte durch diese Regelung auch einen erheblich höheren Stellenwert in unserer Gesellschaft erlangt. Bedauerlicherweise war dann in der Endfassung des Gesetzes keine Rede mehr von einer solchen Möglichkeit. So wünsche ich mir auf diesem Gebiet weiterhin eine entschiedene Abkehr von der Vergötterung der herkömmlichen Familienrechtsjustiz, zudem eine Überwindung der Trägheit und verbreiteten Gleichgültigkeit gegenüber dem Mediationsverfahren seitens der Anwaltschaft. Ich wünsche mir eine Reform, die dem rasanten gesellschaftlichen Wandel, dem das System Familie unterworfen ist, entspricht. Eine Reform, die der Bedeutung und Effektivität der Familie, die wieder zur Urzelle von Gemeinschaft werden muss, gerecht wird.

Anmerkungen

[1] J.W. v. Goethe: Italienische Reise. In: Goethes Werke. Hamburger Ausgabe in 14 Bänden. Hg. von Erich Trunz. Hamburg 1948ff. (im Folgenden: HA). Bd. 11, S. 172.

[2] Brief an K.-F. Bonhoeffer, 14.1.1935. In: Dietrich Bonhoeffer. Werke. Hg. von Eberhard Bethge. München 1986ff. Bd. 13, S. 273.

[3] Rolf Lamprecht: Die Lebenslüge der Juristen. Warum das Recht nicht gerecht ist. München 2008, S. 245.

[4] Zit. nach: Reiner Ponschab: Wege zur anwaltlichen Schlichtung. In: Anwaltsblatt 3/1997, S. 146.

[5] Stuttgarter Zeitung vom 3.1.1988.

[6] Alfred Gleiss (Hg.): Facetten des Anwaltsberufs. Heidelberg 1990.

[7] Zit. nach: Heimo Rau: Mahatma Gandhi in Selbstzeugnissen und Bilddokumenten. Reinbek 1970, S. 32f.

Wer an sich erfahren hat, was ein reichhaltiger Gedanke heißen will, er sei nun aus uns selbst entsprungen, oder von anderen mitgeteilt und eingeimpft, wird gestehen, was dadurch für eine leidenschaftliche Bewegung in unserem Geiste hervorgebracht werde, wie wir uns begeistert fühlen, indem wir alles dasjenige in Gesamtheit vorausahnen, was in der Folge sich mehr und mehr entwickeln, wozu das Entwickelte weiterführen soll.

J. W. v. Goethe, Italienische Reise

Mein Weg zum Anwaltsmediator

Anlässlich meiner Vorträge werde ich häufig gefragt, warum ich Mediator geworden bin. Der wohl entscheidende Grund war eine Art Eingebung, dass dieses Verfahren unserer Zeit entsprechen könnte. Seit Mitte der achtziger Jahre des vergangenen Jahrhunderts haben Ehepartner mir gegenüber immer öfter den Wunsch geäußert, die Scheidung mit nur einem Anwalt abzuwickeln. Diesem Wunsch konnte lange Zeit kein rechtmäßiges Verfahren entsprechen. Der einseitig für eine Partei tätige Anwalt war nicht in der Lage, diesem Bedürfnis Rechnung zu tragen. Endlich bot sich der Weg der Mediation, in diesem Fall der Anwaltsmediation, die zwei Welten vereint, nämlich die des Rechts und die der Bedürfnisse beider Seiten nach Gerechtigkeit, Fairness und Ausgleich.

Hier war es so, wie es bei uns häufig der Fall ist: Gerade wenn wir uns mit bestimmten Dingen gedanklich intensiv beschäftigen, kommen wir auch dank äußerer Ereignisse mit ihnen in Berührung. Zu der Zeit meiner ersten Beschäftigung mit Mediation las ich bei Goethe die oben als Motto zitierten Worte. Ein kleines Kunstwerk für sich und sprachlich wunderschön, umfasst und vereint dieser Satz inhaltlich all das, was ich damals an Vorahnung dem Mediationsverfahren gegenüber empfunden hatte. Es war tatsächlich so etwas wie eine Vision. Meine Empfindung beim Lesen dieses Satzes kann ich wie folgt beschreiben: Die Mediation wird dein Leben verändern. Die Mediation ist dein Weg.

Was mir an Großartigem mit der Mediation zuteil werden würde, konnte ich damals noch nicht einmal erträumen, doch hatte ich die Gewissheit, dass Rückschläge, und seien sie auch noch so heftig, mich nicht mehr an diesem Verfahren zweifeln lassen würden.

Heute drängt sich mir die Frage auf, ob es eine Art Vermittlungs-Gen gibt, also ein erblich veranlagtes Bedürfnis, bei menschlichen Konflikten stets den versöhnlichen Weg zu suchen und zu gehen, oder ob das Elternhaus, das heißt in erster Linie die Erziehung, den entscheidenden Anstoß liefert?

Wie war das bei mir? Zuerst glaube ich, dass der Umstand, mit vier Geschwistern in der Kriegs- und Nachkriegszeit aufgewachsen zu sein, einen großen Einfluss hatte auf meine tief verinnerlichte Bereitschaft zu teilen; und wenn es noch so wenig war, was wir damals besaßen, Teilen war selbstverständlich, ohne dass wir dabei das leiseste Unbehagen empfanden.

Was mich am meisten in meiner Kindheit prägte, war die gelebte Harmonie in der Ehe meiner Eltern. Später, als ich schon erwachsen war, fragte ich sie nach dem Geheimnis ihres fortwährenden und ungetrübten ehelichen Einklangs. Ich wollte die Antwort von jedem Elternteil unbeeinflusst vom jeweils anderen hören, und so wandte ich mich, in Abwesenheit meiner Mutter, zuerst an meinen Vater. Er antwortete ebenso überraschend wie spontan, als hätte er die Frage schon lange erwartet: »Ich bin überzeugt, dass unsere Ehe nur deshalb ohne Komplikationen verlief, weil ich in allen Fällen, in denen wir verschiedener Auffassung waren, ohne Weiteres nachgegeben habe, jedenfalls in 99 Prozent der Fälle – mindestens.«

Als ich meine Mutter fragte, erhielt ich – selbst von der Wortwahl her kaum zu unterscheiden – die gleiche Antwort: Sie sei es gewesen, die stets ohne zu zögern nachgegeben habe.

Schimpfworte, selbst die gängigsten, waren in unserer Familie ohne jede Ausnahme Fremdworte. Ich erinnere mich noch daran, dass meine Schwester als Siebzehnjährige die Freundschaft zu einem Jungen, den sie eigentlich sehr mochte, nur deshalb kündigte, weil er immer wieder das Wort »Sch...« benutzte. Wir anderen Geschwister waren uns völlig darüber einig, dass ihr eigentlich gar keine andere Wahl blieb, als so zu handeln.

Als mein Vater aus der Kriegsgefangenschaft heimkehrte, war ich bereits zehn Jahre alt. Im Laufe der folgenden Jahre wunderte ich mich, dass mein Vater eine rege Korrespondenz in englischer Sprache führte. Er erklärte mir, dass er als Kriegsgefangener ein freundschaftliches Verhältnis zu drei englischen Offizieren entwickelt habe und er mit diesen eine Brieffreundschaft pflege. Bemerkenswert war, dass diese drei Veteranen sich seit dem Krieg gut kannten, später aber keinerlei Kontakt mehr untereinander hielten. So war es mein Vater, über den sie von den weiteren Lebenswegen und Ereignissen der jeweils anderen erfuhren!

Als ich zwanzig Jahre alt und selbst schon Offizier war, machte ich eine Englandreise. Hierbei besuchte ich einen dieser Offiziere, Major Archer, in dessen südlich von London gelegenem Haus. Kaum hatte er die Tür geöffnet, rief er erstaunt und erfreut zugleich: »Well, you are Rudi, aren't you?« und nahm mich spontan in den Arm. Nicht schwer zu erraten, dass der Gastgeber mit dieser Bemerkung die große Ähnlichkeit zwischen meinem Vater und mir zum Ausdruck brachte. Wir verbrachten zusammen mit seiner Ehefrau einen wunderbaren Abend bis tief in die Nacht. Meine Frage, wie es zu dieser eigentlich unvorstellbaren Freundschaft zwischen ihm und meinem Vater gekommen sei, konnte er nicht mehr konkret beantworten. Sinngemäß erklärte er mir, er könne sich diese heute nur noch mit wechselseitiger Sympathie erklären.

Noch während meiner Zeit bei der Bundeswehr folgte ich dem Aufruf der Organisation Deutsche Kriegsgräberfürsorge, in der Normandie deutsche Kriegsgräber zu pflegen. Ein spontaner Zweifel, ob ich meinen Urlaub nicht lieber am Strand der Côte d'Azur verbringen sollte, war schnell zerstreut. Nicht eine Sekunde habe ich diese Entscheidung bereut. Allein schon die sehr herzliche, fast freundschaftliche Aufnahme unserer deutschen Gruppe durch die französische Bevölkerung des nah am Friedhof gelegenen Dorfes war eine Erfahrung besonderer Art. Zahlreiche sehr berührende menschliche Begegnungen ließen diesen Aufenthalt zu einem Erlebnis werden, das mich nachhaltig beeindruckte. Ich schrieb hierüber einen Bericht, der dem Herausgeber der Zeitschrift »Luftwaffengruppe Süd« so gut gefiel, dass er mich mit einem Buchpreis bedachte.

Während meines Jurastudiums in Tübingen las ich auch zahlreiche philosophische Schriften. Dabei faszinierten mich stets vor allem Persönlichkeiten, die sich keinem Dogma, keiner Ideologie, keinem Glauben (andere ausschließende Religionen) und Ähnlichem verpflichtet fühlten. Eigenschaften wie Objektivität, Neutralität und Unbestechlichkeit erhob ich zu meinen handlungsleitenden Idealen. Eigentlich überflüssig zu erwähnen, dass ich für alle Zukunft keiner Partei, keiner wie auch immer gearteten politischen Einrichtung oder anderen Organisationen anzugehören imstande war. Eine Ausnahme soll die Regel bestätigen:

Gleich nach Abschluss meines zweiten Examens wurde ich Mitglied des Deutschen Familienverbandes in Stuttgart. Hier bemühte ich mich ehrenamtlich, den Ärmsten der Armen in dieser Stadt zu helfen, wenngleich auch mit meinen damals zwangsläufig noch recht bescheidenen Kenntnissen und Erfahrungen in der Rechtspraxis. Einsatzorte waren die sozial schwachen Bezirke wie Hallschlag und Fasanenhof, wo der Familienverband kostenlose Rechtsberatung anbot. Die Erfahrungen, die ich hier machen konnte, haben meine gesamte Laufbahn als Anwalt stark beeinflusst, vor allem aber bereichert.

Dass mir nicht selten der Vorwurf gemacht wurde, ich würde unter einem Helfersyndrom leiden, nahm ich eher amüsiert hin. Früh hatte ich gelernt, dass das Relativieren und Herabwürdigen von Hilfeleistungen ein zeitloses Phänomen ist. Hören wir, welche Beobachtung Goethe zu diesem Thema gemacht hat: »Eine edle Tat wird dem Eigennutz, eine heroische Handlung der Eitelkeit … zugeschrieben …«[1] – ohne freilich in Anspruch nehmen zu wollen, dass meine Hilfe edel, geschweige denn heroisch gewesen sei.

Ich habe oben von einer Art Vision gesprochen, d. h. ich habe mir nicht konkret vorstellen können, was mich einst mit der Mediation so intensiv verbinden würde. Aber geahnt habe ich schon, dass mich viel Erfreuliches und Bedeutsames erwartet. Dass diese Erwartungen weit übertroffen werden, freudige Überraschungen mich nahezu täglich erreichen würden und bis heute noch erreichen, vermochte ich mir damals nicht vorzustellen, doch gehören Letztere, wie ich inzwischen weiß, zum Wesen der Mediation.

Ich möchte von den vielfältigen Erfahrungen und Begebenheiten, die mir eine positive Bestätigung meines Wegs als Anwaltsmediator waren, nur wenige herausgreifen, um anschaulich zu machen, wovon bisher eher abstrakt die Rede war. Den aktuellen Trend unserer Gesellschaft aufgreifend, alle möglichen Sachverhalte unseres Lebens in einem »Ranking« zu bewerten, nenne ich im Folgenden meine »Top Eight« derjenigen Erlebnisse, die mich in meiner Arbeit ermutigt haben:

8. Platz

Ein Ehemann, der bereits Jahre zuvor mit dem herkömmlichen Verfahren seine erste Scheidung – so seine Einschätzung – »brillant über die Bühne« gebracht hatte, versuchte es bei seiner zweiten Scheidung mit der Mediation. Nach dem für beide Ehepartner erfolgreichen Abschluss gestand er mir: »Das, was ich hier [in der Mediation, Anm. d. Verf.] erfahren habe, hat mich sehr überzeugt. Ich habe gelernt, faire Kompromisse zu schließen und dem anderen Ehepartner auch in der Scheidung mit Respekt, Fürsorge und Fairness zu begegnen. Diese Erfahrung wird sicher auch für mein weiteres Leben von positivem Einfluss sein. Ich bin durch dieses Verfahren bereichert worden, obwohl meine Zugeständnisse in finanzieller Hinsicht vielleicht größer waren, als ich in einer streitigen gerichtlichen Auseinandersetzung zu leisten verpflichtet gewesen wäre. Ich weiß, dass dies trotzdem für mich der richtige Weg war. Nicht nur das; jetzt wird mir erst bewusst, wie unfair ich mich eigentlich bei meiner ersten Scheidung gegenüber meiner damaligen Ehefrau verhalten habe. Mir ist es jetzt ein echtes Bedürfnis, ihr gegenüber etwas gutzumachen, obwohl damals, wie gesagt, alles juristisch einwandfrei abgewickelt worden war.«

7. Platz
Anfang 1991, also etwa ein Jahr nach der Veröffentlichung des Buches »Facetten des Anwaltsberufs«, erreichte mich der Brief einer Freiburger Studentin, die meinen darin enthaltenen Beitrag »Der Scheidungsanwalt« gelesen hatte. Sie schrieb mir, dass sie mein Text angesprochen habe, und fragte, ob sie die Methoden der gewaltfreien Konfliktlösung während eines Praktikums in meiner Kanzlei kennenlernen dürfe. In dem persönlichen Gespräch erklärte sie mir frank und frei, dass sie mit mehreren Kanzleien in Stuttgart Kontakt aufgenommen habe, um sich dort auch mit dem Wesen der Mediation näher vertraut zu machen. Ich war natürlich hoch erfreut, als sie sich für meine Kanzlei entschied. So lernte sie hier das Wesen der Mediation anhand zahlreicher Mediationssitzungen, Mediationsseminare und Workshops kennen. Ihr großes Ziel, eines Tages als Familienrichterin die hier erlangten Kenntnisse anwenden zu können, verfolgte sie mit beharrlicher Begeisterung – und mit Erfolg.

6. Platz
Nichts prägt mehr als die Praxis, und hier konkrete Erfahrungen mit Eheleuten in der Mediation. Ausgangspunkt war die Frage, inwieweit die Ehefrau an dem Schmerzensgeld, das der Ehemann aufgrund eines Betriebsunfalls erhalten hatte, bei der Zugewinnauseinandersetzung partizipiere. Mit den Mediationsteilnehmern erörterte ich die höchstrichterliche Rechtsprechung, die vom Grundsatz her

das Schmerzensgeld bei der Erfassung des Zugewinns berücksichtigt und die Ehefrau insofern daran teilhaben lässt. Doch die Ehefrau erklärte sinngemäß: Was immer auch die Rechtsprechung hierzu sagen mag, für mich ist es selbstverständlich, dass ich hiervon nichts haben möchte, weil doch nur mein Mann diese Schmerzen hatte. Der Ehemann war von dieser Einstellung sehr beeindruckt und tief gerührt, sodass er erklärte, es entspräche seinem Wunsch, dass seine Ehefrau einen entsprechenden Anteil des Geldes erhalte, da sie ihn doch in der schweren Zeit nach dem Unfall fürsorglich unterstützt habe.

5. Platz

Ein zunächst heftig zerstrittenes Ehepaar konnte in der Mediation alle Fragen einvernehmlich und fair lösen. Der Ehemann rief etwa ein Jahr später an und lud mich zu seiner neuen Eheschließung ein. Er erklärte, mein Kommen sei ein Muss. »Sie haben einen entscheidenden Anteil daran, dass ich nunmehr glücklich bin und in eine wunderbare Zukunft blicken kann.« Ich war verunsichert, ob ich die Einladung annehmen dürfe, weil ich die Gefahr sah, man könne auf den Gedanken kommen, ich sei, rückwirkend betrachtet, zu Lasten der seinerzeitigen Ehefrau nicht neutral gewesen.

Ich rief die geschiedene Ehefrau an und vertraute ihr mein Anliegen an. Sie sagte, sie würde sich freuen, wenn ich ihrem ehemaligen Ehemann diesen Wunsch erfüllen würde; sie habe nämlich selbst mit ihrem Verlobten erst vor wenigen Tagen erörtert, ob es nicht ein Zeichen ihrer Dankbarkeit sei, wenn auch sie mich zu ihrer ebenfalls bevorstehenden Hochzeit einladen würden. Sie habe aber folgende Bedenken gehabt: Würde eine Einladung des Mediators nicht den Eindruck erwecken, sie sei damals bevorzugt behandelt worden, was ja auch gleichzeitig eine weniger gute Behandlung ihres damaligen Ehemannes bedeutet hätte?

Diese Zweifel, so gestand sie mir ein, wären jetzt durch die Einladung ihres geschiedenen Ehemannes völlig verflogen, jedenfalls dann, wenn ich beide Einladungen annehmen würde. Bei beiden Hochzeiten war ich daher Gast! Bei der zweiten ergriff die Ehefrau das Wort und ließ die Gäste wissen, wie sehr und warum sie sich gerade über meine Anwesenheit freue. Sie hatte gerade ihre kleine Rede beendet, als ein Briefbote klingelte und einen Eilbrief abgab. Die Ehefrau las diesen Brief zunächst für sich, zeigte ihn dann ihrem Ehemann, der daraufhin den Gästen den Wortlaut dieses Briefes mitteilte. Er enthielt liebevolle Worte des ehemaligen Ehemannes und seiner jetzigen Ehefrau, die den von Herzen kommenden Segen für das Brautpaar zum Ausdruck brachten.

4. Platz

Immer wieder meldeten sich bei mir Studenten und auch Referendare, zum Teil aber auch Anwälte mit langjähriger Berufserfahrung, die meine Methode der Mediation kennenlernen wollten und sie dann auch tatsächlich kennenlernten. Besonders beeindruckt hat mich ein junger Diplom-Jurist, der gerade sein Staatsexamen in Passau mit Prädikat absolviert hatte. Er rief mich Anfang des Jahres 2007 an und erzählte, er habe während des Studiums auch das Fach Mediation belegt und sei hiervon sehr angetan. Nun habe er zu diesem Thema das Internet durchforstet, wobei ihm aufgefallen sei, dass meine Homepage bei Eingabe des Begriffs »Anwaltsmediation« bei Google an erster Stelle erscheine. Zwar habe dies noch nichts zu bedeuten, doch der Inhalt der Homepage habe ihn dann so angesprochen, dass er mir seine Bewerbung zuschicken wolle. Bei vielen anderen

Homepages habe er feststellen müssen, dass die Mediation noch ein unangemessen bescheidenes Dasein führe und dieses Verfahren lediglich als eine Art Zusatzangebot der sonstigen Dienstleistungspalette verstanden werde.

Wir vereinbarten ein Treffen, bei dem ich innerhalb kürzester Zeit feststellen konnte, wie sehr dieser junge Mann von der Idee der Mediation fasziniert war. Im Laufe des Gesprächs äußerte er den Wunsch, bei mir bis zur Fortsetzung des Studiums im Herbst 2007 die Praxis der Mediation zu studieren. Gesagt, getan! Bald zeigte sich, wie sehr er von dem Gedanken der Mediation nicht nur begeistert, sondern auch durchdrungen war. Folgendes schrieb er mir: »Ich habe während meines Studiums stets daran geglaubt, dass Konflikte auch anders zu lösen sind als durch das reine Denken in Paragrafen. Denn dadurch fallen Recht und Gerechtigkeit auseinander; Streit und Uneinigkeit sind die Folge. Jetzt, bei der Zusammenarbeit mit Ihnen, ist mir klar geworden, wo die tieferen Gründe meines Unbehagens lagen, nämlich darin, dass das juristische Prinzip derart vereinfacht und abstrahiert ist, dass zwangsläufig wesentliche Elemente des Menschlichen ausgespart bleiben.«

Dass sich ein junger Jurist unmittelbar nach dem Abschluss des Universitätsstudiums, seiner inneren Stimme folgend, von seinem tiefen Anliegen nach Übereinstimmung von Recht und Gerechtigkeit so zielsicher führen lässt, fand ich über alle Maßen bemerkens- und lobenswert. Jahre später nahm er wieder Kontakt mit mir auf und erzählte freudig, dass er als Mediator in einer Weltorganisation tätig sei.

Bronzemedaille

Ich vertrat eine Mandantin im herkömmlichen Scheidungsverfahren (eine Mediation wurde vom Ehemann abgelehnt). Es ging um die schwierige Frage, wo denn das seinerzeit zweijährige Kind dauerhaft wohnen solle. Beide Elternteile hatten die elterliche Sorge für ihr Kind. Die Eltern hatten sich während der Partnerschaft etwa zu gleichen Teilen um das Kind gekümmert. Mit viel Geduld und Behutsamkeit wurde schließlich eine alle zufriedenstellende Lösung gefunden.

Etwa ein Jahr nach Abschluss dieses Rechtsfalls rief mich die ehemalige Mandantin an und fragte, ob ich ihr die Chance geben würde, Auszubildende in meiner Anwaltspraxis zu werden. Sie habe zwar ein Hochschulstudium mit sehr gutem Erfolg abgeschlossen, doch könne sie eine Anstellung in ihrem Beruf (in der Modebranche) nur finden, wenn sie ganztätig arbeite. Dies würde jedoch voraussetzen, dass ihr Kind überwiegend von Tagesmüttern betreut werden müsste. Dazu sei sie nicht bereit. Als Hauptgrund ihrer Bewerbung nannte sie den Wunsch, die Mediation von Grund auf kennenzulernen. Ihr Anliegen war deshalb so bemerkenswert, weil sie bisher lediglich mit einigen, wenn auch maßgeblichen Elementen des Verfahrens in Berührung gekommen war. Buchstäblich von heute auf morgen begann sie, schon fünfunddreißigjährig, ihre Ausbildung als Rechtsanwaltsfachangestellte bei gleichzeitig voller Betreuung (mit Ausnahme der Zeit im Kindergarten) ihres damals dreijährigen Kindes.

Im Rahmen ihrer Ausbildung, die sie mit Freude und großem Engagement betrieb, nahm sie an zahlreichen Mediationsverfahren teil. Ihre Abschlussprüfung absolvierte sie (als eine der Besten in Baden-Württemberg) mit der hervorragenden Note 1,1. Verwundert es, dass sie gleich im Anschluss daran eine von ihr nicht einmal erträumte Anstellung erhalten hat, nämlich die einer Dozentin in ihrem studierten Beruf?

Silbermedaille

Als Ergebnis einer Mediation wurde im Rahmen einer umfassenden Vereinbarung unter anderem auch der nacheheliche Unterhalt, zeitlich befristet, geregelt. Die Ehefrau erklärte anlässlich der notariellen Beurkundung auf die Frage des Notars, ob sie denn die Dauer der Unterhaltszahlungen für ausreichend erachte: »Ach, wissen Sie, im Grunde können wir hier vereinbaren, was wir wollen. Wenn es mir eines Tages mal nicht gut geht, so weiß ich doch, dass Oliver (Vorname des Ehemannes) immer für mich da ist. Das hat er schon während unserer Trennung mehrfach bewiesen.« Zum Ehemann gewandt sprach sie weiter: »Ich vertraue darauf, dass unsere ganz besondere und innige Freundschaft, die sich aus unserer gemeinsamen Ehe entwickelt hat, weiterhin besteht. Du weißt, dass du dich hundertprozentig darauf verlassen kannst, dass ich dich nie im Stich lassen werde.« Der Ehemann antwortete hierauf: »Ich danke dir für diese Worte, du hast mir aus tiefstem Herzen gesprochen. Ich weiß, dass wir immer Freunde, in des Wortes bester und schönster Bedeutung, bleiben werden.« Die Ehefrau beugte sich zu dem ihr gegenüber sitzenden Ehemann, nahm seinen Kopf in ihre Hände und gab ihm links und rechts einen Kuss auf die Wange.

Goldmedaille

Den ersten Platz belegen alle bisherigen Teilnehmer an einer Mediation, die das Wesen der Mediation erfasst und es praktisch in die Tat umgesetzt haben. Sie sind mit Mut den ethisch wertvollsten Weg der Konfliktregelung gegangen.

Nach langjähriger Praxis bin ich mehr und mehr davon überzeugt, dass Ehepartner, die einmal durch das Wertvollste unseres Lebens, nämlich durch die Liebe und die Schöpfung neuen Lebens, verbunden waren, niemals als Sieger oder Verlierer aus einer Ehe hervorgehen dürfen. Je mehr Gesichtspunkte des Lebensweges und Schicksals beider Ehepartner berücksichtigt werden, desto mehr nähert man sich der Erkenntnis, dass beide ihr Bestes gegeben haben. Gleichwohl hat es nicht ausgereicht, um das Eheversprechen im Sinne eines Zusammenhaltens und Zusammenstehens auch in widrigen Umständen zu erfüllen. So bleibt mir nur die aus Erfahrung gewonnene Feststellung, dass lange währende und erfüllte Ehen als Gnade erfahren werden. Die Ehepartner, denen eine solche nicht zuteil wird, sollen sich aber das Positive ihrer Ehe soweit wie möglich bewahren. Die Mediation leistet hier einen entscheidenden Anteil.

Anmerkung

1 J. W. v. Goethe: Materialien zur Geschichte der Farbenlehre. HA 14, S. 65.

Nichts ist bedeutender in jedem Zustande als die Dazwischenkunft eines Dritten. Ich habe Freunde gesehen, Geschwister, Liebende, Gatten, deren Verhältnis durch den zufälligen oder gewählten Hinzutritt einer neuen Person ganz und gar verändert, deren Lage völlig umgekehrt wurde.

J. W. v. Goethe, Die Wahlverwandtschaften

Das Erfolgsgeheimnis der Mediation: Die Rolle des Dritten

Der dritten Person wird seit jeher eine entscheidende Bedeutung beigemessen, im positiven wie im negativen Sinne: als Verräter und als Erlöser, als Teufel und als Engel, als Weltzerstörer und als Friedenstifter. In Theaterstücken, die typische Situationen unseres Leben widerspiegeln, spielt der Dritte oft eine herausragende Rolle; er kann, vom Publikum ungeduldig erwartet, kaum schnell genug auf die Bühne kommen. Aus der Literatur im Allgemeinen ist der Dritte nicht wegzudenken. Was wären die zwei Musketiere ohne den Dritten, was Schillers »Bürgschaft« ohne den flehenden Wunsch des Tyrannen »… Ich sei, gewährt mir die Bitte, in eurem Bunde der Dritte«. Als Postillon d'Amour ist der Dritte bei Liebenden ebenso bedeutsam wie der die Liebe zweier Glückseliger zerstörende Intrigant.

Menschen sind mitunter erst dann tief gekränkt, wenn verletzende Bemerkungen vor Dritten geäußert werden, so wie sie mitunter vor allem dann hoch erfreut sind, wenn ihnen ein Lob vor der Zeugenschaft eines Dritten zuteil wird. Bekannt ist auch die »Dreierkonkurrenz«, wie sie in vielen

Legenden und moralischen Erzählungen stattfindet: der Erste sprach ... der Zweite erwiderte ... der Dritte aber gab zu bedenken ... und bei denen immer der Dritte, also der mit dem »aber«, Recht behält.[1]

Der Dritte ist im Gerichtsverfahren als Zeuge – ob er die Wahrheit sagt oder ob er fabuliert – prozessentscheidend. Der Dritte als Richter entscheidet den Prozess. Aber ich will zunächst noch einen Moment bei dem Kuriosum bleiben, dass der Dritte generell eine so eigentümlich überragende Rolle spielt.

Erkannt worden ist dies schon vor Jahrtausenden. Die Suche nach einem Dritten, der weiß, wie Streitigkeiten beigelegt werden können, der weise genug ist zu schlichten und auszugleichen, dürfte so alt sein wie die Menschheit selbst. Die Quellen gehen zurück bis in die frühchristliche Zeit. So heißt es beispielsweise in 1. Korinther 6, 5–6: »... ist so gar kein Weiser unter Euch, auch nicht einer, der da könnte richten zwischen Bruder und Bruder?« Und weil weise Friedensstifter seit jeher eine große Seltenheit sind, werden sie in der Bibel auch als selig bezeichnet. »Selig sind die Friedfertigen« (Matthäus 5, 9). Hiermit wird weniger der eher passive Gemütszustand von Menschen beschrieben als vielmehr die aktiv den Frieden stiftenden, d. h. die den Frieden schaffenden Menschen. Ich finde es erwähnenswert, dass der Begriff des »Friedensstifters« heute auch im Zusammenhang mit der Mediation genannt wird.[2]

Ich mache keinen Hehl daraus, dass ich das Geheimnis der Wirkung des Dritten nicht zu lösen vermag. So wie im zwischenmenschlichen Bereich die Rolle des Dritten nicht bis in die Tiefen erforscht werden kann, so wenig ist es auch Wissenschaftlern gelungen, das Phänomen eines Dritten, nämlich eines dritten Stoffes als Katalysator, zu ergründen. Wir erinnern uns an den Chemieunterricht (d. h. eigentlich erinnern wir uns nicht …), dass die Anwesenheit eines Katalysators zwischen zwei Stoffen/Elementen chemische Reaktionen auszulösen vermag, ohne dass er dabei an sich selbst auch nur die geringste Veränderung erfährt.

Ich beschränke mich hier also auf die Feststellung, dass der Dritte, der Anwaltsmediator, nun einmal das entscheidende Element darstellt, damit die Mediation funktioniert. Wenn, wie es im eingangs dieses Kapitels zitierten Motto heißt, schon die zufällige Dazwischenkunft eines beliebigen Dritten enorme Veränderungen zu bewirken vermag, um wie viel mehr muss der Einsatz des Mediators heilsame Wirkungen entfalten, *wenn er professionell geschult ist* zu vermitteln, zu schlichten, zu moderieren, zu helfen und zu gestalten! Insofern ist gerade er die geeignete Person, diesen neutralen Dritten zu verkörpern.

Beim Studium der Literatur zu dem Thema des Streitschlichters habe ich in dem Buch »Die Kraft des Guten« des Psychotherapeuten Carl R. Rogers einen bedeutenden Ansatz entdeckt, der als gedanklicher Vorläufer der Mediation im Hinblick auf die Person des Dritten gelten kann. So heißt es bei Rogers, dass u. a. konstruktive zwischenmenschliche Beziehungen hergestellt werden können, »wenn es einem Helfer oder Förderer [Facilitator] gelingt, ein Klima der Echtheit, des Verständnisses und der Anteilnahme zu schaffen«.[3]

Der hauptsächliche Grund, warum Ehepartner nur einen Anwalt bemühen wollen, besteht also darin, dass er ihnen beiden *gemeinsam* bei der Suche nach einer fairen Lösung behilflich sein soll. Das Zauberwort von einem »gemeinsamen Anwalt« meint nichts anderes. Was den Parteien hier vorschwebt, wird exakt durch einen Anwaltsmediator – und nur durch ihn – verkörpert.

Am schnellsten können wir die Aufgabe und Bedeutung des Dritten erfassen, indem wir uns die für ihn verwendeten Synonyme und Begriffe vor Augen führen.

So wie der Rechtsanwalt mit zahlreichen Bezeichnungen belegt wird, mit positiven oder neutralen wie etwa Rechtsbeistand und Advokat, aber auch mit negativen wie Paragrafenreiter, Winkeladvokat, Beutelschneider, Schwarzkittel, Rechtsverdreher und Rabulist (Haarspalter), so gibt es auch für die Anwaltsmediatoren zahlreiche Synonyme, die einen unmittelbaren Bezug zu ihrer Tätigkeit haben. Es fällt auf, dass die Gesellschaft im Laufe der Jahrhunderte für den Anwalt mehr negative als positive Beinamen entwickelt hat. Anders beim Mediator. Soweit ich es überschauen kann, ist dieser nicht mit einer einzigen negativen Nuancierung bedacht worden.

Der Oberbegriff des Anwaltmediators könnte Konfliktmanager, Crash-Manager, Manager für Konfliktlösungen u. Ä. lauten. Nach der zeitlichen Reihenfolge seiner Tätigkeiten innerhalb eines Mediationsverfahrens bieten sich sodann folgende Bezeichnungen an:

Motivator gegenüber den Parteien
Es passiert immer wieder, dass ein Ehepartner sich für die Mediation entschieden hat, aber der andere noch zögert. In der Mediationsliteratur wird zum Teil vertreten, dass es nicht Aufgabe des Mediators sei, Ehepartner für dieses Verfahren zu motivieren oder gar zu begeistern. Ich bin hier ganz anderer Auffassung. Ich sehe keinen Hinderungsgrund, einem noch unentschlossenen Ehepartner die Vorteile dieses Verfahrens zu verdeutlichen.

Organisator für den äußeren und inneren Ablauf der Mediation
Der Mediator koordiniert die Termine und stimmt mit den Parteien den Ort der Mediation ab. Dies muss durchaus nicht immer das Büro des Mediators sein, insbesondere dann nicht, wenn die Mediationsteilnehmer nicht in der Nähe des Mediators wohnen. Der innere Ablauf wird eingeleitet durch die sorgfältige Erörterung der Mediationsvereinbarung, zu deren Ausgestaltung der Anwaltsmediator Anregungen gibt.

Verstärker der Selbstbestimmung und Eigenverantwortung der Parteien
Dies ist eine der vornehmsten und wichtigsten Aufgaben des Anwaltsmediators. Die Mediationspartner können sich zu Beginn der Mediation kaum vorstellen, zu welchen konstruktiven Gedanken, Ideen und kreativen Einfällen sie selbst fähig sind! Hier ist ein besonderes Gespür und Geschick des Mediators erforderlich, beiden Seiten bewusst zu machen, dass sie selbst es sind, und kein anderer auf der Welt, die ihre Probleme am besten lösen können, wenn sie nur erst ihren Mut und ihr Selbstbewusstsein (zurück-)erlangt haben.

Diskussionsleiter und Moderator
Der Anwaltsmediator sorgt dafür, dass die Gespräche, so kontrovers sie auch geführt werden mögen, nicht zu gegenseitigen Verletzungen führen.

Der Diplomat
Der Diplomat muss, vor allem in Einzelgesprächen, wechselseitig geäußerte Vorwürfe erläutern und damit in ihrer Wirkung mildern. Er muss die Sachaussagen aus geäußerten Vorwürfen oder Anklagen herausdestillieren.

Blitzableiter und Katalysator bei überschäumenden Emotionen
Wenn die Gespräche zu eskalieren drohen, ist die besondere Schlichtungskompetenz des Mediators gefragt. Der bereits genannte Begriff »Katalysator« im hier verwendeten Sinne ist am besten von dem Manager und Unternehmer Jürgen Großmann definiert worden: »Jemand muss der Katalysator sein, der Menschen dazu bringt, das, was sie wirklich wollen, zu formulieren und nach vorne zu bringen.«[4]

Der Förderer
Der Mediator muss Förderer der Kommunikation und des gegenseitigen Verständnisses der Parteien sein. Hierfür stehen ihm viele Techniken und Methoden zur Verfügung.

Helfer bei ungleichen Machtverhältnissen
Entgegen der anfangs in der Fachliteratur überwiegend vertretenen Auffassung, dass der Mediator sich neutral zu verhalten habe und einem Mediationsteilnehmer keine einseitige Hilfe zuteil werden lassen dürfe, bestand für mich nie ein Zweifel darüber, dass meine Aufgabe auch darin besteht, die etwa verhandlungsstrategisch unterlegene Seite zu unterstützen, um das Verhandlungsgleichgewicht für beide Seiten herzustellen. Schützenhilfe erfuhr ich zehn Jahre später gleichsam von »höchster Stelle«, nämlich durch den damaligen Verfassungsrichter Wolfgang Hoffmann-Riem, der schrieb: »Es gibt unterschiedliche Wege zur Hilfe. Sie kann beispielsweise darin bestehen, die Konfliktparteien überhaupt zusammenzubringen, oder auch darin, Machtasymmetrien abzubauen, Informationsdefizite zu beheben, Mängel der Artikulationsfähigkeit auszugleichen oder die Suche nach Alternativen der Problemlösung zu unterstützen.«[5]

Initiator und Urheber für die Entwicklung von Lösungsideen
Eine der interessantesten Möglichkeiten ist das sogenannte Brainstorming, eine Methode zur Sammlung von spontanen Ideen in begrenzter Zeit. Wenn der Mediator hier versiert ist, kann er ungewöhnlich originelle und höchst individuelle Lösungsansätze aus den Mediationspartnern »herauskitzeln«.

Der Ratgeber
Er ist Ratgeber bei Rechtsfragen (hier bezogen auf das Familienrecht) und Vermittler bei gegensätzlicher Rechtsauffassung der Parteien.

Der Agent der Realität
Unter dem Agenten der Realität (amerikanische Fachsprache: agent of reality) verstehe ich den Vermittler einer realistischen Betrachtungsweise. In kaum einer anderen Lebenssituation geraten Gefühl und Verstand so in Verwirrung wie bei einer Trennung und Scheidung. Wir wissen, dass die Angehörigen zwar vieles in Liebe sagen, doch ist dies leider oft nicht die Wahrheit; sie wollen eben den von ihnen geliebten Menschen schonen und trösten. Für die Lösung des Konflikts reicht das aber nicht aus. Die Wahrheit des Gerichts und die des Gerichtsurteils sind dagegen eiskalt, seelenlos und damit zumeist auch nicht hilfreich.

Koordinator bei der Einschaltung von Experten und Sachverständigen
Nach meinem Verständnis sollte jeder Mediator über ein weit gespanntes Netz von qualifizierten Experten verfügen, um schnell und effektiv Informationen und auch konkrete Hilfe zu erlangen, die zur Fortsetzung und zum Abschluss der Mediation unentbehrlich sind.

Anwalt der Kinder der Parteien
Hier bannt der Anwaltsmediator die Gefahr, dass die vitalen Belange und Interessen der Kinder, vor allem bei sich feindselig gegenüberstehenden Ehepartnern, nicht aus dem Auge verloren werden, auch und gerade wenn beide Elternteile gleichermaßen zwar »wirklich nur das Beste« für ihre Kinder wollen, die Wege dorthin aber in die entgegengesetzte Richtung führen.

Der Lotse
Der Anwaltsmediator ist der Lotse, der die Ehepartner mit seiner Sachkenntnis an den Klippen, Strudeln und Abgründen des herkömmlichen Scheidungsverfahrens vorbeileitet. Zumeist haben beide Ehepartner hier vorübergehend einen weniger stark ausgeprägten Orientierungssinn, welche Wege, wohin und wann beschritten werden sollen. In jedem familienrechtlichen Sachgebiet lauern Fallstricke und Gefahren, auf Abwege zu geraten.

Umsetzer der von den Parteien getroffenen Vereinbarungen in eine juristische, aber gleichwohl verständliche Sprache.
Hier ist der Anwaltsmediator als Jurist und Spezialist des Familienrechts gefordert.

Überwacher dieser Vereinbarungen (vor allem bei vorläufigen Regelungen)
Der Anwaltsmediator vermittelt bei Störungen und Missverständnissen, die besonders im Zuge der Erfüllung von vorläufig getroffenen Vertragspunkten auftreten können.

Der Mediator wird bisweilen auch Streithelfer und Brückenbauer genannt. Auch fallen Begriffe wie: Relaisstation, Entschlüsseler von Botschaften der Mediationspartner und viele mehr. Alle diese Funktionen des Dritten leisten einen Beitrag dazu, die Schwierigkeiten, die Mediationsparteien mit sich selbst und im Gespräch miteinander haben, zu verringern. Der Mediator leitet die Eheleute an, sich einander wieder verständnis- und respektvoll zu begegnen. Damit verfolgt er das Ziel, ihre Aufmerksamkeit und Energie auf das zu lenken, worum es ihnen wirklich – also nicht nur vordergründig – geht: um eine gerechte Lösung ihrer Probleme.

Schließlich möchte ich auf die Frage zurückkommen, die mir auch immer wieder bei meinen Vorträgen von Zuhörern gestellt wurde, nämlich, ob der Mediator über eine Entscheidungsbefugnis verfügt. Im Gegensatz zu sonstigen außergerichtlichen Streitschlichtungen, wie beispielsweise vor Schiedsgerichten und Schlichtungsstellen, deren Entscheidungen zum Teil bindend und auch vollstreckbar sind, besitzt der Anwaltsmediator keine, wie es in der Fachsprache heißt, »eigene Entscheidungskompetenz«. Das bedeutet natürlich nicht, dass er sich auf den Standpunkt stellen darf, die Mediation sei abzubrechen, wenn die Mediationsteilnehmer zunächst selbst zu keinem Konsens gelangen. In solchen Fällen bitten zumeist beide Seiten den Mediator, er möge aus seiner Sicht darstellen, welche Regelungen sich in dem konkreten Fall als faire Lösung anbieten. Der erfahrene Anwaltsmediator wird nicht nur einen Lösungsvorschlag unterbreiten, sondern zwei oder mehrere gleichwertige oder zumindest fast gleichwertige Lösungsansätze ansprechen und diese mit beiden Seiten sorgfältig erörtern. Mit einer solchen Hilfe gelingt es auch in den meisten Fällen, dass beide Ehepartner ihre bisherigen Ansichten und Einstellungen zu den Problemen noch einmal überprüfen und sich somit einer Lösung nähern.

Ergänzend sollte ich hinzufügen, dass der Richter, der ja nun unzweifelhaft eine dritte Person und in aller Regel auch neutral ist, nicht als Mediator bezeichnet werden kann. Und zwar deshalb, weil er berechtigt und auch verpflichtet ist, bei einem Scheitern der Verhandlung eine Entscheidung, meist ein Urteil, zu fällen, neuerdings überwiegend »Beschluss« genannt. Der Beschluss hat seit der Eherechtsreform im Jahr 2008 den Begriff »Urteil« abgelöst. Dieses Urteil trägt systemimmanent einen Entweder-oder-Charakter.

Mit dem Anwaltsmediator ist eine Person »erschaffen« worden, die wegen ihrer Konfliktlösungskompetenz, verbunden mit einer fachlichen Qualifikation, die exakt der eines Richters entspricht, diesem ebenbürtig ist. Eheleute müssen bei der Tätigkeit des Mediators nicht befürchten, dass er überhaupt, geschweige denn gegen sie, entscheiden wird. So entsteht auf beiden Seiten eine wohltuende Gewissheit darüber, dass ihnen in der Mediation nichts Unangenehmes oder gar überraschend Böses widerfahren kann, wie dies bekanntermaßen oft im Gerichtssaal und mit Gerichtsurteilen passiert.

Die Ausbildung des Mediators

Zu erklären bleibt, weshalb der Anwaltsmediator für die Lösung von Konflikten ungleich besser ausgebildet ist als der Richter. Der Anwaltsmediator ist zunächst einmal Volljurist, er hat beide juristischen Staatsexamen erfolgreich absolviert und damit dieselbe Ausbildung durchlaufen wie der Berufsrichter und der Staatsanwalt. In den meisten Fällen hat der Anwaltsmediator außerdem eine Qualifikation als Fachanwalt bzw. eine entsprechende Spezialisierung (hier z. B. im Familienrecht) erworben, wofür besonders vertiefte Kenntnisse in dem betreffenden Rechtsgebiet erforderlich sind. Der Anwaltsmediator ist damit Spezialist in seinem Fach.

Sodann folgt eine Grundausbildung zum Mediator, die allein schon zweihundert Ausbildungsstunden umfasst, aber tatsächlich nur Grundlagen vermittelt. Weiterbildungen in Form von Seminaren und Fortbildungsveranstaltungen sowie die Teilnahme an Kongressen halte ich für zwingend erforderlich, um das in der Ausbildung erlangte Rüstzeug gemäß dem Geist der Mediation anzuwenden. Jeder verantwortungsvolle Mediator wird sich zudem nicht davor scheuen, sich regelmäßig einer Supervision zu unterziehen, in der Verbesserungsmöglichkeiten seiner Vorgehensweise transparent gemacht und eingeübt werden.

Man stelle sich demgegenüber einmal vor, Familienrichter würden von Zeit zu Zeit auf ihre Qualifikation hin überprüft werden! Aus meiner Sicht ein dringendes Erfordernis, das freilich nicht zu realisieren ist, solange Richter den Status eines Berufsbeamten haben. Es gibt ganz hervorragende Familienrichter, die auch ohne Mediationsausbildung weise und klug Konflikte zwischen den Parteien zu lösen wissen. Andererseits kenne ich Richter, die mit Blick auf die Anforderungen, einen Streit ohne Urteil beizulegen, als Totalversager zu beurteilen sind. Dies ist umso bedauerlicher, als die Zivilprozessordnung ausdrücklich in der Vorschrift des § 278 ZPO vorsieht, dass der Richter »in jeder Lage des Verfahrens auf eine gütliche Beilegung des Rechtsstreits oder einzelner Streitpunkte bedacht« zu sein hat. Zwar besteht durch § 278a die Möglichkeit, dass der Richter eine Mediation oder ein anderes Verfahren der außergerichtlichen Konfliktberatung vorschlagen kann, doch entspricht es meiner Erfahrung, dass hiervon viel zu selten Gebrauch gemacht wird.

Der Anwaltsmediator vereint in einer Person profunde Rechtskenntnisse mit modernsten Methoden der Kommunikation und Konfliktlösung. Er nimmt damit eine besondere Stellung ein. Er ist der Mediation – die intellektuell höchst anspruchsvoll ist – allein schon durch seine juristische und mediative Ausbildung sowohl in theoretischer als auch in praktischer Hinsicht besser gewachsen als jeder andere fachlich qualifizierte Dritte, der zur Lösung von Streitigkeiten gerufen wird.

Voraussetzungen für einen guten Mediator

Ich habe bisher bewusst vermieden, die Mediation zu definieren, weil solchen Begriffsbestimmungen immer auch etwas Starres und Unbewegliches anhaftet; außerdem sind sie ziemlich ermüdend und nicht selten auch unverständlich.

In der Mediationsliteratur sind Definitionen gang und gäbe, denn die meisten Autoren sind davon überzeugt, die Mediation in einen festen begrifflichen Rahmen einspannen zu können bzw. zu müssen. Mit einem solchen Vorgehen würde man aber den Teilnehmern an einer Mediation Unrecht tun. Man würde unterstellen, dass sie selbst nicht in der Lage sind, den Rahmen der Mediation zu setzen, einen Rahmen, der ihren Bedürfnissen am besten entspricht und in dem sie sich nicht gegängelt fühlen. Dass sie hierzu in der Lage sind, werde ich weiter unten an zahlreichen repräsentativen Beispielen belegen.

Aus meiner Erfahrung gibt es jedoch fünf zwingende Elemente der Anwaltsmediation:

- Das Erfordernis einer qualifizierten Ausbildung des Anwalts zum Anwaltsmediator. Ohne eine solche Ausbildung ist das Erarbeiten einer für die Betroffenen bestmöglichen Lösung nicht denkbar.
- Die Neutralität des Mediators. Eine Relativierung dieses Elements würde der Mediation ihren ureigenen Charakter nehmen.
- Vertrauensschutz für die Mediationspartner.
- Kenntnis der Mediationspartner über einen etwaigen Verzicht von Rechtspositionen.
- Die erarbeitete Lösung darf nicht rechts- bzw. sittenwidrig sein.

Alle anderen Elemente der Mediation sollten dem Gestaltungswillen der Mediationsteilnehmer frei überlassen bleiben.

Es ist Aufgabe des Mediators, die verschiedenen Gestaltungselemente und deren Auswirkungen mit den Mediationspartnern zu erörtern. Es soll somit das, was sie erarbeiten, nicht nur inhaltlich ihren konkreten Vorstellungen entsprechen, sondern schon im Vorfeld der formale Rahmen des Mediationsverfahrens von ihnen selbst vorgegeben werden.

Unter den genannten Voraussetzungen stellt die Mediation das bisherige justizielle Verfahren in allen Bereichen in den Schatten.

Wie am Eingang dieses Kapitels, so soll auch am Schluss ein Wort von Goethe zitiert werden, dessen Überlegungen zur Rolle des Dritten noch heute unübertroffen sind: »*Unglaublich* [Hervorh. d. Verf.] ist es, was ein gebildeter Mensch für sich und andere tun kann, wenn er, ohne herrschen zu wollen, das Gemüt hat, Vormund von vielen zu sein, sie leitet, dasjenige zur rechten Zeit zu tun, was sie doch alle gerne tun möchten, und sie zu ihren Zwecken führt, die sie meist recht gut im Auge haben und nur die Wege dazu verfehlen.«[6]

Anmerkungen

[1] Vgl. etwa Alfred Polgar: Das große Lesebuch. 3. Aufl., Zürich 2003, S. 301.

[2] Vgl. etwa *Wirtschaftswoche* Nr. 30 vom 17.7.2003, wo im Rahmen der Artikelserie »Berufe mit Zukunft« unter der Überschrift »Mediator« das Berufsprofil des »Friedensstifters« beschrieben wird.

[3] Carl. R. Rogers: Die Kraft des Guten. Ein Appell zur Selbstverwirklichung. München 1978, S. 29.

[4] Irgendjemand muss der Katalysator sein. Jürgen Großmann im Gespräch mit Roland Tichy, Chefredakteur der *Wirtschaftswoche*. In: Roman Herzog, Wolfgang Clement, Klaus von Dohnanyi u. a. (Hg.): Mut zum Handeln. Wie Deutschland wieder reformfähig wird. Frankfurt a. M./New York 2008, S. 454.

[5] Wolfgang Hoffmann-Riem: Modernisierung von Recht und Justiz. Eine Herausforderung des Gewährleistungsstaates. Frankfurt a. M. 2001, S. 74.

[6] J. W. v. Goethe: Wilhelm Meisters Lehrjahre, HA 7, S. 608.

Ihr aber, wenn ihr über diese Dinge
[des täglichen Lebens; Anm. d. Verf.] *rechtet, nehmt solche, die in der Gemeinde nichts gelten, und setzt sie zu Richtern.*
1. Korinther 6,4

Ist es nicht überhaupt schon ein Versagen, dass ihr miteinander Prozesse führt?
1. Korinther 6, 7

Kann der Mediator neutral sein?

Der oben als erstes Motto zitierte Vers aus den Korintherbriefen hat mich deshalb angesprochen, weil er sehr treffend zum Ausdruck bringt, um was es in diesem Kapitel geht. Der Bürger, der in der Gemeinde nichts gilt, ist sehr wahrscheinlich von keinem Mitbürger, aber auch von keiner staatlichen Institution abhängig.

Wie sehr der Umkehrschluss gerechtfertigt ist, dass nämlich Bürger in hohen Positionen zumeist nur einen vorgegebenen Spielraum für eigene Entscheidungen haben, weil sie z. B. von zahlreichen Personen oder Organisationen abhängig sind, können wir täglich der Presse entnehmen. Sind sie aber erst einmal abhängig, von wem auch immer, können sie schlechterdings nicht mehr neutral sein. Zu lesen ist bisweilen, dass es zwar unbestechliche Menschen gebe, dass von diesen aber nichts *abhänge* und diese in der Gesellschaft somit auch keine Wertschätzung erführen.

Dies zeigt nichts anderes, als dass Parteilichkeit eher als Normalfall gesehen wird und Unbestechlichkeit, die Immunität gegenüber materiellen Anreizen, als Sonderfall. Und das macht umgekehrt ihren besonderen Wert aus – wenn auch in der Regel keinen materiellen. »Man müsste sich die Unbestechlichkeit bezahlen lassen können.« – Das Bonmot des Kabarettisten, Autors und Boxkampfkommentators Werner Schneyder wird wohl in fast allen Lebensbereichen schmunzelnde Zustimmung erfahren.

Anders in der Mediation. Sie steht oder fällt mit der Neutralität des Mediators und dessen Unbestechlichkeit. Die Gebühren, die der Mediator erhält, hat er sich nur dann *redlich* verdient, wenn er sich neutral und beiden Ehepartnern gegenüber fair und *redlich* verhalten hat. Die Pointe liegt hier darin, dass die Mediationsteilnehmer dem Mediator die größtmögliche Unabhängigkeit gewährleisten und damit seine Unbestechlichkeit und Neutralität.

Die Neutralität des Mediators ist die wichtigste Voraussetzung für eine gut verlaufende Mediation. Aus diesem Grund werden eigenständige Seminare allein zu diesem Thema mit entsprechenden Übungen und Rollenspielen abgehalten. Unter anderem lernt man hier, so sorgfältig vorzugehen, dass kein Ehepartner bevorzugt oder benachteiligt wird. Denn wenn eine Mediation scheitert, dann ganz überwiegend dadurch, dass einer der beiden Mediationsteilnehmer das Vertrauen in die Neutralität des Mediators verloren hat.

Statt Neutralität gefällt mir der Begriff Allparteilichkeit besser. Noch besser als »Allparteilichkeit« gefällt mir »Beidseitigkeit«. Dass jemand beiden Seiten gleichermaßen zugewandt sein kann, ist in unserem gesellschaftlichen Bewusstsein nicht sehr ausgeprägt. Dies dürfte auch der Grund dafür sein, warum die Wörter »Einseitigkeit« und »einseitig« viel stärker in unserem Sprachgebrauch anzutreffen sind als »beidseitig« und »Beidseitigkeit«. Es ist ganz natürlich, dass der Mensch trotz seiner Vielseitigkeit eben oft einseitig ist oder ihm Einseitigkeit unterstellt wird, jedenfalls dann, wenn es um höchstpersönliche Dinge geht. Ich möchte nicht wissen (eigentlich möchte ich es schon wissen ...), wie viele Ehen nur deshalb geschieden werden, weil beispielsweise der Ehemann das (unzutreffende) Gefühl hat, dass das neugeborene Kind seiner Ehefrau ungleich wichtiger sei als er selbst, dass seine Frau dem Kind also einseitig all ihre Liebe und Aufmerksamkeit schenke und für ihn an Zuwendung einfach nichts mehr übrig bleibe. Mit dem Wort »Beidseitigkeit« kommt meiner Ansicht nach klarer zum Ausdruck, dass der Mediator für die verständlichen Belange beider Seiten ein offenes Ohr hat.

Ich möchte den Leserinnen und Lesern das Problem der Neutralität an einem Beispiel aus dem Fußballsport verdeutlichen: Der Schiedsrichter ist zur Neutralität verpflichtet. Ist er wirklich neutral? Fragen wir die Sieger eines Spiels, so dürfte die Antwort meistens eindeutig sein: »Natürlich war er neutral«. Fragen wir den Verlierer, wird er zumeist antworten: »Sicher war er nicht neutral.« Geht das Spiel unentschieden aus, fällt das Urteil über die hier bejahte und dort verneinte Neutralität schon wieder etwas moderater aus.

Es liegt nun einmal in der Natur des Menschen, dass er – so auch beim sportlichen Wettkampf – zunächst die Fehler eher bei den anderen sieht als bei sich selbst, also nicht in seiner schlechten Vorbereitung oder seiner mangelnden Konzentration beim Spiel.

Bei der Mediation dagegen handelt es sich um ein Verfahren, bei dem die Spielregeln ganz anders lauten als sonst üblich. Der »Schiedsrichter« in der Person des Mediators hat sich so zu verhalten, dass keiner dieses »Spiel« verliert.

Aber ein Unentschieden als Ergebnis der Mediation wäre nicht wirklich überzeugend. Die Ehepartner müssen sich auch keineswegs mit einem Patt zufriedengeben. Der besondere Ansatz der Mediation besteht nämlich darin, dass nicht das, was da ist, verteilt wird, sondern dass ein Mehr zu dem schon Vorhandenen geschaffen wird. Dies ist nicht nur materiell zu verstehen! Man spricht hier von einem Mehrwert, an dem beide Seiten einen ausgewogenen Anteil haben. Die Rede ist von einer sogenannten Win-Win-Situation. Wir erleben solche Konstellationen im Fußball etwa dann, wenn in einem Turnier beiden Mannschaften ein Unentschieden genügt, um weiterzukommen.

Die entscheidende Frage zur Neutralität des Mediators lautet: Welche Veranlassung hätte der Mediator, die eine oder andere Seite so zu behandeln, dass sie das »Spielfeld« mit dem Gefühl einer Niederlage verlässt? Wenn er so etwas anstreben würde, hätte er sich gewiss nicht für die Teilnahme an einem solchen »Spiel« entschieden, d. h. er wäre nicht Mediator geworden.

Es sind übrigens, soweit ich beurteilen kann, kaum junge Juristen, die sich nach dem Abschluss ihres Studiums und ihrer Referendar-Ausbildung für die Mediation entscheiden, sondern vor allem diejenigen Anwälte, die in ihrer Berufspraxis über viele Jahre hinweg die Erfahrung machten: Das traditionelle »Spiel« mit Gewinnern und Verlierern nützt den Beteiligten samt ihren Familien nicht nur nichts, sondern schadet ihnen in aller Regel schwer. Sie ziehen es vor, nach anderen Regeln – denen der Mediation – zu »spielen«, weil ihnen diese Tätigkeit eine größere Zufriedenheit und Erfüllung im Beruf verschafft.

Bei der Frage der Neutralität ist es hilfreich, sich immer wieder das Wesen der Mediation zu vergegenwärtigen. Dem Mediator ist daran gelegen, dass die Mediationsteilnehmer so schnell wie möglich verschüttete Fähigkeiten zurückgewinnen, d. h. wieder miteinander kommunizieren, dass sie sich zwar nicht wieder vereinigen, aber immerhin einigen. Schon von Grund auf passt daher eine Parteilichkeit nicht in das Bild der Mediation. Jede Parteinahme würde die Bemühungen und das Ziel des Mediators, die Mediationspartner zu einem eigenständigen, von ihnen selbst erarbeiteten Konsens zu führen, in eindeutiger Weise konterkarieren. Jede Voreingenommenheit des Mediators würde die Gefahr in sich bergen, die Mediationspartner in die zum herzlichen Empfang weit geöffneten Arme der herkömmlich streitenden Juristen zu treiben und damit auch die Kosten in die Höhe.

Ein Kollege hatte mir einmal bei einem Seminar zum Thema »Die Neutralität des Mediators« anvertraut, dass er eigentlich schon damit zufrieden sei, wenn er von *beiden* Seiten der Mediationsteilnehmer »Stoff und Zunder« bekomme, denn dann wisse er, dass er auf dem richtigen Weg sei. Mit einem Augenzwinkern hatte ich dem Kollegen geantwortet, dass es mir dann schon lieber sei, wenn jeder der Ehepartner sich mir mit den Worten anvertrauen würde, er habe den Eindruck, ich sei ein wenig mehr auf seiner Seite.

Ein anderer Kollege sagte einmal recht weise: Eine lupenreine Neutralität gebe es eigentlich nicht, sondern eher nur ein erträgliches Maß an eingeschränkter Neutralität. Hiermit dürfte er den Nagel auf den Kopf getroffen haben.

Im Laufe meiner Tätigkeit als Mediator habe ich außerdem festgestellt, dass eine hundertprozentige Objektivität von den Mediationspartnern auch nicht erwartet wird. Sie sind zufrieden, wenn sie den Mediator als jemanden wahrnehmen, der sich aufrichtig und ehrlich um Neutralität bemüht, und wenn sie sich in ihren individuellen Bedürfnissen zur Erreichung ihres Ziels gleichermaßen unterstützt fühlen. Ist dies der Fall, verzeihen sie dem Mediator gern, wenn sie mitunter das Gefühl haben, dass er in diesem oder jenen Punkt vielleicht doch etwas mehr der einen oder anderen Seite zugeneigt war.

Um einem verbreiteten Missverständnis vorzubeugen: Neutralität oder Allparteilichkeit heißt nicht, dass der Mediator zu den Dingen, die in einem Mediationsverfahren verhandelt werden, keine eigene Meinung hat oder haben darf. Doch muss er diese, wenn er sie äußert, immer als seine subjektive Ansicht gegenüber den Mediationspartnern kenntlich machen. Sollte es innerhalb eines Mediationsprozesses nötig sein, einem Mediationspartner unter die Arme zu greifen (vgl. die oben genannte Funktion des Mediators »Helfer bei ungleichen Machtverhältnissen«), so bedarf es auch hier eines besonderen Fingerspitzengefühls und einer transparenten Kommunikation seitens des Mediators, um den Eindruck zu vermeiden, er schlage sich auf die eine oder andere Seite.

Der Mediator praktiziert Mediation in dem vollem Bewusstsein, dass er keinen der Mediationspartner, weder in der Sache selbst, das versteht sich, noch in irgendeinem anderen Rechtsstreit gegen einen Dritten vertreten darf. Auch dann nicht, wenn die Mediation nur wenige Minuten nach Beginn scheitert, und zwar ganz gleich, aus welchem Grund.

Die oft anzutreffende Haltung der Ehepartner, »ich habe Recht und du hast Unrecht«, die ohnehin nicht weiterführt als bis in die Gerichtssäle, ist auch der Grund dafür, warum Konflikte bei Trennung und Scheidung in die Hände professioneller Helfer gehören. Mit dessen Unterstützung kann eine Phase eingeleitet werden, die aus der Konfliktsituation herausführt und der Abwärtsspirale eine Umkehrrichtung gibt.

In der täglichen Lebenspraxis kommen wir mit dem Begriff der Neutralität so gut wie kaum in Berührung. Das Verhalten von Bekannten, Freunden und erst recht von ferneren und näheren Verwandten tendiert, sofern sie in den Konflikt mit einbezogen werden, meist dahin, sich eher für oder gegen den einen oder anderen auszusprechen. Es ist selten vermittelnd. Bestenfalls sagen gemeinsame Freunde von betroffenen Ehepartnern: »Ich halte mich da heraus.« Diese »passive Neutralität« mag im privaten Bereich ganz nützlich sein, doch bei einem Mediator wäre sie für beide Ehepartner enttäuschend. Schließlich wird von ihm erwartet, dass er Verständnis für beide Seiten entwickelt.

Das »Kreuz« mit der Neutralität zeigt sich schon in dem Bibelwort »Wer nicht mit mir ist, der ist wider mich« (Matthäus, 12,30). Schon wegen der Wortnähe »wider«, d. h. »gegen« einen zu sein, ist man begrifflich auch schnell beim Gegner, der eben zu bekämpfen ist. Dies ist schließlich das Natürlichste auf der Welt, gleichzeitig aber auch die Logik des Krieges.

An folgendem Beispiel möchte ich deutlich machen, wie extrem subjektiv die (angeblich oder vermeintlich fehlende) Neutralität des Mediators empfunden werden kann: Ich habe in meiner über siebenunddreißigjährigen Praxis als Familienanwalt den Eindruck gewonnen, dass die Familienrichter ganz überwiegend neutral sind. Fast alle von mir vertretenen Ehepartner waren nun aber ganz und gar nicht meiner Meinung. Selbst in den reinen Scheidungsverfahren, in denen es zumeist um nichts rechtlich Problematisches mehr ging (die Scheidungsfolgen waren ja überwiegend schon vorher einvernehmlich und außergerichtlich geklärt worden), wurde den Richtern je nach dem Blickwinkel des Betrachters entweder Parteilichkeit vorgeworfen oder eine solche lobend erwähnt. Etwa in dem Sinne: »Der war aber ganz und gar für die andere Seite!« und ebenso häufig: »Der war aber eindeutig auf meiner Seite!«

Wie heikel das Thema Neutralität ist, kann an einer Szene des genannten Fernsehfilms »Scheidung ohne Scherben« beobachtet werden. Dort hatte sich eine Ehefrau darüber beklagt, dass der Mediator »nicht für sie gewesen« sei. Aus dieser Aussage kann man den Vorwurf einer mangelnden Neutralität heraushören. Denn wenn der Mediator nicht »für sie« war, könnte der Gedanke assoziiert werden, er sei (mehr) für den Ehemann gewesen. Gott sei Dank fügte sie dann aber hinzu, dass man schließlich zu einer für beide Seiten akzeptablen Lösung gekommen sei. Dieses Beispiel illustriert sehr gut, dass die an die Mediation herangetragenen Erwartungen häufig zwiegespalten sind: Einerseits wird Neutralität erwartet, andererseits hoffen die Betroffenen, der Mediator möge doch ein bisschen mehr auf ihrer Seite stehen. So schrieb mir eine Mediationsteilnehmerin: »Ich baue auf Ihre Mediation zu meinen Gunsten.«

Um böse Überraschungen zu vermeiden, bitte ich die Mediationspartner noch vor Beginn der eigentlichen Mediation, mir frei einzugestehen, wenn sie während des Verfahrens den Eindruck gewinnen sollten, ich würde den einen oder anderen bevorzugen oder benachteiligen. Dieser Hinweis wird von den Mediationspartnern stets positiv aufgenommen.

Wenn man ein wenig Erfahrung in der Mediation gesammelt hat, hört man schnell heraus, ob ein Mediationspartner etwas mit einem leicht ungehaltenen (oft kaum merklichen) Unterton sagt oder fragt. Entweder ist ihm dann irgendetwas unverständlich oder er fühlt sich ungerecht behandelt und hat nicht den Mut, es offen anzusprechen. Auch wenn es – um Verzögerungen im Ablauf der Mediation zu vermeiden – naheliegt, solche Mikro-Misstöne zu überhören, so hat es sich doch bewährt, der Sache gleich auf den Grund zu gehen. Man kann sich als Mediator nicht oft genug vor Augen führen, dass die Ehepartner die Mediation gewählt haben, weil sie sich hiervon versprechen – und zu Recht versprechen dürfen! –, in all ihren Belangen gehört und fair (d. h. auch unparteiisch) behandelt zu werden.

Ich möchte jetzt an neun konkreten Beispielen oder typischen Situationen die wesentlichen Umstände nennen, an denen sich die Frage der Neutralität des Mediators entzünden kann.

1. Ladies first?

Bisweilen wird die Frage erörtert, wer von den beiden Ehepartnern bestimmen soll, welches Problem vordringlich zu klären ist. Zum Teil wird hier, da der Grundsatz »Ladies first« nicht gilt, vorgeschlagen, dass die Mediationspartner die Frage der Reihenfolge auswürfeln mögen. Interessanterweise geben die Ehemänner den Ehefrauen hier gleichwohl den Vortritt. Wenn das Anliegen der Ehefrau sehr viel Zeit in Anspruch nimmt, bitte ich den Ehemann mit dem Hinweis um Verständnis, dass er ebenso ausführlich zu Wort kommen werde.

2. Missverständnis!

Nach einer erfolglosen Paartherapie vertraute sich ein Ehepaar der Mediation an. Der Ehemann erklärte mit einem noch immer entrüsteten Unterton, ihre gemeinsamen Bemühungen bei einer Psychologin seien deshalb gescheitert, weil diese einfach nicht neutral gewesen sei. Seine Ehefrau habe ihn bei der Therapeutin ziemlich madig gemacht und diese habe sich anschließend sinngemäß mit den Worten an ihn gewandt: »Ach so einer sind Sie also!«

Ich bin sicher, dass hier ein gravierendes Missverständnis vorgelegen haben muss, das den Ehemann nur in seiner subjektiven Wahrnehmung glauben ließ, die Therapeutin habe sich in diesem Sinne geäußert, denn so viel Unprofessionalität eines Therapeuten ist schlechterdings nicht denkbar.

3. Noch ein Missverständnis

Eine vergleichbare Situation wie die geschilderte ist mir ebenfalls noch deutlich in Erinnerung. Diesmal waren die Vorzeichen jedoch umgekehrt. Hier war es die Ehefrau, die erklärte, sie habe die Therapie beendet, nachdem der Therapeut tatsächlich alles, was der Ehemann an Positivem über sich und Negativem über sie von sich gegeben hatte, mit Worten wie etwa »... das kann ich verstehen« oder »... das verstehe ich« kommentiert habe. Die Ehefrau erklärte, nach einem so häufig geäußerten und eindeutigem Verständnis des Therapeuten für das unmögliche Verhalten ihres Ehemannes habe es ihr »gelangt«.

Hier möchte ich auf ein Phänomen hinweisen, das häufig große Verwirrung stiftet. Die Ehefrau hat das Verständnis, das der Therapeut dem Ehemann gegenüber bekundet hat, irrtümlicher Weise als Billigung, wenn nicht sogar als eine Art Gutheißung seines Verhaltens verstanden. Dies ist ein häufig anzutreffendes Missverständnis, das große Irritationen auslösen kann.

Die irrtümliche Gleichstellung von einem Verständnis für eine Handlung und einer Billigung oder gar einem Anerkennen dieser Handlung beruht wohl auf unserem allgemein üblichen Sprachgebrauch. Wenn wir etwas scharf missbilligen oder gar verurteilen, so sagen wir häufig:

»Also dafür habe ich nicht das geringste Verständnis!« Hört man sich dann aber die Vorgeschichte und die Hintergründe an, wie es zu diesen scheinbar verurteilenswerten Handlungen gekommen ist, wird man diese zwar durchaus nachvollziehen können, aber möglicherweise weiterhin als unakzeptabel und indiskutabel ablehnen.

Es ist bemerkenswert, dass die Fachliteratur – jedenfalls soweit ich dies beurteilen kann – der aufgezeigten Problematik einer Verwechslungsgefahr bislang wenig Beachtung geschenkt hat. Ich glaube, dass hier sehr häufig die Wurzel von Kommunikationsstörungen liegt.

Ein Beispiel aus der Literatur habe ich jedoch gefunden: »Die ruppige Gebärde: ›Ich sch … auf alles‹ [im Originalzitat ist dieses Wort ausgeschrieben; Anm. d. Verf.] ist nicht erst von Euch erfunden worden. Sie ist in der Geschichte schon hundertmal da gewesen, man kann sie dulden, man kann sie verstehen als Reaktion schwacher und unerzogener Menschen auf grausame Übermacht – aber billigen und richtig finden kann man sie nicht.«[1]

4. Geschlechtsspezifische Probleme

Handelt es sich um eine Mediatorin, so könnte der Ehemann mutmaßen, sie sei mehr aufseiten der Ehefrau, etwa nach dem Motto: »Frauen halten eben zusammen«. Gleiches gilt umgekehrt. Der »Schuss« (eigentlich eine unzulässige Wortwahl für einen Mediator!) kann aber auch nach hinten losgehen. So möchte ich von einem Fall berichten, bei dem die Mediation wegen (angeblich) mangelnder Neutralität des Mediators abgebrochen wurde.

Nach einer gescheiterten Mediation hatte ein Ehepaar einen neuen Anlauf bei mir genommen. Die Ehefrau erklärte, sie sei bei der ersten Mediation zwar zunächst froh gewesen, dass ihr Ehemann sich damit einverstanden erklärt hatte, einer Mediatorin sein Vertrauen zu schenken. Leider sei dieser Versuch aber völlig schief gelaufen: »Sie hätten einmal sehen sollen, wie die Mediatorin meinen Mann angehimmelt hat. Da habe ich schon alles gewusst; mir blieb gar nichts anderes übrig, als die Mediation sofort zu beenden.«

Natürlich kann ich keine Bewertung der Art des Blickkontakts zwischen der Mediatorin und dem Ehemann abgeben, doch weiß ich, dass die Menschen (und nicht nur Ehepartner) in einem Zustand seelischer Verletztheit sehr vieles allzu subjektiv wahrnehmen.

5. Von wegen »Frauen halten zusammen«

Ein weiteres Beispiel dafür, wie sehr man irren kann, wenn sich das Vertrauen auf gleichgeschlechtliche Solidarität gründet. In einem komplizierten Unterhaltsrechtsstreit – es ging u. a. auch um den Umfang der Berufstätigkeit der Ehefrau – hatte eine Familienrichterin zu entscheiden. Die Ehefrau frohlockte, sie wähnte die Richterin auf ihrer Seite. In der mündlichen Verhandlung erfuhr sie jedoch von ihr, dass diese selbst drei Kinder habe und Haushalt, Kinderbetreuung und ganztätige Berufstätigkeit schon seit Jahren ganz gut »unter einen Hut« bekomme. Dies werde sicher auch der Ehefrau gelingen. Der anfängliche Optimismus der Ehefrau erhielt hierdurch einen deutlichen Dämpfer.

Immer dann, wenn Mediationspartner aus Geschlechtergründen eine unüberbrückbare Sperre in sich tragen, bietet sich die sogenannte *Ko-Mediation* an. Bei diesem Verfahren setzt sich das Mediationsteam aus einer Frau und einem Mann zusammen.

6. Rechtsfragen

Dies ist ein heikles Thema. Auch wenn das Recht, jedenfalls das Paragrafenrecht, in der Mediation oft nicht die entscheidende Rolle spielt, weil die Mediationspartner durch die Vereinbarungen, die sie treffen, ihr eigenes Recht schaffen, gibt es immer wieder Situationen, in denen beide Seiten den Mediator nach seiner Rechtsauffassung fragen. Bei hoch komplizierten rechtlichen Konstellationen wird es dem Mediator leicht fallen, auf die unterschiedliche Rechtsauffassung in der Literatur und Rechtsprechung zu verweisen, so kommt er nicht in die Zwickmühle, einem Ehepartner Recht geben zu müssen. Es gibt aber auch unproblematische und unstreitige Rechtsfragen.

Ist beispielsweise der Ehemann davon überzeugt, dass in dem von ihm erbrachten Kindesunterhalt die Kosten der Krankenversicherung für die Kinder bereits enthalten sind, während die Ehefrau die gegenteiligen Auffassung vertritt, liegt es nahe, dass letztere einen kleinen »Triumph« (»... hab' ich doch gleich gesagt!«) empfindet, wenn der Mediator ihr Recht gibt. Da bei dieser Frage so gut wie kein Verhandlungsspielraum besteht, kann nicht ausgeschlossen werden, dass sich der Ehemann benachteiligt fühlt. In solchen oder ähnlichen Konstellationen verweise ich gern darauf, dass – trotz der einen oder anderen rechtlichen Bindung bei Einzelfragen – für den Großteil der zu klärenden Angelegenheiten genügend Möglichkeiten und Chancen bestehen, in denen die Mediationspartner gemeinsame Vorstellungen von Recht und Gerechtigkeit umsetzen können.

7. Einzelgespräche

Einzelgespräche finden nur nach vorheriger Einwilligung der jeweils anderen Seite statt. Gleichwohl befürchten die Mediationspartner, dabei von dem anderen in die »Pfanne gehauen« zu werden. Solche Bedenken, auch wenn sie nicht begründet sein mögen, sind dennoch ernst zu nehmen. Wenn die Zweifel in einem nicht ausgeräumt werden können, sollte kein Einzelgespräch stattfinden. Dies ist jedoch die Ausnahme. In aller Regel sehen die Mediationspartner in einem Einzelgespräch nicht die Gefahr einer Benachteiligung.

Ich erinnere mich noch daran, wie sehr mich die Einsicht einer Ehefrau zu dieser Frage überzeugt hat. Sie erklärte mir, dass sie in einem Einzelgespräch, das ich mit ihrem Ehemann führen würde, keine Gefahr sehe. Wenn ich neutral sei, so werde ich mich nicht negativ beeinflussen lassen. Ein etwaiger Versuch ihres Ehemannes, Schlechtes über sie zu berichten, berge die Gefahr in sich, dass mir dies sehr wohl auffallen werde und ich es sicher als den Ausdruck einer Unfairness registrieren würde. Dies würde sich dann gewiss zum Nachteil des Ehemannes auswirken.

Die Ehefrau hat mir mit diesen Worten aus dem Herzen gesprochen. Sollte ein Ehepartner der Versuchung nicht widerstehen können, während der Einzelgespräche den anderen Ehepartner zu verunglimpfen, so wird er behutsam, aber deutlich darauf hingewiesen. Er stellt dann sehr bald fest, dass eine solche Vorgehensweise nicht sinnvoll ist. Im Übrigen wird auch über das Einzelgespräch ein detailliertes Protokoll angefertigt und nach vorheriger Einwilligung durch den Gesprächspartner der anderen Seite zugänglich gemacht. Etwas den anderen Partner Benachteiligendes enthält das Protokoll ohnehin nicht.

8. Beeinflussung durch Dritte, die an der Mediation nicht unmittelbar beteiligt sind

Ruft beispielsweise der neue Lebenspartner der Ehefrau beim Mediator an und bittet ihn, sich dafür einzusetzen, dass der Ehemann schnellstmöglich aus der Ehewohnung ausziehen möge, weil die Ehefrau, die ihrerseits auch noch in der Wohnung lebt, kurz vor dem psychischen Zusammenbruch stehe, so ist höchste Geschicklichkeit des Mediators gefragt. Er wird hier vorab die Fragen zu klären haben, ob der Lebenspartner überhaupt im Auftrag der Ehefrau angerufen hat, und sich in diesem Fall mit dem Ehemann in Verbindung setzen, um zu klären, ob es auch dessen Willen entspricht, dass der Lebenspartner der Ehefrau in die Mediation eingebunden werde. Dies ist inzwischen auch im Mediationsgesetz geregelt.

9. Der systemisch arbeitende Anwalt

Ich kann mich nicht an einen einzigen Fall in meiner Praxis erinnern, bei dem ich in einem herkömmlichen Verfahren Kolleginnen oder Kollegen getroffen hätte, die für ihre Mandanten nicht parteiisch gewesen wären. Wie ist es gleichwohl zu erklären, dass Mandanten immer wieder ihren Anwalt wechseln, weil sie diesen als nicht ausschließlich für sie kämpfend erleben und ihn mitunter sogar als einen »Beistand« der Gegenseite empfinden? Hier möchte ich auf ein sehr aktuelles Problem hinweisen. Der Rechtsanwalt, der im Familienrecht nicht nur den kurzfristigen (meist Schein-)Erfolg für seinen Mandanten im Auge hat, sondern dessen Wohl auf Dauer und ebenso das der Familie, läuft aus der Sicht des Mandanten »Gefahr«, dass bei dieser Blickrichtung auch andere Familienmitglieder profitieren. Das entspricht aber nicht der Vorstellung vieler Mandanten. Sie verfolgen eher das Ziel: »Ich will gewinnen, du musst verlieren.« Es ist fast paradox: Je mehr der Anwalt also pro familia handelt, desto mehr muss er fürchten, von seiner Partei als nicht qualifiziert angesehen zu werden. Je mehr die eine Seite in Kategorien von Sieg und Niederlage denkt, desto größer ist die Neigung, jede Äußerung und Handlung des eigenen Anwalts nach diesem Entweder-oder abzutasten. Der systemisch arbeitende Anwalt ist ein Fremdkörper im herkömmlichen Verfahren, gleichzeitig entspricht er aus der Perspektive des Mediators dem Idealbild eines Anwalts.

Das Dilemma wird jetzt deutlich: Einerseits muss der Anwalt für seine Partei einseitig kämpfen, andererseits wird hierdurch die Familie als Ganzes in Mitleidenschaft gezogen. Der Gegenanwalt handelt genauso. Mitleidenschaft also im doppelten Sinne! Vielleicht gewinnt zunächst die eine oder andere Partei. Die Familie hat stets verloren. Am Ende sagen alle Beteiligten, wenn sie vor dem trostlosen Ergebnis stehen: »Das haben wir so nicht gewollt.« Und doch ist es genau das, was nach den Gesetzmäßigkeiten des juristischen Verfahrens der Waffengleichheit voraussehbar war. Vermeidbar ist die Gefahr einer solchen beklagenswerten Entwicklung nur mit Unterstützung eines Mediators.

Der systemische Ansatz. Zwei Beispiele

Beispiel 1:
Das geschiedene Ehepaar befindet sich in folgendem Konflikt: Der Ehemann zahlt einen monatlichen Unterhalt in Höhe von 500 Euro an die frühere Ehefrau, die, achtundfünfzigjährig, trotz größter Bemühungen keine berufliche Anstellung gefunden hat. In einem Teilzeitjob verdient sie monatlich 400 Euro und ist auf die Unterhaltszahlung des Ehemannes dringend angewiesen. Zur Zeit der Unterhalts-

vereinbarung hat der gemeinsame Sohn seinen Zivildienst abgeleistet und für diesen Zeitraum keine Unterhaltsansprüche gegenüber seinem Vater geltend gemacht. Anschließend studiert er und hat einen monatlichen Bedarf von 600 Euro. Würde der Vater den Unterhalt für den Sohn in dieser Höhe zahlen, entfiele nahezu die Unterhaltsleistung für die frühere Ehefrau.

Streitig zwischen den Eltern ist nunmehr, in welcher Höhe der Vater dem Sohn tatsächlich Unterhalt gewährt. Der Sohn erklärt der Mutter, dass er nur etwa 100 Euro bis 200 Euro monatlich vom Vater erhalte, weil er, der Sohn, während des Studiums einen recht gut bezahlten Nebenjob ausübe. Der Ehemann erklärt der früheren Ehefrau gegenüber, er zahle monatlich durchschnittlich 600 Euro an den Sohn, weil neben den Barleistungen auch noch sonstige Aufwendungen (Studiengebühr, Kosten für dessen Auto) anfielen.

Der Konflikt ist offensichtlich. Je konsequenter die frühere Ehefrau auf Fortsetzung der Unterhaltszahlungen durch den Ehemann besteht, desto mehr wird der Sohn in den Rechtsstreit hineingezogen. Es besteht sogar die Gefahr, dass der Sohn in einer gerichtlichen Auseinandersetzung zwischen den Eltern als Zeuge aussagen muss. In der Mediation würden sich alle Beteiligten an einen Tisch setzen und sorgfältig abwägen, in welchem Umfang die Unterhaltsleistungen gegenüber der früheren Ehefrau gekürzt werden, um dem gemeinsamen Sohn die finanzielle Grundlage für sein Studium zu sichern.

Beispiel 2:
Das Ehepaar lebt in Scheidung. Der Ehemann, siebenundsechzig Jahre, ist Inhaber eines sehr erfolgreichen handwerklichen Betriebes mit zehn Angestellten. Das Unterneh-

men stellt sein wesentliches Vermögen dar. Der gemeinsame Sohn arbeitet schon seit Jahren in dem Betrieb. Die Planung sieht vor, dass der Sohn den Betrieb seines Vaters übernimmt. Der Anwalt der Ehefrau macht einen Zugewinnausgleichsanspruch gegenüber dem Ehemann in Höhe von 1,5 Millionen Euro geltend, und zwar mit der Behauptung, das Unternehmen habe einen Wert von 3 Millionen Euro. Die Erwartungshaltung des Sohnes und auch der Wunsch des Vaters gehen dahin, dass der Sohn mit der Übernahme des Unternehmens finanziell nicht zu stark belastet wird.

Auch hier wird der Konflikt offenbar. Je mehr die Ehefrau auf einen hohen Ausgleichsanspruch besteht, desto weniger wird der Vater in der Lage sein, seinem Sohn das Unternehmen zu einem für ihn vertretbaren Preis zu übertragen. Würden die Eheleute über die Höhe gerichtlich streiten, zumal noch mit der Einholung von Sachverständigengutachten über den Wert des Unternehmens, könnte sich der Rechtsstreit über viele Jahre hinziehen. Die Übernahme des Unternehmens durch den Sohn würde sich verzögern und dessen Verhältnis zu beiden Elternteilen (»Mutter fordert zu viel, Vater will zu wenig zahlen«) schweren Belastungen ausgesetzt. In der Mediation würde der Sohn in den Konflikt der Eltern eingebunden, sodass eine für alle Beteiligten tragfähige Lösung erarbeitet werden kann.

Da auch bei den Mediationsteilnehmern ein teilweises »Zurückfallen« in die Alles-oder-Nichts-Schablone verständlich ist, spreche ich bei schwierigen Sachverhalten und schwer verständlichen rechtlichen Konstellationen vorbeugend selbst die Frage meiner Neutralität an. Etwa in dem Sinne, dass durchaus der Eindruck entstehen könnte, ich würde diese oder jene Frage mehr zugunsten des einen oder anderen Mediationsteilnehmer beurteilen. Da aber in vielen Einzelfragen ein *wechselseitiges Nachgeben* unerlässlich ist, kommt es letztlich auf eine Gesamtschau des Ergebnisses an. Hier hat sich bewährt, dass jedes punktuelle Nachgeben seinen Niederschlag im Rahmen der zu treffenden Gesamtvereinbarung findet und (Teil-)Zugeständnisse erst im Zusammenhang mit dem Gesamtvertragswerk bindend werden. Kurz gesagt: Jedes Entgegenkommen eines Ehepartners während der Mediation steht unter dem Vorbehalt einer einvernehmlichen Gesamtregelung.

Anmerkung

[1] Hermann Hesse: Lektüre für Minuten. Gedanken aus seinen Büchern und Briefen. Ausgewählt und zusammengestellt von V. Michels. Frankfurt a. M. 1971, S. 25f.

… der Mensch hat freien Willen, das heißt, er kann einwilligen ins Notwendige.

Friedrich Hebbel, Tagebücher

Ich gehe zuweilen in 8 Tagen nicht aus dem Hause und lebe sehr vergnügt, ein ebenso langer Hausarrest auf Befehl würde mich in eine Krankheit werfen. Wo Freiheit zu denken ist, da bewegt man sich mit einer Leichtigkeit in seinem Zirkel, wo Gedanken-Zwang ist, da kommen auch die erlaubten mit einer scheuen Miene hervor.

Georg Christoph Lichtenberg, Sudelbücher

Wie freiwillig ist Mediation?

Es ist bekannt, dass unter Freiwilligkeit oft mehr gegeben wird als unter Zwang und Druck. Der Begriff der Freiwilligkeit ist eng verwandt mit dem der Schenkung. Diesem Gedanken liegt wohl auch das indische Sprichwort zugrunde, wonach der Bettler, der einen Krümel begehrt, mehr erhält, als derjenige, der ein ganzes Brot erbittet. Warum ist das so? Der Schenker wird für das, was er über den Krümel hinaus gewährt, als großzügig und barmherzig betrachtet. Gibt der Schenker dem Bettler, der ein Brot erbittet, nur einen Teil davon, bleibt bei dem Gebenden ein gewisses Unbehagen, dem Wunsch des Bettlers nicht entsprochen zu haben.

Inwieweit kann man nun überhaupt von Freiwilligkeit sprechen, wenn – wie im Fall der Ehescheidungsabsicht – ohnehin nur zwei Möglichkeiten zum Handeln bestehen?

Demjenigen, der entschlossen ist, sich scheiden zu lassen, stehen nur zwei Wege offen: Das herkömmliche Verfahren oder die Mediation. Die Entscheidung für das eine oder andere Verfahren erscheint freiwillig. Voraussetzung hierfür ist jedoch, dass dem Scheidungswilligen beide Verfahren hinreichend vertraut sind, d. h. er wenigstens in groben Zügen weiß, was auf ihn zukommen kann. Wenn er auch nur halbwegs ahnt, was ihn erwartet, wird er – da bin ich sicher – dem herkömmlichen Verfahren den Rücken kehren (noch bevor er ihm so recht die Vorderseite zugewandt hat). Aber zunächst zur Mediation:

Die Ehepartner werden nicht zur Teilnahme an der Mediation gezwungen; also ist sie freiwillig. Damit könnte dieses Kapitel eigentlich schon abgehandelt sein, oder? So einfach möchte ich es den Lesern, aber auch mir selbst, nicht machen. Tatsächlich besteht eine große Gefahr, sich bei der Frage der Freiwilligkeit in Widersprüche zu verwickeln. In einem Buch über Mediation lese ich zu der Frage, ob der Unterhaltspflichtige Auskünfte über sein monatliches Einkommen zu erteilen habe, z. B. folgenden Satz: »Nachdem keine Partei die andere zwingen kann, dass diese alle relevanten Informationen liefert, verlange ich von den Parteien, dass sie sich verpflichten, alle relevanten Informationen freiwillig zur Verfügung zu stellen.«

Während das herkömmliche Verfahren strengen Regeln unterworfen ist, bleibt in der Mediation das äußere Verfahren, d. h. wie die Mediationspartner vorgehen wollen und wie die Spielregeln lauten, ebenso ihrer Gestaltung überlassen wie die Frage, welche Themen sie inhaltlich und in welcher Reihenfolge zu regeln beabsichtigen.

Die Mediationspartner werden sich also zunächst darüber verständigen, wen sie überhaupt als Mediator auswählen. Eine Frau? Einen Mann? Eine Ko-Mediation mit Mann und Frau? Vom Mediator, der in die nähere Auswahl kommt, können sie sich in einem kostenlosen Orientierungsgespräch den Ablauf der Mediation detailliert erläutern lassen. Hierbei lernen sie nicht nur die Besonderheiten dieses Verfahrens kennen, sondern auch die Persönlichkeit des Mediators selbst. Ist er authentisch, engagiert, fachkundig? In der ersten Stunde des Sich-Kennenlernens können wichtige Erkenntnisse gewonnen werden. Kann der Mediator glaubwürdig den Eindruck vermitteln, dass er neutral und unparteiisch sein wird? Und vor allem: Ist er beiden Ehepartnern wenigstens in etwa gleichermaßen sympathisch? Was in der Mediation als selbstverständlich gilt, ist im herkömmlichen Verfahren bei der Auswahl des Anwalts noch immer ein Tabu.

Kaum vorzustellen, dass ein scheidungswilliger Ehepartner mit dem Anwalt, der ihm von welcher Seite auch immer empfohlen worden ist, einen Termin abstimmt und er oder sie das Gespräch etwa mit folgenden Worten eröffnet: »Ich möchte mich einmal mit Ihnen unterhalten, einfach nur, um zu sehen, ob ich mir vorstellen kann, mit Ihnen einen der wichtigsten Abschnitte meines Lebens gemeinsam zu gehen, d. h., ob ich den Eindruck gewinne, dass Sie fachlich kompetent sind und eine für mich angenehme Art haben. Auch möchte ich erfahren, ob ich Ihnen zutrauen kann, auf der einen Seite für mein Recht zu kämpfen, ohne sich auf der anderen Seite darin zu verbeißen, damit es letztlich doch möglich bleibt, faire Kompromisse zu schließen.«

Es drängt sich die (vielleicht nicht unbedingt zutreffende) Vorstellung auf, der Anwalt würde nach einigen Minuten auf die Uhr schauen und höflich, aber bestimmt zu verstehen geben, dass seine Zeit für ein solches Gespräch nicht unbegrenzt sei. Warum auch immer Mandanten im konkreten Fall nicht den Mut aufbringen, ihren Anwalt, bevor sie ihm ein Mandat erteilen, näher kennenzulernen – vielleicht liegt der Grund in der Regel darin, dass dies einfach nicht üblich ist.

Unterstellen wir einmal, die Mediationspartner haben ihre Wahl getroffen und stellen vielleicht schon in der ersten Mediationssitzung fest, dass sie »daneben gegriffen« haben, d. h. der oder die Ausgesuchte – aus welchem Grunde auch immer – nicht der richtige »Mann«, die richtige »Frau« sei. Dann können sie die Mediation ohne Angabe von Gründen beenden.

Ist hingegen eine gute Wahl getroffen, wird der Mediator mit den Beteiligten erörtern, wie die Ehepartner das Mediationsverfahren gestalten wollen. Dies geschieht in der sogenannten Mediationsvereinbarung. Anschließend werden die Fragen besprochen, die den Eheleuten am dringlichsten sind.

Während die Juristen beim herkömmlichen Verfahren das Heft fest in der Hand halten und nur über die rein juristisch relevanten Fragen sprechen, kann in der Mediation von jeder Seite all das zum Ausdruck kommen, was den Teilnehmern auf dem Herzen liegt und auf die Seele drückt. Denn die Quelle des Konflikts erweist sich oft als Hindernis in der Mediation. Dabei wird keinesfalls das Ziel außer Acht gelassen, eine einvernehmliche Regelung über alle gewünschten Themen zu finden. Gerade um eine solche zu erreichen, ist es oft notwendig, sich Luft zu machen und das seit langem Aufgestaute auch einmal herauszulassen. Danach erst ist die Grundlage für eine tragfähige Übereinkunft gegeben. Alles, was die Ehepartner erarbeiten, ist verständlich und vernünftig.

Wenn schließlich die einzelnen Regelungspunkte im Rahmen einer notariellen Urkunde besiegelt werden, besteht auch kein Problem für die Verpflichteten, sich der sogenannten Zwangsvollstreckung zu unterwerfen. Diese

Klausel ist für sie eine Selbstverständlichkeit, weil sie später etwas in den Händen haben möchten, das einem Urteil absolut gleichwertig ist.

Der Weg der Trennung und Scheidung ist stets bitter, ein Weg des Leides und der Angst, selbst oder gerade dann, wenn er für unumgänglich erachtet wird. Wenn es aber nur zwei Wege gibt, ins neue Leben zu treten, so ist es allzu natürlich, den Weg zu wählen, der einem noch den freien Willen belässt. Deshalb sollte ein Verfahren, dem viel Zwang, Einschränkung und Begrenzung anhaftet, soweit wie überhaupt möglich vermieden werden.

Den großen Vorteil, den die Freiwilligkeit des Mediationsverfahrens in sich trägt, ist erst dann ganz zu ermessen, wenn man einen Einblick in das Zwang- und Gewaltvolle des herkömmlichen Verfahrens genommen hat.

Geschildert sei hier ein durchaus typischer Fall, der auf eine besonders einprägsame Weise veranschaulicht, was geschehen kann, sobald aus freiem Willen ein nur für die eigene Sache kämpfender Anwalt eingeschaltet wird. Der Fall enthält zahlreiche repräsentative Elemente, die zeigen, wie sehr beide Parteien, hier die Klägerin und auf der Gegenseite der Beklagte, einem Verfahren unterworfen sind, das ihnen schon nach kurzer Zeit entgleitet, sodass im weiteren Verlauf von Freiwilligkeit keine Rede mehr sein kann.

Wenn sich die von der Ehe enttäuschte und von ihrem untreuen Ehemann getäuschte Ehefrau mit dem Gedanken der Trennung und der Scheidung trägt, entspricht es wohl ihrem freien Willen, einen Anwalt aufzusuchen, der ihr bei der Durchsetzung ihres Entschlusses behilflich ist. Aber, so könnte der Einwand lauten, ganz freiwillig war die Entscheidung wohl doch nicht, denn sie hat es in ihrer Ehe einfach nicht mehr ausgehalten! Ihr blieb folglich gar nichts anderes übrig, als Hilfe von einem Anwalt (möglichst dem besten) in Anspruch zu nehmen. Ein Irrtum, wie aus den bisherigen Ausführungen klar geworden sein dürfte. Es ist einfach nicht richtig, dass sie keine andere Wahl hat, als einen einseitig für sie kämpfenden Rechtsanwalt einzuschalten.

Begleiten wir unsere zur Trennung und Scheidung entschlossene Ehefrau auf ihrem Leidensweg des juristischen Verfahrens. Wir unterstellen, dass sie zu dem von ihr ausgewählten Anwalt sofort Vertrauen schöpft und nun über die Misere ihrer Ehe klagt. Klagen aber, und zwar jeder Art, machen Anwälte hellhörig. Wenn die Ehefrau sich also über ihren Ehemann beklagt, ist es naheliegend, dass er sich, ehe er sich versieht, in einem gerichtlichen Verfahren auch als Beklagter wiederfindet. Aber selbst wenn zunächst noch nicht gerichtlich vorgegangen, sondern zuerst versucht wird, außergerichtlich aus der vertrackten Ehesituation das Beste zu machen, besteht die große Gefahr, dass solche Bemühungen scheitern.

Es kann nicht oft genug wiederholt werden, dass die Chancen einer Einigung dann am geringsten sind, wenn auf beiden Seiten Anwälte agieren. Denn wer wollte daran zweifeln, dass der Ehemann sich seinerseits mit einem (zumindest zweitbesten) Anwalt wappnen wird?

Bleiben wir bei unserem Fall. Ehedauer fünfzehn Jahre, die Ehefrau versorgt die Kinder, das Mädchen ist zwölf, der Junge acht Jahre alt. Die Einkünfte des Ehemannes als Handelsvertreter sind überdurchschnittlich hoch, und so auch der Lebensstandard der Parteien. Das seelische Band der Ehe verarmt. Der Ehemann ist im Begriff, sich mithilfe einer neuen Lebenspartnerin von der Ehe zu verabschieden.

Natürlich sind jetzt viele Fragen zu klären. Wer zieht aus der Ehewohnung aus, wie erfolgt die Betreuung der

Kinder, was ist mit dem Hausrat, was geschieht mit dem angesparten Vermögen, wie ist die Handelsvertretung des Ehemannes zu bewerten und vor allem, ab wann und in welcher Höhe kann die Ehefrau mit Unterhaltsleistungen rechnen? Von der letzten Frage hängt es schließlich ab, wann sie eine Wohnung anmieten kann, weil der Ehemann sich – trotz seiner neuen Beziehung – nicht zum Auszug aus der Ehewohnung bequemt.

Ich möchte bei unserem Beispiel nur auf die Frage des Unterhalts näher eingehen. Der Anwalt hat zu Beginn seiner Tätigkeit eine umfassende Vollmacht von der Ehefrau erhalten. Natürlich hat sie mit ihm alle weiteren Schritte abgestimmt, doch hat sie letztlich den von ihrem Experten vorgeschlagenen Weg gutheißen müssen. *Er* weiß doch schließlich, was zu tun ist, er hat die Rechte studiert, er wird wissen, wie er sein Wissen anwendet. Als »gute« Mandantin wird sie also akzeptieren, was ihr Anwalt ihr rät. Etwas dramatisch ausgedrückt könnte man auch sagen: Die Würfel sind gefallen. Das juristische Verfahren nimmt seinen Lauf.

Fällt dem (älteren) Leser an dieser Stelle vielleicht auch das berühmte Aufsatzthema aus seiner Schulzeit ein: »Beim ersten Schritt bist du frei, beim zweiten bist du Knecht?« Das Jawort bei der Trauung mag seinerzeit schon einmal dieser berühmte erste Schritt gewesen sein. Jetzt wiederholt sich das Phänomen auch am Ende der Ehe. Selbst wenn wir den Entschluss unserer Mandantin, sich von dem Ehemann zu trennen, noch immer nicht so recht als den freien Schritt bezeichnen können, weil – wie gesagt – der seelische Druck zu groß war, als dass noch von Freiwilligkeit gesprochen werden kann, werden wir sicher die Wahl ihres Anwalts als freiwillig bezeichnen. Zum ersten Schritt gehört schon die oben erwähnte Vollmacht für ihren Anwalt. Alles, was nun folgt, wird man dem zweiten Schritt, der Knechtschaft im weiteren Sinne, zuordnen müssen. Jetzt wird sich unsere Mandantin, ob sie will oder nicht, den Zwängen des juristischen Verfahrens beugen müssen. Sich zu beugen ist geradezu eine Paradedisziplin des Knechts. Nun höre ich einige Leser fragen, ob ich an dieser Stelle nicht doch ein wenig übertreibe. Wir wollen sehen, wie es weitergeht.

Aus meiner Erfahrung ist es oft schon der erste Schriftsatz des Anwalts an die Gegenseite, der nicht so ganz dem Geschmack der Partei – hier also unserer Mandantin – entspricht. Auf diese Art und Weise wollte sie den Brief eigentlich nicht formuliert haben. Er klingt so fremd, so starr, so unpersönlich und irgendwie auch ziemlich verletzend. Doch was will sie machen, wenn ihr Anwalt ihr versichert, sie könne darauf vertrauen, dass alles seine Richtigkeit habe. Und außerdem: Gleich zu Beginn des Verfahrens seine Kompetenz anzweifeln zu wollen, würde doch ihr Verhältnis zu ihm allzu schnell belasten und trüben.

Wenn nun die Antwort des Gegenanwalts kommt, stellt unsere Mandantin fest, dass der eigene Anwalt eigentlich relativ milde und versöhnlich geschrieben hatte, jedenfalls im Vergleich zu dem, was in der Erwiderung so alles zu lesen ist. Dort wimmelt es ja nur so von Unwahrheiten, von Unterstellungen, vor allem aber auch von regelrechten Unverschämtheiten! Hiergegen gilt es sich natürlich zu wehren! Die Abwärtsspirale ist nicht mehr aufzuhalten und zieht alles hinunter. Wie ist es möglich, dass es nicht richtig läuft, obwohl beide Anwälte durchaus alles richtig machen? Jetzt gewinnen allmählich beide Seiten den Eindruck, dass die eingeschlagene Richtung nicht stimmt. Doch man beruhigt sich damit, dass es irgendwie schon besser werden wird. Wird es aber nicht.

Wir können getrost annehmen, dass eine außergerichtliche Einigung nicht erzielt wurde und die Mandantin sich nun zu einer Klägerin mausert. Natürlich läuft nichts, ohne zuvor ein kleines Vermögen an den Anwalt für seine Gebühren gezahlt zu haben; aber auch das Gericht ist beim Kassieren der Gerichtsgebühr nicht zimperlich! Das heißt, die Schlacht beginnt erst nach Bezahlung immenser Beträge. Vorkasse!

Jetzt, als Klägerin, gewinnt unsere Mandantin kurzzeitig den Eindruck, dass das Recht sehr eindeutig auf ihrer Seite sei. So steht es ja auch in der Klageschrift. Erschien das Kampfboot für das Abenteuer »Gerichtliches Verfahren« im sicheren Hafen der Anwaltskanzlei noch als seetüchtig und stark, so fängt es, kaum dass es sich auf den hoheitlichen Gewässern des justiziellen Verfahrens befindet, bedenklich an zu schlingern. Der Gegner hat nämlich, so sieht es das Prinzip der Waffengleichheit schließlich vor, in der ersten Klageerwiderung eine Fülle von Argumenten als Torpedos abgefeuert, auf die man überhaupt nicht gefasst war. Jetzt stellt sich heraus, dass der liebe Ehegatte schon lange den »worst case« vorhergesehen und längst entsprechende Vorbereitungen getroffen hat. Er wird sich im Vor(Kampf-)feld gesagt haben: »Man kann ja nie wissen.« Aber dass er sogar die Frechheit besessen hat, sich (wie eigentlich?) zu den sorgfältig versteckten und natürlich auch verschlossenen Unterlagen der Ehefrau Zugang zu verschaffen, schlägt dem Fass den Boden aus. Spricht nun unsere Mandantin ziemlich verunsichert ihren Anwalt auf den Fortgang des Gefechtes an, kann es durchaus sein, dass sie aus seinem Munde die Worte eines der weisesten Rechtsanwälte unserer Zeit zitieren hört: »Den Prozeß möchte ich sehen, den ich nicht verlieren könnte!«[1] Der ganze Fall gerät nun nicht nur aus der Kontrolle der Mandanten selbst, sondern auch aus der der Anwälte.

Ich komme noch einmal auf das Schlingern des Bootes zurück. Man muss sich das so vorstellen: Beide Seiten, d. h. die Prozessparteien, sitzen in einem Boot, nur dass ihre jeweiligen Anwälte die genau entgegengesetzte Richtung einschlagen. Das Boot dreht sich somit im Kreis und fängt bedenklich an zu schwanken. Die Passagiere verlieren das Ziel aus den Augen und werfen alle Grundsätze der Menschlichkeit, der Güte, des gegenseitigen Verständnisses über Bord. Anstatt nun einen Lotsen zur Hilfe zu rufen, der das Boot sicher in den Hafen einer friedlichen Lösung leitet, greift der Richter in seinem Bemühen, dass nicht alles aus dem Ruder laufen möge, zur sogenannten Zivilprozessordnung. Gott sei Dank! Doch nun ist es mit der Freiwilligkeit des Klägerin und des Beklagten vollends geschehen. Der Kriegsherr ist nunmehr der Richter.

Welcher Richter? Keine Ahnung! Ein Richter eben! Ein guter, ein schlechter? Einer, von dem man den Eindruck gewinnt, dass er lebenserfahren und weise ist, oder gar einer, bei dem einen das Gefühl beschleicht, dass er eindeutig parteiisch und natürlich nur für die andere Seite ist? Wenigstens hat er viele Monate, nachdem die Klage eingereicht wurde, endlich einen Gerichtstermin anberaumt. Freilich, ohne Rücksprache mit den Anwälten und den Parteien zu nehmen. Das ist üblich und typisch. Der Terminkalender des Gerichts hat Vorrang. Der Richter hat nur an diesen und jenen Tagen den Gerichtssaal zur Verfügung. Danach haben sich alle zu richten. Aber vielleicht passt dem Mandanten dieser Termin beim besten Willen nicht, vielleicht kollidiert er mit dem Terminkalender des eigenen Anwalts oder mit dem des Anwalts der Gegenseite oder schließlich mit dem der Gegenpartei selbst? Nicht selten werden auch der zweite Termin, der dritte oder weitere Termine – wieder ohne Absprache mit den Anwälten – vorgegeben. Gewiss ist aber, dass man sich eines Tages auf einen Gerichtstermin einigt.

Eigentlich wollte unsere Mandantin, dass ihr Anwalt bei Gericht alles ohne sie erledigt, und nun kommt ein unerwartetes Ärgernis hinzu: Der Richter hat angeordnet, dass sie und auch die Gegenseite persönlich zu erscheinen haben. Da gibt es kein Wenn und Aber, dabei wollte man alles andere als den anderen Ehepartner wiedersehen!

Die Selbstherrlichkeit der Gerichte kennt mitunter keine Grenzen. So ist mir ein Fall erinnerlich, bei dem das Gericht den angesetzten Termin nicht aufhob, obwohl eine Partei, der Ehemann, einen Herzinfarkt erlitten hatte. Der Kranke wurde lediglich von seinem persönlichen Erscheinen entbunden. Der Termin fand statt, die Folgen hiervon waren so belastend, dass ein Rückschlag in Form eines zweiten Herzinfarktes folgte. Wenig später verstarb der Ehemann.

Als unsere Mandantin schließlich pünktlich zu dem Gerichtstermin erscheint, verbringt sie noch eine halbe Ewigkeit im Gerichtsflur, nicht ohne dem feindseligen Blick des Ehemanns ausgesetzt zu sein und sich selbst genötigt zu fühlen, diesem hasserfüllte Blicke zuzuwerfen. Unsere Mandantin, die ihren Gegner eigentlich schlimmstenfalls von hinten sehen wollte, muss nun feststellen, dass sie ihrem Noch-Ehemann im Gerichtssaal direkt gegenübersitzt, nur wenige Meter von ihm entfernt.

Schließlich beginnt die Vorstellung, pardon, die Verhandlung. Doch entgegen der Erwartung erzählt der eigene Anwalt etwas von unverständlichen juristischen Dingen, anstatt klipp und klar das zu sagen, was ihr so brennend auf dem Herzen liegt. Jeder Versuch, sich hier zu äußern, wird von der Gegenseite, aber auch vom Richter und bisweilen sogar vom eigenen Anwalt als deplatziert gerügt. Ein kleiner Trost ist immerhin, dass auch die Gegenpartei nicht zu Wort kommt. Aber mit dieser Gerichtsverhandlung ist der Gerichtsprozess natürlich noch lange nicht beendet. Gott sei Dank müssen in dem Verfahren keine Zeugen oder Sachverständige gehört werden. Dass Erstere mitunter lügen, dass sich die Balken biegen, und die Gutachter statt Gut- oft »Schlechtachten« erstellen, ist zu befürchten – jeder Anwalt macht diese Erfahrung.

Bis zum nächsten Gerichtstermin – bis dahin soll der zukünftige Ex-Mann näher begründen, warum sich alle zwei bis drei Monate sein Gehalt reduziert hat und er nunmehr nur noch Einkünfte etwa in der Größenordnung einer Buchhalterhilfskraft erzielt – vergeht wieder eine halbe Ewigkeit. Nach dem zweiten Prozesstag ist unsere Mandantin sehr verunsichert. Der Richter hat durchblicken lassen, dass er bei der Unterhaltsberechnung möglicherweise von den behaupteten geringen Einkünften des Ehemannes ausgehen werde. Immerhin hat das Gericht am Ende der Sitzung verkündet, dass eine Entscheidung »schon« in sechs Wochen ergehen solle. Also abwarten und Tee trinken? Nein. Vielmehr ist dieses Warten von einem ständigen Unbehagen begleitet, denn was der Richter für Recht erachtet, steht noch in den Sternen. Der Anwalt unserer Mandantin meint, dass nur schwer vorausgesagt werden könne, wie das Gericht entscheiden werde.

Dann schließlich, nach langem Zittern und Zagen, das Urteil. Unsere Mandantin hat den Prozess verloren, und zwar vollkommen. Fassungslosigkeit und Enttäuschung, Zorn und das Gefühl absoluter Ohnmacht beherrschen sie. Eigentlich hätte sie doch gewinnen müssen! Sie geht mit ihrem Anwalt immer wieder durch, was im Urteil steht. Der Ehemann hatte in den letzten Jahren doch außergewöhnlich hohe Einkünfte erzielt. Erst seit der Trennung hat er als alleiniger Gesellschafter seines Unternehmens, einer GmbH, wie oben erwähnt, etwa alle zwei, drei Monate in einem Gesellschafterbeschluss jeweils die Entscheidung getroffen, dass ihm künftig geringere monatliche Bezüge zufließen sollen. Am Ende, d. h. zum Zeitpunkt der Gerichtsentscheidung, belief sich sein Einkommen auf gerade einmal 1.300 Euro. Ein Einkommen, das nicht einmal ausgereicht hätte, seinen Fuhrpark (unter anderem einen Mercedes mit einem Wert von 70.000 Euro) zu finanzieren.

Es wurde während des Verfahrens immer wieder mit Nachdruck für die Klägerseite vorgetragen, dass es sich dabei nur um eine perfide Manipulation, ein regelrechtes Schelmenstück handeln könne, das zu durchsichtig sei, als dass das Familiengericht hierauf hereinfalle. Im Übrigen wurde auch immer wieder betont, dass selbst bei der Berücksichtigung eines einmal unterstellten Geschäftsrückgangs nach der ganz gefestigten Rechtsprechung bei Selbstständigen die Einkünfte der zurückliegenden drei Jahre zu erfassen seien, um den häufig auftretenden Schwankungen in deren Einkunftssituation Rechnung zu tragen. Ganz anders aber »unser Familienrichter«: Er ließ die aberwitzigen und willkürlichen Einkommensreduzierungen in vollem Umfang gelten.

Der Anwalt versucht, seine aufgebrachte Mandantin zu beschwichtigen, die durch das Urteil eine schwere Erschütterung in ihrem Glauben an Recht und Gerechtigkeit erfahren hat. Ihr Anwalt ist seltsamerweise sehr gefasst: »Man wird wohl Rechtsmittel gegen dieses Urteil einlegen müssen.« Um dies zu entscheiden, hat seine Mandantin einen Monat Zeit. Und einen weiteren Monat, um die Berufung zu begründen. Die gleiche Frist steht dem Gegenanwalt für seine Antwort zur Verfügung. Viel kostbare Zeit vergeht. Noch mehr kostbares Geld ist weg, bis schließlich vom Oberlandesgericht eine mündliche Verhandlung angesetzt wird. Das Spiel mit der Terminierung wiederholt sich. Knapp ein Jahr nach der Verkündung des Urteils durch das Familiengericht findet die mündliche Verhandlung vor dem hohen Gericht statt. Unsere Mandantin bezieht längst, d. h. seit dem ersten Urteil, Sozialhilfe. Ihre Reserven sind vollständig aufgebraucht. Sie beklagt sich über die vielen notwendigen Behördengänge bis zur Gewährung dieses Almosen, das sie als demütigend erlebt; als aufdringliche Bittstellerin fühlt sie sich behandelt, doch siehe da! Die drei Richter des Oberlandesgerichts durchschauen das durchsichtige und windige Spiel des Ehemannes. Etwa ein Monat nach der mündlichen Verhandlung ergeht das Urteil. Die Ehefrau fühlt sich als der glücklichste Mensch auf der Welt. Denn sie hat den Prozess in letzter Instanz (die Revision wurde nicht zugelassen) gewonnen. Der Ehemann muss nicht nur den beantragten Unterhalt für die Zukunft, sondern auch den für die Vergangenheit aufgelaufenen Rückstand in voller Höhe zahlen. Und zwar sofort. Jetzt kann also nichts mehr passieren. Mit diesem Urteil, dem sogenannten Unterhaltstitel, wird die Ehefrau bei einer weiteren Weigerung des Ehemannes, den Unterhalt zu zahlen, alle Register der Zwangsvollstreckung ziehen können. Das muss sie aber auch.

Der weitere Fortgang entwickelt sich zur finanziellen Katastrophe für die Ehefrau. Die Zwangsvollstreckung ist erfolglos, da der Ehemann gleich nach dem Urteil seinen Gewerbebetrieb auf seine Lebenspartnerin übertragen hat.

Für »einen Apfel und ein Ei«. Er ist jetzt bei seiner Freundin Angestellter mit einem symbolischen Einkommen in seinem ehemaligen Unternehmen.

Es erfolgt Strafanzeige der Ehefrau gegenüber dem Ehemann wegen Vollstreckungsvereitelung nach § 288 StGB. Den Wortlaut dieser Vorschrift darf man sich auf der Zunge zergehen lassen: »Wer bei einer ihm drohenden Zwangsvollstreckung in der Absicht, die Befriedigung des Gläubigers zu vereiteln, Bestandteile seines Vermögens veräußert oder beiseite schafft, wird mit Freiheitsstrafe bis zu zwei Jahren oder mit Geldstrafe bestraft.«

Die Staatsanwaltschaft vermag jedoch zur höchsten Verwunderung der Ehefrau in der Handlung des Ehemannes keinen Straftatbestand zu erkennen.

Hiergegen Dienstaufsichtsbeschwerde mit dem Ziel, Strafantrag gegen den Ehemann zu erheben.

Hiergegen erfolglose Klageerzwingungsverfahren.

Hiergegen erfolgte Abänderungsklage des Ehemannes gegen das Urteil des Oberlandesgerichts, und zwar mit der perfiderweise zutreffenden Begründung, dass er als Angestellter im Betrieb seiner Lebenspartnerin, in seinem früheren Gewerbebetrieb, nur noch Einkünfte knapp über dem Sozialhilfesatz erziele.

Mündliche Verhandlung beim Familiengericht, übrigens bei demselben Richter, der dem Ehemann vor mehr als einem Jahr in der ersten Instanz in vollem Umfang Recht gegeben hatte. Bemerkung dieses Richters gleich zu Beginn der mündlichen Verhandlung: »Ich habe mich schon gewundert, dass das Oberlandesgericht nicht meiner Meinung gefolgt ist.«

Die völlig entnervte Ehefrau entzieht ihrem Anwalt das Mandat. »Neue Besen kehren gut.« Immerhin hat sich die Ehefrau bisher mit einem Anwaltswechsel zurückgehalten, der Ehemann dagegen hat in der Zwischenzeit nicht weniger als vier verschiedene Anwaltskanzleien »verschlissen«. Wie der Prozess ausgegangen ist, ist völlig unbedeutend. Wir unterstellen einen Sieg der Ehefrau. Eins aber ist klar: Auch hier geht die anschließende Zwangsvollstreckung auf jeden Fall ins Leere.

Fazit: Der Ehemann als großer Sieger? Als wirtschaftlich total von seiner Lebenspartnerin abhängig, führt er eine Art Sklavendasein. Nicht auszudenken, was passiert, wenn diese Partnerschaft in die Brüche geht.

In einem ähnlich gelagerten Fall wurde mir zugetragen, dass der ebenso manipulativ vorgegangene Ehemann auf die Frage, was denn passieren würde, wenn seine quasi über Nacht reich gewordene Freundin ihn verließe, und zwar mit »seinem« Hab und Gut, ebenso kurz wie eindeutig und glaubhaft geantwortet hatte: »Dann bringe ich sie um.«

Ich wollte an diesem authentischen Beispiel zeigen, dass nur der erste Schritt, nämlich die Entscheidung, den herkömmlichen Weg zu beschreiten, freiwillig ist. Alles, was danach kommt, ist Zwang und Gewalt, und zwar nicht nur für die beklagte Seite, sondern für beide Parteien.

Demgegenüber ist das Mediationsverfahren von Anfang bis zum Ende Ausdruck des freien Willens der Beteiligten. So ist es auch keine seltene Ausnahme, dass die Mediationspartner immer wieder Vereinbarungen treffen, die sogar mehr an Leistung enthalten, als ihnen das juristische Verfahren abverlangt hätte. Sie sind hierzu gerne bereit, weil ihnen in der Gesamtbetrachtung dieses Mehr an Leistung in vielfältiger Weise wieder zurückfließt. Oft höre ich von Mediationspartnern, dass das in der Mediation Erreichte für sie schlechterdings unbezahlbar sei.

Meiner Erfahrung entspricht es, dass Ehepartner die Mediation auch deshalb vorziehen, weil sie in diesem Verfahren als ganzheitliche Personen betrachtet und behandelt werden. Hier werden sie mit ihrem Anliegen nicht nur auf einen Rechtsfall reduziert, den man nach den Rechtsvorschriften so oder auch so zu lösen hat. Wann immer Rechtsuchende von dem herkömmlichen Verfahren enttäuscht sind, sind sie es schon lange, bevor überhaupt eine gerichtliche Entscheidung gefällt ist. Zumeist heißt es: »Ich glaube, mein Anwalt war schlecht, der hat überhaupt nicht für mich gekämpft und hat auch kaum etwas bei Gericht gesagt. Zu allem Übel hat er auch mir selbst keine Gelegenheit gegeben, das zu sagen, was mir auf dem Herzen lag. Das könne nämlich, so der Einwand des Anwalts, vom Gericht nachteilig für mich ausgelegt werden.«

Geradezu stereotyp sind die Formulierungen der Beteiligten im juristischen Verfahren, dass sie das, was sich aus dem Rechtsstreit entwickelt hat, so nicht wollten, sie aber keine andere Wahl gehabt hätten. Mit anderen Worten: Sowohl das Verfahren als auch das Ergebnis entsprach nicht ihren Erwartungen, nicht ihrem Willen, geschweige denn ihrem freien Willen. Von Freiwilligkeit kann nicht ansatzweise die Rede sein.

Meinen Erfahrungen entspricht es weiterhin, dass es zumeist gelingt, den an der Mediation interessierten Ehepartnern den Charakter dieser anderen Vorgehensweise erkennbar zu machen. Es ist eben von unschätzbarem Wert, der jeweils anderen Seite wieder *mit Respekt und Achtung* zu begegnen. Diese innere Einstellung reicht üblicherweise aus, um das, was zu tun und zu regeln ist, nicht mit Widerwillen anzugehen. Nicht wenigen Ehepartnern gelingt es sogar, ein Bedürfnis dafür zu entwickeln, der anderen Seite auch in einer der schwersten Lebensphasen mit Fairness und Anstand zu begegnen.

Anmerkung

[1] Alfred Gleiss: Soll ich Rechtsanwalt werden? Plädoyer für den Juristenberuf. 2. Aufl., Heidelberg 1987, S. 97.

Ergeben sich Meinungsverschiedenheiten,
so beratet miteinander in der Stille,
dass nicht andere ein Körnchen zum Berge machen.
'Abdu'l-Bahá

Vertraulichkeit in der Mediation

Erfreulicherweise sind alle Gespräche in der Mediation vertraulich. Doch was bedeutet das? Der Begriff der Vertraulichkeit wirft in der Mediationsliteratur viele Fragen auf. Ungeklärt ist vor allem, wie weit der Schutz der Mediationspartner, d. h. wie weit die Vertraulichkeit des Mediationsgesprächs gehen soll. Ich will den Begriff daher aus vier unterschiedlichen Blickwinkeln beleuchten.

1. Schutz der Mediationsteilnehmer vor der Öffentlichkeit
Wie jeder weiß, ist die Gerichtsverhandlung im herkömmlichen Verfahren der Öffentlichkeit zugänglich. Eine Ausnahme besteht allerdings in Teilbereichen vor dem Familiengericht, hier finden die Verhandlungen z. B. über die Scheidung und das Sorgerecht von Kindern unter Ausschluss der Öffentlichkeit statt. Doch selbst dann erfolgt die Urteilsverkündung öffentlich. Die Öffentlichkeit wird in aller Regel wiederhergestellt, indem der Familienrichter sein Mikrofon bemüht und auf dem Gerichtsgang die Durchsage ertönt: »Urteilsverkündung in Sachen Müller gegen Müller«.

Bei Scheidungen von Prominenten ist dies bisweilen das Signal für die Journalisten, den Gerichtssaal zu stürmen, ist es doch allemal lohnender und auflagenträchtiger, über

»Ehekriege« zu berichten als etwa über aktuelle kriegerische Auseinandersetzungen mit vielen beklagenswerten Opfern. Auch wenn Prominenten nachgesagt wird, dass ihr Lebensmotto: »Bad news are better than no news« (Schlechte Meldungen sind besser als keine Meldungen) sei, so bezweifle ich stark, dass ihnen das »Breittreten« ihrer höchstpersönlichen Angelegenheiten wirklich recht ist. Viele werden sich noch an den Fall erinnern, der in den Medien zu einer wahren Seifenoper mutierte. So wurde der einstige Publikumsliebling einer TV-Serie öffentlich bemitleidet und musste mit ansehen, wie seine höchstpersönlichen Sorgen und Probleme, seine Verletzungen und Enttäuschungen in der öffentlichen Berichterstattung lächerlich gemacht wurden.

Mit dieser öffentlichen Demütigung erging es der von ihm geschiedenen Ehefrau keinen Deut besser: Sie und Millionen von Bundesbürgern konnten (und mussten) den Zeitungen entnehmen, dass sie wohl keinen Unterhalt – nicht einmal für ihren Sohn – erhalten haben soll. Auch wenn für den einen oder anderen Leser ein gewisser Unterhaltungseffekt nicht auszuschließen war, so ist diese Berichterstattung, nicht nur rückwirkend betrachtet, schal und würdelos.

In der Mediation wäre so etwas schlechterdings undenkbar. Hier verhandeln die Ehepartner fern von Gerichten und sogenannten Staranwälten, fern von Journalisten, fern von Medien und anderem Rummel. Mediation findet somit in einem vor der Öffentlichkeit geschützten Rahmen und Raum statt.

2. Schutz der Mediationspartner durch das Zeugnisverweigerungsrecht des Mediators

Da die Anwaltsmediation eine anwaltliche Tätigkeit darstellt, besteht ein Zeugnisverweigerungsrecht des Mediators. Ein Aspekt der Vertraulichkeit ist daher auch, dass der Mediator bei einer gescheiterten Mediation in einem sich möglicherweise anschließenden Gerichtsverfahren nicht als Zeuge gehört werden kann.

Hinzu kommt, dass in der zwischen den Mediationspartnern geschlossenen Mediationsvereinbarung festgelegt wird, dass sich die Eheleute im Falle eines Scheiterns der Mediation und einem möglicherweise folgenden Gerichtsverfahren nicht auf Unterlagen u. Ä. berufen dürfen, die in der Mediation erarbeitet worden sind. Gleiches gilt für angebliche Zusagen und Zugeständnisse gegenüber dem Mediationspartner. Etwas anderes gilt dann, wenn die Mediationspartner eine Vereinbarung getroffen haben, die im Fall des Scheiterns der Mediation Außenwirkung entfalten muss, weil sie gerade deswegen abgeschlossen worden ist. Wurde z. B. eine Vereinbarung über eine weihnachtliche Umgangsregelung mit den Kindern getroffen und ein Mediationspartner hält sie nicht ein, dann wird sich der andere darauf berufen können. Dasselbe gilt auch bei Unterhaltsvereinbarungen.

3. Schutz der Mediationsteilnehmer gegenüber Privatpersonen

Die Mediation findet, im Gegensatz zum gerichtlichen Verfahren, in einem vor der Öffentlichkeit geschützten Rahmen statt. Damit bleibt alles, was die Mediationspartner mit dem Anwaltsmediator »hinter verschlossenen Türen« erarbeiten, in ihrer unmittelbaren Privatsphäre. Dies gilt auch für die schriftlichen Protokolle der Sitzungen, die oftmals ausdrücklich von den Mediationspartnern gewünscht werden und deren Anfertigung in der Mediationsvereinbarung festgeschrieben wird. Die Vertraulichkeit geht so weit, wie die Parteien sie wollen und vereinbaren. Es bleibt ihnen somit selbst überlassen, wem sie sich über den Verlauf und das Ergebnis der Mediation anvertrauen.

Einige Mediatoren sind der Auffassung, dass den Mediationspartnern – was Verlauf, Inhalt und Ergebnis der Mediation betrifft – eine strenge Schweigepflicht aufzuerlegen sei. Diese Forderung geht teilweise so weit, die Mediationspartner zu verpflichten, sogar gegenüber dem neuen Lebenspartner über das Ergebnis der Mediation Stillschweigen zu wahren. Staatsgeheimnis! Ich teile diese Auffassung nicht. Eine solche »Zensur« wäre nicht mit der allgemeinen Handlungsfreiheit der Mediationsteilnehmer zu vereinbaren. Im Übrigen ginge eine solche Forderung an der Realität vorbei, sie wäre nicht praktikabel. Tatsächlich wird von Fällen berichtet, bei denen die Mediation an einer solchen »Geheimnisklausel« gescheitert ist.

4. Schutz der Mediationspartner nach Einzelgesprächen
Einzelgespräche können ein wichtiger Teil der Mediation sein. In Bezug auf die Vertraulichkeit stellt sich hier bisweilen die Frage, ob und inwieweit die dem Mediator in Einzelgesprächen anvertrauten »Geheimnisse« dem anderen Ehepartner offenbart werden dürfen oder gar müssen. In der Literatur über die Mediation wird diese Frage so gut wie nie beantwortet.

Der Sokrates-Preisträger[1] Gary Friedman – ein Vorreiter auf dem Gebiet der Mediation – lehnt die Stellung als einseitiger Geheimnisträger ab. Er ist vielmehr der Auffassung, dass alles, was in einem Einzelgespräch an »vertraulichen« Dingen ge- und besprochen wird, auch der Gegenseite offenzulegen ist.

Ich bevorzuge einen Mittelweg: Wird mir etwas anvertraut, was einen höchstpersönlichen Bezug hat, aber nicht in einem unmittelbarem Zusammenhang mit der beidseitig angestrebten Lösung des Konfliktes steht, behalte ich dies für mich. Hat das mir Anvertraute jedoch einen direkten

Bezug zu der ins Auge gefassten Vereinbarung, werde ich meinen Gesprächspartner bitten, darin einzuwilligen, dass dieser Sachverhalt mit der anderen Seite besprochen werden darf. Andernfalls käme ein Ergebnis aufgrund von Informationen zustande, die der anderen Seite gegenüber unterschlagen wurden. Dies wäre mit dem Wesen der Mediation prinzipiell nicht vereinbar.

Anmerkung

[1] Der Auszeichnung liegt der Gedanke zugrunde, dass die sokratische Mäeutik (griech: Hebammenkunst) mit der aktuellen Mediation vergleichbar ist: Sie ist professionelle Hilfe zur Selbsthilfe mit dem Ziel, die Kontrahenten die für sie richtige Lösung selbst finden zu lassen.

Des Menschen größtes Verdienst bleibt wohl,
wenn er die Umstände soviel als möglich bestimmt
und sich so wenig als möglich bestimmen lässt.
J. W. v. Goethe, Wilhelm Meisters Lehrjahre

Die Ehepartner als die besten Konfliktlöser in eigener Sache

Eigenständigkeit entspricht einem tief in unserer Natur angelegten Bedürfnis. So beobachten wir zum Beispiel schon bei Kleinkindern, die sich gerade mit ihren ersten Trippelschrittchen ihr Umfeld erobern, dass sie die ihnen von Erwachsenen angebotene helfende Hand ausschlagen, um selbstständig auf beiden Beinen zu stehen und laufen zu können. Wir wissen, wie dieses Bedürfnis im übertragenen Sinne die Menschen in ihrem ganzen Lebensverlauf begleitet.

Ein für mich unvergessliches Beispiel für den Wunsch von Kindern, Eigenständiges zu tun, habe ich in einer Silvesternacht erlebt. Kurz vor Mitternacht hatte sich ein Ehepaar mit seinem etwa siebenjährigen Sohn und mit vielen anderen Bewohnern der Stadt auf einer Anhöhe eingefunden, um von dort aus den großartigen Blick auf das sich ihnen bietende Panorama und auf das gleich beginnende Feuerwerk zu haben. Der Junge zerrte unruhig am Ärmel seiner Mutter und fragte immer wieder, ob es schon zwölf Uhr sei. Als es schließlich soweit war, nahm er aus einer Tüte einige Minifeuerwerkskörper und durfte diese an einer kleinen Fackel, die der Vater trug, entzünden. Gleichzeitig setzte ein ohrenbetäubender Feuerwerkslärm ein.

Die schönsten Raketen wurden gezündet. Der ganze Himmel war ein sich ständig veränderndes Farbenmeer. So sehr mich dieses Spektakel auch faszinierte, meine größere Aufmerksamkeit galt dem kleinen Jungen, der immer wieder aufs Neue kleine Feuerwerkskörper entzündete. Jedes kleine Hoppeln, jeder Minisprung der Knallfrösche und Miniraketen, bereitete dem Buben so viel Freude, dass er immer wieder begeistert in die Luft hüpfte, selbst dann noch, als die kleinen Feuerteufelchen auf dem nassen Asphalt mit einem kurzen Zischen verglommen. Er war ganz vertieft in seine kleine Feuerwerkswelt, stolz darauf, was er doch durch das Anzünden der Lunte hatte bewirken können. Er hat nicht ein einziges Mal seinen Blick zum Himmel gewandt, um dort das prächtige Farbschauspiel zu erleben.

Wovon ich spreche, ist ein tief in dem Menschen veranlagtes Phänomen zur Selbstentfaltung, das in der Fachliteratur wie folgt beschrieben wird: »Der (menschliche) Organismus ist selbstbestimmt. In seinem normalen Zustand strebt er nach seiner eigenen Entfaltung und nach Unabhängigkeit von äußerer Kontrolle. [...] Was mich [...] in Bezug auf das Individuum am meisten beeindruckt, ist die zielgerichtete Tendenz zur Ganzheit, zur Verwirklichung vorhandener Anlagen.«[1]

Von einer originellen Methode, durch staatliche Autorität ein streitendes Ehepaar zu einer vergleichsweisen Einigung zu zwingen, erzählt indes Hans Fallada in dem Buch »Damals bei uns daheim«, womit wir dennoch bei unserem Thema wären: Ein Dorfrichter hatte eine besondere Methode entwickelt, um die streitenden Parteien zu einem Vergleich zu bewegen. So heizte er den Parteien buchstäblich ein, indem er den Gerichtsdiener anwies, den Gerichtsofen so stark als möglich anzuheizen. Dieses Verfahren hatte einen überwältigenden Erfolg. Beide Parteien rutschten schwitzend und mit geröteten Gesichtern auf der Verhandlungsbank hin und her. Ab und zu unterbrach der Richter sein Aktenstudium, um die Eheleute nach dem Stand der Angelegenheit zu befragen. Solange sie keinen Vergleichsvorschlag unterbreiteten, erklärte er die Sache für noch nicht spruchreif. Die Praxis dieses Amtsrichters sprach sich so schnell herum, dass Sühnetermine und infolgedessen auch Beleidigungsklagen kaum noch vorkamen. Die für hartnäckige Parteien nötige Aufforderung an den Gerichtsdiener zum Nachheizen war kaum noch nötig.[2]

Diese Anekdote enthält einen tiefen Wahrheitskern in sich, nämlich die Erkenntnis, dass die Eheleute – wie niemand sonst – in der Lage sind, ihre Probleme selbst zu meistern. Vorausgesetzt, sie werden zu einer Vergleichsbereitschaft und zu entsprechenden Gesprächen motiviert. Dem Verfahren, dem das in der Anekdote geschilderte Ehepaar ausgesetzt war, fehlt jedoch eines der wesentlichen Elemente der Mediation, nämlich das der Freiwilligkeit. War es in früheren Zeiten durchaus Brauch, dass zerstrittene Ehepaare gezwungen wurden, ihr Mittagessen gemeinsam aus einem Teller einzunehmen, um das, was sie sich selbst eingebrockt hatten, auch symbolisch gemeinsam wieder auszulöffeln, so schmunzeln wir heute über die Art und Weise obrigkeitlicher Konfliktschlichtung. Die Mittel haben sich geändert.

Eine rückblickend kaum zu überschätzende neue Entwicklung setzte mit der 1977 eingeführten Eherechtsreform ein. Wie erwähnt, wurde das Schuldprinzip abgeschafft. Der Staat war fortan nicht mehr daran interessiert, wann und warum sich Eheleute scheiden lassen wollten. Sie mussten nur eine kleine formale Hürde überspringen, nämlich ein Jahr räumlich getrennt leben. Jeder Ehepartner konnte somit – und kann es bis zum heutigen Tag – die Ehe aufkündigen und sein eigenständiges zukünftiges Leben gestalten. Nur wenige Jahre später heißt es in der juristischen Fachliteratur, bezogen auf die Scheidungs*folgen:* »Wegen ihrer stark personalisierten Konflikte kann ›Scheidungsfriede‹ nur erreicht werden, wenn die Ehegatten befähigt werden, eigene Lösungen selbständig zu erarbeiten. Dies wird jedoch durch das juristische Streitverfahren erheblich erschwert, wenn nicht (fast) unmöglich gemacht. [...] Die rechtliche und emotionale Verquickung der Folgesachen elterliche Sorge, Unterhalt und Wohnungszuteilung schafft potentiellen Konfliktstoff.«[3]

Zu Recht wird das juristische Verfahren zur eigenständigen Findung von Lösungen durch die Ehepartner als nicht geeignet erachtet. Die Gelegenheit besteht aber in der Mediation. Der Wunsch nach Eigenständigkeit und Selbstbestimmung der Ehepartner in der Mediation bedeutet, dass sie soweit wie möglich ihre Angelegenheiten selbst regeln und lediglich dort eine Hilfestellung für ihre Bemühungen benötigen, wo sie alleine nicht weiterkommen. Ich möchte den Begriff der Eigenständigkeit im Zusammenhang mit dem Straßenverkehr erläutern: Die meisten werden es bevorzugen, mit einem Privatauto ihr Ziel zu erreichen, sozusagen von Haus zu Haus, statt von ihrer Wohnung zur Station des öffentlichen Verkehrsmittels und nach der Fahrt vom Zielbahnhof zu dem gewünschten Ort zu Fuß zu gehen oder vielleicht noch ein weiteres Verkehrsmittel in Anspruch zu nehmen. Sie werden es also vorziehen, zeitlich unabhängig zu sein und ihr Ziel auf individuellem Weg zu erreichen. Von dem Wort »Privatauto« zu dem, was ich näher erörtern möchte, ist es buchstäblich nur ein kleiner Schritt, nämlich eine Ergänzung von fünf Buchstaben: Ich spreche von Privatauto-nomie!

Was bedeutet dieses Wort? Aus der juristischen Fachsprache ins Deutsche übersetzt: Die Bürger gestalten ihre Rechtsverhältnisse selbst. Dass sie dies dürfen, ergibt sich aus dem Grundgesetz (Art. 2 Abs. 1 GG), der die allgemeine Handlungsfreiheit gewährleistet. Die Gestaltung ihrer Rechtsverhältnisse geschieht am besten durch Verträge. Der Jurist spricht hier von Vertragsfreiheit. Alle Bürger sollten auch den Mut haben, dieses Grundrecht zu beanspruchen.

Bezogen auf die Anwaltsmediation bedeutet dies, dass die Parteien grundsätzlich ihre eigenen Ideen zur Lösung ihrer Probleme entwickeln und der Mediator ihnen lediglich dabei hilft, die holprigen Elemente und Stolpersteine auf diesem Weg zu beseitigen. Die Ehepartner schließen somit einen Vertrag, der ihren ganz aktuellen Bedürfnissen entspricht, der kreativ und flexibel ausgestaltet ist. Sie brauchen mit anderen Worten nicht auf das Paragrafen- oder Buchstabenrecht zurückzugreifen, das sich in der Regel als starr und seelenlos erweist. Statt Konfektionsware und juristischer Allgemeinplätze ein frisches mit aktuellem Leben erfülltes Recht! Das, was für die Mediationspartner gerecht ist, soll maßgeblich sein.

Die Ehepartner verzichten somit auf ein fruchtloses Entweder-oder-Recht, auf ein von Rechtsirrtümern nur so strotzendes Recht und schließlich auch auf ein unverständliches Recht. Schließlich ist es auch eine Abkehr vom Urteilsrecht, vom Recht der nächsten und der übernächsten Instanz und gar auch noch der überübernächsten.

Auf einen Nenner gebracht: In der Mediation regeln die sich scheidenden Ehepartner ihre Angelegenheiten eigenständig und in eigener Verantwortung, d. h.:

- Sie wählen ihren Mediator selbst aus.
- Sie bestimmen, wie in der Mediation vorgegangen wird.

- Sie bestimmen, welche Probleme in welcher Reihenfolge gelöst werden.
- Sie entwickeln unabhängig kreative und flexible Ideen.
- Sie richten sich nach den eigenen aktuellen und konkreten Bedürfnissen.
- Sie lösen die eigenen Probleme selbst.
- Sie passen die Lösung ihrem eigenen Gerechtigkeitsempfinden an.
- Sie entscheiden über die Dauer des Verfahrens.

Der Gedanke der Mediationspartner lautet: Was für uns Eheleute und für unsere Kinder, d. h. für unsere ganze Familie auch oder gerade in unserer Trennungsphase und nach der Scheidung am vorteilhaftesten ist, soll gelten. Die Mediationspartner wollen somit aus ihrer Situation für die Familie das Beste machen. Sie erweitern ihren Spielraum, sie erarbeiten sich Lösungen, die nicht nur, wie beim Urteil (wenn überhaupt), eine Partei kurzfristig zufriedenstellen, sondern der Familie auf dem Weg der Wandlung und Neugestaltung wirklich und auf Dauer weiterhelfen.

Ich möchte ein bemerkenswertes Beispiel aus meiner Praxis erzählen, welches zeigt, dass die Eheleute grundsätzlich selbst fähig und selbst nach anfänglichem Zögern auch bereit zur Einigung sind:

Es ging um einen Unterhaltsprozess. Seit einem Jahr (!) hatten die Parteien zusammen mit ihren Anwälten versucht, außergerichtlich eine einvernehmliche Regelung über den Unterhalt zu treffen. Vergeblich. Der Gerichtsprozess musste also die Entscheidung bringen. In der Gerichtsverhandlung flogen buchstäblich die Fetzen. Die Anwälte begegneten sich mit äußerster Aggressivität. Jeder bezichtigte den anderen, keine hinreichenden Kenntnisse des Unterhaltsrechts zu besitzen. Der Richter zeigte eine wahrhafte Eselsgeduld und ließ dem Geschehen seinen Lauf.

Dies war offensichtlich seine Taktik. Die Anwälte sollten erst einmal die kriegerischen Waffen des gerichtlichen Prozesses wetzen und aufeinander losschlagen.

Nachdem sie nahezu zwei Stunden gekämpft hatten und sich noch immer keine Einigung abzeichnete, sondern, im Gegenteil, sich die Fronten immer weiter verhärteten, gaben die Anwälte auf und erklärten dem Gericht, es möge die Sache durch Urteil entscheiden. Der Richter ergriff das Wort und wandte sich direkt an die Parteien selbst. In dieser Phase noch immer die Anwälte anzusprechen, erschien ihm sinnlos. Sinngemäß erklärte er, dass ja im Wesentlichen alle Argumente ausgetauscht worden seien. Die Parteien hätten nun die jeweilige Auffassung der Gegenseite gehört. Daran schloss er die Frage, ob sie sich nicht doch irgendwie vorstellen könnten, zu einer Einigung zu gelangen.

Die Parteien lagen zwar noch immer in verbissenem Streit, doch reifte langsam die Erkenntnis, dass dessen Fortsetzung letztlich nichts bringen würde. Keinem! Die Ehefrau wandte ein, dass es doch irgendwie möglich sein müsse, einen Weg ohne Urteil zu gehen. Hierauf erwiderte der Ehemann, dass auch er dieser Meinung sei. Dies war der Wendepunkt. Der Richter ergriff die Chance beim Schopf und fand sehr behutsam heraus, wo denn bei beiden Seiten die jeweilige Schmerzgrenze läge, d. h. was der Ehemann maximal zu zahlen bereit sei bzw. was die Ehefrau als Mindestunterhalt akzeptieren würde. Nach ausgiebigem Feilschen, das einem Basar würdig gewesen wäre, kamen die Parteien schließlich zu einer vernünftigen Einigung. Wohlgemerkt, nicht wegen, sondern trotz ihrer Anwälte! Bevor der Vergleich gerichtlich protokolliert wurde, konnte der Richter sich einen etwas hämischen Seitenhieb gegen beide Anwälte nicht verkneifen. Wörtlich diktierte er ins Protokoll: »Sodann schließen die Parteien auf Anraten des Gerichts und auf persönliche Initiative der Parteien selbst den folgenden Vergleich.«

Dies ist ein schönes Beispiel dafür, dass den Parteien selbst das gerichtliche (»Affen«-)Theater zu viel wurde.

Wenn es Ehepartnern gelingt, nach »ewigem«, teilweise sogar von den Anwälten geschürten Streit zu einem Konsens zu kommen und die befriedende, einfühlsame Hand des Richters hierfür ausreicht, so werden sie erst recht in der Lage sein, Lösungen zu finden ohne vorherige Behinderung durch das kriegerisch-gerichtliche Verfahren. In unserem Beispiel wird deutlich, dass sich das Ehepaar etwas Entscheidendes bewahrt hatte, nämlich zu erkennen, dass ein Urteil die schlechteste Alternative ist, den Rechtsstreit zu beenden.

Tatsächlich beobachte ich von Jahr zu Jahr eine steigende Tendenz dahin, dass die Mediationspartner schon zu Beginn der Mediation im Großen und Ganzen eine Einigung erzielt haben, vor allem über ihren Hausrat und über ihr Vermögen. Bezüglich des Unterhalts gebe es zwar noch einige Fragen zu klären, aber das Gerüst stehe im Wesentlichen. Kommen die Mediationspartner mit einem solchen Rohentwurf ihrer Vereinbarung zu mir, muss ich immer wieder mit Erstaunen feststellen, wie sehr die Überlegungen, die ihrer Vereinbarung zugrunde liegen, einen unverbildeten Fairness- und Gerechtigkeitsgedanken widerspiegeln. Die Aufgabe des Mediators beschränkt sich in diesen Fällen darauf, das Rohkonzept in eine juristische Form zu bringen. Sie soll für die Mediationspartner verständlich sein, gleichzeitig aber auch die Voraussetzungen erfüllen, die der Notar an einen von ihm zu beurkundenden Vertragswortlaut stellt.

Wann immer Paragrafen für sich gesehen keine Antwort auf Rechtsprobleme bieten, heißt es in den Urteilen zumeist, dass es im konkreten Fall auf alle Umstände des Einzelfalles ankomme. Aber genau diese haben die Ehepartner bei ihrer selbst konzipierten Lösung berücksichtigt. Unverfälscht und authentisch. Das leuchtet auch ein, denn nur sie wissen, was sich alles im Detail um die zu klärenden Probleme rankt. Nur sie kennen alle Umstände des »Einzelfalles«, nämlich *ihres* Falles. Keiner kennt sie besser als sie selbst. Sobald demgegenüber die Anwälte die einzelnen Umstände für ihre jeweiligen Parteien zu juristischen Waffen umfunktionieren, sind die Chancen einer friedlichen Einigung zumeist vertan.

Anmerkungen

1 Carl C. Rogers: Die Kraft des Guten. Ein Appell zur Selbstverwirklichung. München 1978, S. 267f.

2 Hans Fallada: Damals bei uns Daheim. Erlebtes, Erfahrenes und Erfundenes. Stuttgart 1955, S. 55f.

3 Roland Proksch: Scheidungsfolgenvermittlung (Divorce Mediation) – ein Instrument integrierter familiengerichtlicher Hilfe. In: FamRZ: Zeitschrift für das gesamte Familienrecht 36 (1989), H. 9, S. 918.

Man bediene sich [...] keines [Juristen] für Dinge, die schleunig und einfach behandelt werden sollen [...] juristischer Wille [ist] oft das Gegenteil von dem, was man im gemeinen Leben Willen nennt.

Freiherr Adolph von Knigge,
Über den Umgang mit Menschen

Wie sich Rechtsinteressen von den wahren Bedürfnissen der Konfliktpartner unterscheiden

Mit diesem Thema schlage ich eine der faszinierendsten Seiten der Mediation auf. Die Überschrift sagt wenig darüber aus. Eigentlich ist sie unverständlich. Warum und inwieweit sollen die Rechtsinteressen sich von den wahren Vorstellungen und Wünschen der Konfliktpartner unterscheiden? Warum wäre der Unterschied so wichtig? Steigen wir, um uns sozusagen aufzuwärmen, mit einem einfachen Fall ein. Frau Huber hat ihrer Nachbarin Frau Schmidt drei Eier »geliehen«, weil Frau Schmidt überraschend Besuch erhielt und diesem mit einem Kuchen eine Freude machen wollte, zu dessen Herstellung ihr eben noch diese Zutaten fehlten. Frau Huber hat Frau Schmidt wiederholt und vergeblich um die Rückgabe der drei Eier gebeten. Sie sucht einen Rechtsanwalt auf und bittet um Rechtsrat. Ihr Anwalt wird fragen, ob sie ihre Aussagen zum Sachverhalt auch beweisen könne. Zum Glück war der Ehemann von Frau Huber bei der Übergabe anwesend. Wenn Frau Schmidt sich also weiterhin weigern sollte, Frau Huber die Eier auszuhändigen, könnte der Ehemann in einem Prozess als Zeuge vernommen werden. Die Rechtslage scheint somit ziemlich eindeutig. Der Anwalt wird sich mit einem Schriftsatz an Frau Schmidt wenden und hierbei folgenden Eingangssatz verwenden: »Hiermit zeige ich an, dass Frau Huber mich mit der Wahrnehmung ihrer Rechtsinteressen beauftragt hat.« Anschließend wird er mit Fristsetzung Frau Schmidt auffordern, seiner Mandantin drei Eier auszuhändigen.

Während des Studiums ist dem Anwalt von Frau Huber eingebläut worden, bei jedem Rechtsstreit nach einer rechtlichen Grundlage zu suchen, mit der der Anspruch gegenüber der Gegenseite begründet und im Zweifel auch gerichtlich durchgesetzt werden kann. Die Rede ist von der sogenannten »Anspruchsgrundlage«. Der Anwalt wird also, um ganz sicher zu gehen, das Gesetzbuch, hier das Bürgerliche Gesetzbuch (BGB), aufschlagen und einen Paragrafen zitieren.

Er weiß natürlich, dass es sich bei dem »Ausleihen« der Eier nicht um eine Leihe im eigentlichen Sinn handelt, weil bei einer Leihe (im Sinne des Gesetzes) ein und derselbe Gegenstand zurückzugeben ist, wie etwa bei dem Ausleihen eines Buches. Hier sind hingegen nicht exakt dieselben drei Eier zurückzugeben, denn die haben ja hoffentlich schon zum Gelingen des Kuchens beigetragen, sondern nur drei Eier von der gleichen Art und Güte. Und damit sind wir beim Darlehen! Darlehen? Ja, Darlehen!

§ 607 BGB lautet: »Durch den Sachdarlehensvertrag wird der Darlehensgeber verpflichtet, dem Darlehensnehmer eine vereinbarte vertretbare Sache zu überlassen. Der Darlehensnehmer ist zur Zahlung eines Darlehensentgelts und bei Fälligkeit zur Rückerstattung von Sachen gleicher Art, Güte und Menge verpflichtet.« Frau Schmidt hat also Eier zurückzugeben, die denen von Frau Huber empfangenen gleichwertig sind. Auf diese Vorschrift wird der Anwalt den Anspruch seiner Mandantin stützen. Wie der Fall weitergeht, soll uns hier nicht mehr interessieren. Höchstwahrscheinlich stellt sich heraus, dass es Frau Huber eigentlich gar nicht so sehr auf die Eier ankommt, sondern sie nur darüber enttäuscht ist, dass Herr Schmidt ihren Ehemann neulich angeblich nicht gegrüßt hat. Mir ging es bei diesem Fall nur darum, zu skizzieren, was es mit der Anspruchsgrundlage auf sich hat.

Nun zu dem Fall, um den es mir eigentlich geht. Er scheint zunächst noch einfacher gelagert zu sein: Die Mutter hat ihre vierzehnjährige Tochter zum Einkaufen geschickt. Die Tochter kauft ein, was ihr aufgetragen wurde, und zusätzlich noch drei Orangen, die nicht auf dem Einkaufszettel standen. Davon isst ihr Bruder zwei auf, über die übrig gebliebene streiten Mutter und Tochter. Ein heftiger Disput entsteht. Die Mutter beruft sich darauf, dass die Orange ihr gehöre, schließlich sei sie von ihrem Geld gekauft worden, und verlangt die Herausgabe der Frucht von der Tochter, die sie ihrerseits mit beiden Händen umklammert. Die Tochter verteidigt die Orange, indem sie erklärt, sie habe die Früchte von ihrem Taschengeld bezahlt.

Gehen wir mit diesem Sachverhalt zu einem Juristen, so sind wir wieder bei dem Zauberwort »Anspruchsgrundlage«. Der Jurist weiß nun, dass der Eigentümer von dem Besitzer die Herausgabe des Eigentums verlangen kann. So steht es im Gesetzbuch, im § 985 BGB. Doch wer ist Eigentümer? Das ist hier die Frage. Denn es gibt auch eine andere Vorschrift, die besagt, es bestehe eine Vermutung zugunsten des Besitzers, dass er auch Eigentümer der Sache sei, so der § 1006 BGB.

Hier sei der Unterschied zwischen Eigentum und Besitz erklärt: Auch der Dieb hat den Besitz an der Sache, d. h. er hat zu einem bestimmten Zeitpunkt die tatsächliche, wenn auch unberechtigte Gewalt darüber erlangt (vgl. § 854 BGB). Sie ist aber nicht sein Eigentum, unter dem ein grundsätzlich unbeschränktes Herrschaftsrecht zu verstehen ist, d. h. der Eigentümer darf mit ihm nach Belieben verfahren. Während der Eigentümer also berechtigt ist, mit dem Gegenstand alles zu tun, was er möchte, z. B. ihn verschenken, verkaufen oder sogar zu zerstören, ist der rechtmäßige Besitzer zumeist nur für einen begrenzten Zeitraum berechtigt, diesen Gegenstand zu nutzen, z. B., weil er ihn sich ausgeliehen hat.

Besitzerin in unserem Beispiel ist ohne Zweifel die Tochter. Wir sehen, dieser Fall ist doch nicht ganz so einfach. Unser Jurist kann also nicht so ohne Weiteres klären, wer Eigentümer dieser Orange ist. Wer immer es auch sei, eine verbindliche Rechtsauskunft – womöglich durch Einholung eines juristischen Gutachtens, das wohl ohnehin nur eine Seite überzeugen würde – dürfte so viel Zeit in Anspruch nehmen, dass die Orange bis dahin verdorben und ungenießbar wäre. Schildern wir nun diesen Fall einem Anwaltsmediator, so wird zwar auch er die juristische Seite gedanklich durchspielen, denn auch er ist während seiner Ausbildung von der gehirnwäscheartigen Fixierung auf das Schlüsselwort »Anspruchsgrundlage« nicht verschont geblieben. Er wird es aber – und das ist der große Unterschied zum herkömmlichen Anwalt – hierbei nicht belassen. Er wird beide Seiten fragen, warum und für welchen Zweck sie denn die Orange haben möchten. Daraufhin stellt sich beispielsweise heraus, dass die Mutter die Schale benötigt, um einen Kuchen zu backen, während sich die Tochter einen Saft pressen möchte. – Das Ergebnis verblüfft: Der Rechtsstreit ist gelöst, ohne dass es auf die Frage ankommt, wer denn Eigentümer dieser Orange sei. Die allgemeine Redewendung »Auf die Idee muss man erst einmal kommen« hat mich inspiriert, hier von der Lösungsidee zu sprechen.

Der Mediator weiß, dass es unendlich viele »Rechtsfälle« gibt, die mit dem herkömmlichen juristischen Verfahren nicht oder nur schwer lösbar sind, aber mit einem völlig anderen gedanklichen Ansatz, nämlich mit der Frage nach dem Warum, Wozu, Wofür. Zu fragen also wäre danach, welche Bedeutung hinter der Forderung des Mandanten steckt. Wird diese Frage beantwortet, können sich daraus zahlreiche Lösungsideen ergeben. Eine davon, nämlich unsere, lautet: Es gibt für ein und denselben Gegenstand mitunter mehrere Verwendungsmöglichkeiten.

Nun könnte man einwenden, dies sei wohl nicht gerade häufig der Fall. Das genannte Orangenbeispiel ließe sich vielleicht noch auf einen Streit um eine Zitrone anwenden, dann sei aber vermutlich Schluss. Zugegeben, die Lösungsidee, bei der für ein und denselben Gegenstand mehrere Verwendungsmöglichkeiten bestehen, erscheint auf den ersten Blick selten anwendbar, doch weniger selten auf den zweiten. So wird der Vater schmunzeln, wenn ihn sein siebzehnjähriger Sohn, der noch keinen Bootsführerschein hat, um den Schlüssel der Jacht bittet, denn er – der Vater – ahnt ganz richtig, dass sein Sohn die Kajüte als »Liebeslaube« nutzen möchte und nicht das Boot für eine Spritztour.

Eine Mutter, um ein anderes Beispiel zu nennen, könnte möglicherweise bei einem Streit zwischen ihrer älteren Tochter und ihrem jüngeren Sohn um eine hübsche, aus Rosenholz gefertigte Pralinenschachtel feststellen, dass der Kleine an den Süßigkeiten interessiert ist, während die Tochter die Schachtel vielleicht zum Aufbewahren ihrer Perlen nutzen möchte.

Beispiele aus der Mediationspraxis:

Ich kann mich noch gut an einen Fall erinnern, bei dem die Mediationspartner in der Hausratsauseinandersetzung über ein Hochzeitsgeschenk stritten. Es handelte sich um eine kunstvolle antike Flasche, in der ein Wein bester französischer Qualität aus dem Jahre 1903 abgefüllt worden war. So stand es auf dem vergilbten Etikett. Es stellte sich recht schnell heraus, dass die Ehefrau, selbst keine Weintrinkerin, die Flasche begehrte, weil sie Antiquitäten liebte und diese Flasche sich dekorativ auf ihrem Biedermeiersekretär ausnahm. Der Ehemann, Weinkenner und -trinker, wollte ebenfalls die Flasche behalten, seine Absicht ging aber dahin, den Wein eines Tages zu einem besonders feierlichen Anlass zu genießen. Vielleicht gehörte er zu den Ehepartnern, die sich auf die Scheidung mehr freuten als einst auf die Heirat. Die Einigung lautete, dass der Ehemann die Flasche erhielt, um sie, nachdem er sie geleert haben würde, spätestens jedoch innerhalb eines Vierteljahres, an die dann geschiedene Ehefrau zum dauerhaftem Verbleib auszuhändigen.

Komplizierter, weil nicht ohne Verluste, endete ein anderer Fall, bei dem der Ehemann, Kunstschmied von Beruf, an dem aufwendig handgeschmiedeten Verschluss einer den Eheleuten einstmals geschenkten Bibel weitaus mehr interessiert war als an deren Inhalt, während die Ehefrau die darin enthaltenen Stiche bewunderte. Auch wenn der Gesamtwert der Bibel darunter litt, einigten sie sich dahingehend, dass der Ehemann diese erhielt, während die Ehefrau berechtigt war, für sich einige Stiche aus der Bibel herauszutrennen.

Wie häufig die Anwendbarkeit dieses Lösungsgedankens auch immer gegeben sein mag, sie spielt für unsere weiteren Betrachtungen trotzdem eine wichtige Rolle, weil sie uns so überrascht hat und uns stets daran erinnern soll, wie wir überhaupt auf dieses Ergebnis gekommen sind, nämlich weil wir nach dem Hintergrund der tatsächlichen Anliegen gefragt haben. Dies ist der Ansatz, der die unglaublichsten Lösungen ermöglicht. Es geht also darum, nicht beim Orangenbeispiel staunend zu verharren, sondern sich stets vor Augen zu führen, dass streitende Anwälte und mit ihnen ihre Parteien oft der irrigen Annahme sind, Konflikte könnten nur mit dem genannten Anspruchsdenken, d. h. nur mit exakt diesen Gesetzestexten oder jenen Paragrafen gelöst werden.

Die Mediationsliteratur spricht bei den oben genannten Beweggründen, nach denen der Mediator fragt, häufig auch von Interessen der Beteiligten. Ich verwende diesen Begriff nicht, weil er schon wiederholt Gegenstand von Missverständnissen war. So dürfte ein Vortrag über die Anwaltsmediation vor Anwälten danebengegangen sein, weil der Vortragende unterstellt hatte, den Zuhörern sei der Unterschied zwischen Rechtsinteressen und den Interessen im Sinne der oben genannten tieferen Beweggründe hinreichend klar. Ich wurde am Ende des Vortrags Zeuge, wie ein Anwaltskollege, der offensichtlich mit der Mediation noch nicht hinreichend vertraut war, einem anderen Kollegen die Frage stellte, ob auch ihm unklar gewesen sei, was der Mediator mit dem Gegensatzpaar Rechtsinteressen und Interessen denn eigentlich gemeint haben könne; da doch offensichtlich sei, dass wir Anwälte beim Geltendmachen von Rechtspositionen für die Mandanten auch gleichzeitig deren Interessen im Auge hätten. Ich war erschüttert, dass die mangelnde Klarstellung des Vortragenden, die mir während des Vortrages überhaupt nicht bewusst geworden war, eben weil der Sachverhalt für mich selbstverständlich ist, ein solches Missverständnis bei dem Kollegen (und sicher auch noch bei zahlreichen anderen Zuhörern) hatte hervorrufen können.

Vielleicht wird dem Leser nach diesem Hinweis die folgende Äußerung eines begnadeten Anwaltsmediators erst richtig verständlich, die lautet: »Wenn Anwälte auf Dauer Konflikte lösen wollen, müssen sie nicht fragen: Wer hat recht? Sondern: Wer hat welche Interessen? Die Frage: Wer hat recht? füllt die Gerichtssäle, die andere Fragestellung schafft Lösungen.«[1]

Der Jurist strebt danach, dass die Paragrafen ihre Wirksamkeit entfalten, d. h., dass die Rechtsvorschriften in der Praxis angewendet werden. Dass diese oftmals meilenweit von den wahren Bedürfnissen der Menschen entfernt sind, hat der ehemalige Bundespräsident und Verfassungsrichter Roman Herzog auf humorvolle Weise in einer Rede auf den Punkt gebracht, als er sagte: »Jede dritte Vorschrift ist Stuss« und auf den Applaus hin nachsetzte: »Ich habe mich versprochen, ich wollte sagen: zwei von dreien.«[2] Angesichts des Umstandes, dass dieses »Stuss-Recht« ohne Zweifel Anwendung findet, fragt sich, wie mit einem solchen Recht den Bedürfnissen der Bürger Rechnung getragen werden kann.

Anmerkungen

1 Reiner Ponschab: Wege zur anwaltlichen Schlichtung, a. a. O., S. 145.
2 Stuttgarter Zeitung vom 10.11.2003, S. 21.

Treffen sich zwei Freunde: Sagt der eine: »Gestern ist meine Scheidung endlich durchgegangen. Das Ganze hat mich mehr gekostet als meine Hochzeit.«
Darauf der andere: »Mach dir nichts draus, dafür hast du auch länger Freude daran ...«
Anwalts-Witz

Was eine Mediation kostet

Wem leuchtet nicht ein, dass zwei Anwälte (im herkömmlichen Verfahren) doppelt so viel kosten wie nur ein Anwalt (als Anwaltsmediator in der Mediation)?

Eigentlich könnte man das Kapitel an dieser Stelle beenden, denn im Grunde ist mit dem einen Satz das Wesentliche gesagt: Einer der vielen unbestreitbaren Vorzüge der Mediation besteht darin, dass sie erheblich weniger kostet als ein Scheidungsverfahren. Wenn hier dennoch einige Ausführungen zum Thema »Mediationskosten« folgen, so deshalb, weil sich in der Öffentlichkeit hartnäckig Missverständnisse und Vorurteile darüber halten.

Scheidungen im traditionellen Verfahren sind teuer. Die Summe geht in den fünfstelligen Bereich für jede Partei. Der Gedanke, dass sich kaum jemand mehr eine Scheidung leisten kann, hat sich tief in unser gesellschaftliches Bewusstsein eingeprägt. Zu Recht: Der »Überschuldungsreport« des Instituts für Finanzdienstleistungen verzeichnet seit Jahren die Kosten für Trennung und Scheidung – gleich rangierend nach der Arbeitslosigkeit – als einen der Hauptgründe für die Überschuldung privater

Haushalte. Einen nicht unbeträchtlichen Posten machen dabei die Kosten für Anwälte und Gerichte aus. Bis heute gilt, was schon der Überschuldungsreport von 2007 kritisch anmerkt: »Sollten nicht die Scheidungskosten (Steuer, Anwalt, Gericht) drastisch reduziert und/oder auf längere Zeiträume verteilt, d. h. kreditiert werden?«[1]

Mit der Entscheidung für die Mediation lassen sich die Gebühren drastisch senken. Im Mediationsverfahren liegen die Kosten in der Regel maximal bei der Hälfte eines herkömmlichen Scheidungsverfahrens.

Zur Abwicklung der Scheidung gehört neben dem gerichtlichen Prozess der eigentlichen Scheidung sowohl die Regelung über die Zeit bis zum Scheidungstermin, Vereinbarung für die Trennungszeit genannt, als auch die Vereinbarung, die vom Zeitpunkt der Scheidung an gilt, die sogenannte Scheidungsfolgenvereinbarung. Liegen die Gegenstandswerte, wie Unterhalt, Zugewinn, Hausrat, Vermögensauseinandersetzung, überdurchschnittlich hoch, so schrumpfen die Kosten in der Mediation bis auf ein Viertel des herkömmlichen Verfahrens und zum Teil sogar noch weiter. Dieses Gebührengefälle ist bereits bei der besonders günstigen Konstellation des herkömmlichen Verfahrens gegeben, dann nämlich, wenn es – was eher die Ausnahme ist – den Eheleuten mit ihren Anwälten gelingt, sich im Vorfeld gerichtlicher Auseinandersetzungen schon über alle Regelungspunkte zu einigen.

Man bedenke: Außergerichtlich beigelegt werden einer empirischen Untersuchung des Instituts für Freie Berufe (IFB) an der Universität Erlangen-Nürnberg zufolge[2] 66 Prozent der Rechtsstreitigkeiten nur dann, wenn insgesamt lediglich ein Anwalt in Anspruch genommen wird. Ganz anders verhält es sich, wenn beide Seiten jeweils anwaltlich vertreten sind. Dann sinken die Chancen einer außergerichtlichen Einigung auf nur etwa 25 Prozent![3]

Auch für die Betroffenen in der Scheidungsphase gilt damit: Im Regelfall wird es ungleich teurer, wenn erst einmal Gerichte bemüht werden. Dann droht die Gefahr einer lawinenartigen Kostensteigerung. Dies um so mehr, wenn eine zweite Instanz oder gar eine dritte in Anspruch genommen wird, von welchem unbeirrbaren Rechtsgläubigen auch immer.

Ein weiterer immenser Kostenfaktor kommt dann hinzu, wenn die Anwälte mit ihren Parteien eine Gebührenvereinbarung treffen. Diese weicht ganz beträchtlich von der Höhe der gesetzlichen Gebühren ab. Sie liegt bisweilen bei der doppelten Höhe der gesetzlichen Gebühren. Interessant dürfte für den Leser sein, dass dem Anwalt des traditionellen Verfahrens kein Vorwurf daraus gemacht würde, wenn er mit seinem Mandanten eine Gebührenvereinbarung träfe, die dem fünffachen (!) Betrag der gesetzlichen Gebühren entspricht. Erst jenseits dessen beginnt, was nach einem Urteil des BGH[4] als »unangemessen« zu bezeichnen ist, was man aber auch schlichtweg sittenwidrig nennen könnte.

Mediation zeichnet sich hingegen dadurch aus, dass es die Mediationspartner selbst in der Hand haben, wie hoch die Rechnung des Mediators ausfällt. Machen sie nämlich ihre »Hausaufgaben« sorgfältig und zeitnah, reduziert sich der zeitliche Aufwand des Mediators.

Mit »Hausaufgaben« ist gemeint, dass die Mediationspartner bei Unterhaltsfragen beispielsweise vollständig die Gehalts- und Einkommensnachweise, die Steuerbescheide, die Jahresergebnisse, die Einnahmen-Überschussrechungen u. Ä. zusammenstellen. Ebenso bedeutsam sind eine Aufstellung der monatlichen Fixkosten und eine annähernde

Erfassung der variablen Kosten. Über die Frage des Hausrats einigen sich die Mediationspartner – wie bereits ausgeführt – ohnehin fast immer ohne Mediator. Bei Fragen des Zugewinns sollten sich die Betroffenen als Detektive auszeichnen. Hier geht es nämlich darum, so viele Unterlagen wie möglich vorzulegen, aus denen sich ihr Vermögen zum Zeitpunkt der Eheschließung ergibt. Besonders kostensparend wirkt sich aus, wenn ein zeitnahes Einvernehmen über den Wert des Immobilienvermögens erzielt wird.

Während für die Berechnung des Zugewinns im herkömmlichen Verfahren der Tag der Zustellung des Scheidungsantrags maßgeblich ist, wird mit den Mediationspartnern, lange bevor ein solcher Tag überhaupt feststeht, ein Zeitpunkt vereinbart, zu dem der Wert des Endvermögens erfasst wird. Eine solche Vereinbarung bedarf eigentlich einer notariellen Beurkundung. Bevor ein solcher Beurkundungstermin jedoch stattfinden würde, haben die Mediationspartner sich zumeist schon über sämtliche Scheidungsfolgen geeinigt. Eine solche Vereinbarung wird ohnehin notariell beurkundet.

Je mehr es dem Anwaltsmediator also gelingt, die Mediationspartner zu einem zügigen und konzentrierten Erarbeiten ihrer Lösung zu motivieren, desto kürzer ist die Mediationsdauer und somit auch der finanzielle Aufwand.

Zuweilen wird in der Anwaltschaft die Auffassung vertreten, die Mediation sei teurer als ein juristisches Verfahren, und zwar mit der Begründung, neben der Tätigkeit von zwei Anwälten werde zusätzlich ein Mediator eingeschaltet, quasi als eine Art Sahnehäubchen des herkömmlichen Verfahrens. Diese Auffassung würde das gesamte Mediationsverfahren ad absurdum führen; denn das Charakteristische der Mediation besteht ja gerade darin, dass

Anwälte neben dem Mediator, sogenannte Beratungs- oder Außenanwälte, überflüssig sind. Freilich wird der Mediator bei Bedarf, der nach den Erfahrungen des Autors äußerst selten ist, darauf hinweisen, dass es den Mediationspartnern unbenommen bleibt, die beabsichtigte Vereinbarung durch Außenanwälte oder sonstige externe Berater überprüfen zu lassen. Dies gehört nach dem Mediationsgesetz mit zu seinen Aufgaben.

Wir können uns gut vorstellen, dass der so in Anspruch genommene Außenanwalt der Ehefrau nicht nur ein Haar, sondern ein ganzes Haarbüschel in der Suppe der Mediation entdecken wird. Dies ist – es kann nicht oft genug betont werden – seine Aufgabe. Der Anwalt des Ehemannes kommt selbstverständlich ebenfalls zu der Beurteilung, das Ergebnis der Mediation sei haarsträubend, nur freilich mit dem umgekehrten Vorzeichen. War beispielsweise für den Anwalt der Ehefrau die Unterhaltshöhe viel zu gering und die Dauer der Zahlung entschieden zu kurz, so ist der Anwalt des Ehemannes fest davon überzeugt, dass die Unterhaltshöhe entschieden zu hoch und die Dauer der Unterhaltszahlung deutlich zu lang bemessen worden ist. Das ist ihr Job. Und jetzt? Also die Mediation beenden und den Anwalt einen wesentlich höheren Unterhalt einklagen lassen, bzw. den zu hohen Unterhalt gerichtlich abwehren? Dieser Schritt bedeutet unweigerlich, dass einer der Verlierer sein muss. Denn in den seltensten Fällen wird der Anwalt wissen oder zugestehen wollen, »dass eine vermittelte Übereinkunft nach dem Recht unfair erscheinen kann, während sie für die Familie die gerechteste Lösung darstellt«.[5] In der Mediation gibt es jedoch nur Gewinner.

Die Pyramide auf Seite 117 gibt dem Leser einen schematischen Überblick über die Kosten der Mediation und die des herkömmlichen Verfahrens. Sie entwickelt sich mit jedem Eskalationsschritt zu einer immer massiveren Kostenlawine, die die Eheleute – und dies zum letzten Mal – gemeinsam unter sich begräbt.

In dieser Pyramide sind die zusätzlichen Kosten noch gar nicht berücksichtigt, die nicht selten durch einen Anwaltswechsel verursacht werden. Es passiert recht häufig, dass die Ehepartner mit ihrem anfangs ausgewählten Anwalt nicht zufrieden sind und einen Kollegen mit der Fortsetzung des Mandats beauftragen. Des Weiteren sind in dieser Pyramide nicht die höheren Kosten derjenigen Fälle erfasst, in denen die Anwaltsmediation erst nach einem Scheitern im herkömmlichen Verfahren einsetzt. Der Fairness halber ist zu erwähnen, dass es selbstverständlich auch Fälle gibt, bei denen ein Mediationspartner oder gar beide mit der Mediation unzufrieden sind und zum herkömmlichen Verfahren wechseln.

Und trotzdem besteht in einem solchen Fall ein ganz bedeutender Unterschied gegenüber dem herkömmlichen Verfahren. Während der Abbruch der Mediation nur zu den Kosten führt, die aufgrund der in Anspruch genommenen Zeit angefallen sind, liegen die Kosten bei der Beendigung des Mandats eines herkömmlich tätigen Kollegen zumeist bei der vollen Höhe der gesetzlichen Gebühren oder des vereinbarten Gebührenansatzes.

Schließlich sollte noch erwähnt werden, dass sich in der Mediation die Vereinbarung eines Stundenhonorars immer mehr durchsetzt und auf die bislang zusätzlich geltend gemachte Einigungsgebühr verzichtet wird. Hierdurch wird eine ungleich höhere Kostentransparenz erreicht. Der Stundensatz beträgt zurzeit bundesweit durchschnittlich etwa 250 Euro. Im Normalfall nimmt eine Mediation bis zum Abschluss einer Scheidungsfolgenvereinbarung etwa fünf bis sieben Doppelstunden in Anspruch.

Kostenpyramide

1. Mediation
mit einem
Mediator

----

2. Mediation mit
einem Außenanwalt

----

3. Mediation mit zwei Außen-
anwälten

----

4. Jede Partei ist anwaltlich vertreten
außergerichtliche Einigung, gesetz-
liche Gebühren

----

5. Jede Partei ist anwaltlich vertreten
außergerichtliche Einigung,
Gebührenvereinbarung einer oder beider Seiten

----

6. Jede Partei ist anwaltlich vertreten, gesetzliche Gebühren
gerichtliche Auseinandersetzung erste Instanz
keine Einigung, Gericht entscheidet

----

7. Jede Partei ist anwaltlich vertreten, Gebührenvereinbarung,
gerichtliche Auseinandersetzung erste Instanz
keine Einigung, Gericht entscheidet

----

8. Jede Partei ist anwaltlich vertreten, gesetzliche Gebühren, gerichtliche
Auseinandersetzung, vergleichsweise Beilegung des
Rechtsstreits in der ersten Instanz

----

9. Jede Partei ist anwaltlich vertreten, Gebührenvereinbarung, gerichtliche
Auseinandersetzung, vergleichsweise Beilegung des
Rechtsstreits in der ersten Instanz

Ende der ersten Instanz
Beginn der zweiten Instanz

Ein Erlebnis aus meiner Referendarszeit soll dieses Kapitel abschließen:

Im Gerichtssaal der letzten Instanz fragt die Mandantin ihren Anwalt: »Ja, haben wir also auch in der letzten Instanz verloren?«

Hierauf der Anwalt: »Nein, nicht wir haben verloren; Sie haben verloren!«

Mandantin: »Ja, mein Gott, das darf doch nicht wahr sein, dann war also alles umsonst?«

Ihr Anwalt: »Nein, wie kommen Sie denn darauf? Weil Sie verloren haben, müssen Sie auch die ganzen Kosten des Prozesses zahlen, einschließlich der Kosten der Gegenseite und die Gerichtskosten. Sie meinen wahrscheinlich, dass alles vergeblich war, und da haben Sie natürlich recht!«

Anmerkungen

1 Iff-Überschuldungsreport 2007: »Private Überschuldung in Deutschland«, S. 3.

2 Rainer Wasilewski: Streitverhütung durch Rechtsanwälte: empirische Untersuchung von Umfang, Struktur und Bedingungen außergerichtlicher Beilegung zivilrechtlicher Streitigkeiten durch Rechtsanwälte. Köln 1990, S. 72.

3 Der Realitätsgehalt folgender Behauptung erscheint angesichts solcher Zahlen zumindest zweifelhaft: »Zugegeben, es mag zwar ungesichert, aber gewiß nicht unrealistisch sein, wenn ich behaupte, dass 90 Prozent davon [der Scheidungsfolgensachen, Anm. d. Verf.] ohne streitige gerichtliche Verhandlung geregelt werden. 10 Prozent werden gerichtsstreitig; viele davon enden mit einem Vergleich, weil für den heutigen Familienrichter eine ähnliche Berufsauffassung gilt wie für den Fachanwalt für Familienrecht.« (Ludwig Bergschneider. Mediation in Familiensachen: Chancen und Probleme. In: FamRZ. Zeitschrift für das gesamte Familienrecht 2000, H. 2, S. 78.)

4 Vgl. Anwaltsblatt 8/9 (2005), S. 585.

5 Prisca Gloor: Mediation – Ein Vermittlungsverfahren für familiäre Konflikte. Zürich 1993, S. 75.

Entweder wir tun es, dann sehen wir Resultate,
oder wir tun es nicht, dann hilft uns auch
das Theoretisieren darüber nichts.

René Etli, Das LOL^{2}A-Prinzip oder
die Vollkommenheit der Welt

Wie eine Mediation abläuft – ein Beispiel

Auch wenn sich die in Trennung befindlichen Ehepartner, die in meine Praxis kommen, immer öfter für die Mediation entscheiden, so ist es doch nach wie vor häufig der Fall, dass mich zunächst eine Frau oder ein Mann allein mit der Absicht aufsucht, mich als ihren bzw. seinen zukünftigen Scheidungsanwalt zu beauftragen. Meine erste Frage lautet meistens, ob der andere Ehepartner schon anwaltlich vertreten sei. Wird diese Frage bejaht, halte ich es nicht mehr für sinnvoll, den Weg und die Vorzüge der Mediation zu erläutern, um das Blatt noch zugunsten dieses Verfahrens zu wenden. Verneint der Ehepartner diese Frage, so bitte ich ihn, mich noch nicht als *seinen* Anwalt zu betrachten, sondern mit mir über den möglichen Weg einer Mediation zu sprechen. Oft haben die Ehepartner schon etwas von diesem Weg gehört, doch können sie sich nichts Genaueres darunter vorstellen. Zwei wichtige Fragen werden jetzt an mich gerichtet:

- Wie kann ich meinen Ehepartner für diese Methode gewinnen?
- Was ist, wenn es mit der Mediation nicht klappt? Dürfen Sie anschließend mein Anwalt sein, denn eigentlich sind Sie mir ja als Scheidungsanwalt empfohlen worden!

Wie kann ich meinen Ehepartner für diese Methode gewinnen?
Ich bitte die Ratsuchenden, ihrem Ehepartner von dem Gespräch mit mir zu berichten, ihm zu empfehlen, weitere Informationen meiner Homepage zu entnehmen und ihn im Übrigen zu ermuntern, mich ganz einfach anzurufen. In einem solchen Telefonat stimme ich mit ihm einen Termin ab, um ihm, wie seinem Partner zuvor, die Besonderheiten dieses Verfahrens näherzubringen. Meist gelingt es mir, die positive Einstellung, die der erste Partner zu diesem Verfahren entwickelt hat, auf seine (noch immer?) bessere Hälfte zu übertragen. Anfängliche Bedenken, ob das auch etwas für ihn sei, weil die Empfehlung ja von dem anderen Ehepartner, einem womöglich potenziellen »Gegner«, kommt, weichen der Überzeugung, dass es sich lohnt, dieses Verfahren doch einmal auszuprobieren. Mittlerweile ist es jedoch der Regelfall, dass beide Partner zu mir kommen und ein kostenloses Orientierungsgespräch in Anspruch nehmen.

Was ist, wenn es mit der Mediation nicht klappt? Dürfen Sie anschließend mein Anwalt sein, denn eigentlich sind Sie mir ja als Scheidungsanwalt empfohlen worden!
Ein eindeutiges Nein! Sobald ich mit der Mediation begonnen habe, ist es mir verwehrt, bei deren vorzeitiger Beendigung einen der Teilnehmer als ein parteilicher Anwalt zu vertreten. Hier ist die Nahtstelle, an der der mühsam gewonnene Mediationsfaden bei vielen Anwälten, die Mediation praktizieren, reißt. Ist er sich nämlich seiner Sache nicht so ganz sicher, d. h. ist er nicht hinreichend davon überzeugt, dass er die Mediation erfolgreich beenden wird, wäre es für ihn doch eine kapitale wirtschaftliche Fehlentscheidung, um der geringeren Gebühren für seine

Tätigkeit und um einer vielleicht wackeligen Mediation willen auf den größeren und sicheren Gebührentopf des justiziellen Verfahrens zu verzichten.

Schauen wir uns nun einmal den Ablauf einer Mediation anhand eines konkreten und durchaus repräsentativen Falles an, der etwa sechs Doppelstunden in Anspruch genommen hat:

Das Ehepaar Schmidt (hier und im Folgenden alle Namen geändert) ist seit acht Jahren verheiratet; die Eheleute haben zwei Kinder, eine Tochter, Franziska, im Alter von sieben Jahren und einen Jungen, Holger, der gerade seinen zweiten Geburtstag gefeiert hat. Die Ehefrau ist mit den Kindern im Haus geblieben, ein Einfamilienhaus, das die Eheleute vor der Geburt des Jungen gekauft haben und für das die Ehefrau ihre Ersparnisse aus der Zeit vor der Ehe eingebracht hatte. Der Rest wurde fremdfinanziert. Der Ehemann ist vor zwei Monaten aus- und in ein kleines Appartement gezogen. Die Ehefrau hat eine abgeschlossene Ausbildung als Bürokauffrau; sie hat ihren Beruf jedoch nach der Geburt des ersten Kindes nicht mehr ausgeübt. Der Ehemann ist Abteilungsleiter in einem Einzelhandelsunternehmen und verdient monatlich rund 3.200 Euro netto, zuzüglich erhält er einmal im Jahr eine Tantieme, die jedoch der Höhe nach ungewiss ist und in den letzten Jahren starken Schwankungen unterworfen war. Aufgrund einer Mitteilung des Arbeitgebers besteht die Gefahr, dass Tantiemenzahlungen in Zukunft entfallen. Die Finanzierungsbelastung für das Haus beträgt monatlich 1.200 Euro.

Nach der Erläuterung des Verfahrens der Mediation und dem Abschluss der Mediationsvereinbarung eröffne ich den ersten Termin mit der Frage, ob die Ehepartner sich darüber abstimmen mögen, welche Themen sie zuerst ansprechen wollen. Es entwickelt sich folgendes Gespräch, wobei für den Leser überwiegend erkennbar ist, wann die Teilnehmer sich an den anderen Ehepartner und wann an den Mediator wenden:

Frau Schmidt: Ich finde, dass wir zuerst über das Geld sprechen sollten. Aber mein Mann will ja davon nichts wissen. Es geht doch nicht, dass ich um jeden Cent betteln muss.

Herr Schmidt: Mit diesem Punkt sind wir schnell fertig. Ich gebe dir eben das, was ich dir geben kann, mehr bleibt mir von meinem Gehalt nicht übrig. Herr Mediator, sagen Sie doch einmal bitte dieser Frau, sie soll nicht so geldgierig sein.

Frau Schmidt: Haben Sie das gehört? Ich und geldgierig! Das ist wirklich eine Frechheit. Von den paar Euro, die du mir gibst, kann ich nicht mal die notwendigsten Lebensmittel kaufen. Wenn meine Eltern mich nicht unterstützen würden, wären wir schon längst verhungert.

Herr Schmidt: Meine Frau hat völlig unrealistische Vorstellungen von dem, was ich verdiene und wie hoch die Kosten für das Haus sind. Sie will einfach nicht einsehen, dass es hinten und vorne nicht reicht und dass wir das Haus verkaufen müssen. Die Bank macht nämlich schon ganz schön Druck.

Frau Schmidt: Gut, dass wir jetzt einen Zeugen haben, der diesen Unsinn mit anhört. Die Bank macht überhaupt gar keinen Druck. Bis jetzt haben wir alles pünktlich gezahlt.

Herr Schmidt: Stimmt leider nicht. Die letzte Rate konnte ich nämlich schon nicht mehr zahlen. Was glaubst du wohl, wovon ich die Maklerprovision und die Kaution gezahlt habe?

Frau Schmidt: Wie stellst du dir denn vor, wie es weitergehen soll, soll ich etwa ins Frauenhaus und zum Sozialamt gehen?

Herr Schmidt: Sie wird immer gleich ausfallend und unsachlich. Wissen Sie, ich habe nur eine kleine Wohnung angemietet und dafür ist die Miete ziemlich hoch, und die Madame residiert auf meine Kosten im Haus mit großem Garten. Fragen Sie mal meine Frau, wie viel Eigenleistung ich an dem Haus erbracht habe. Ich habe an jedem Feierabend und an den Wochenenden geschuftet, damit wir uns das überhaupt leisten konnten.

Frau Schmidt: Und ich habe nur dumm herumgestanden und dich bei der Arbeit gestört, oder? Außerdem hätten wir ohne mein Sparbuch gar nichts machen können.

Herr Schmidt: Übrigens, wie hinterhältig meine Frau vorgegangen ist, habe ich Ihnen noch gar nicht erzählt. Meine Frau hat mich nämlich ganz schön reingelegt. Mein Auszug war am Anfang gar nicht als endgültig gedacht, aber als ich dann in der neuen Wohnung war, war für sie mit einem Mal alles klar, d h. sie hat danach nur noch von der Scheidung gesprochen.

Frau Schmidt: Mein Gott jetzt kommt wieder die alte Leier. Wie oft habe ich dich darum gebeten und gebettelt, dass wir eine Ehetherapie oder so etwas Ähnliches machen! Aber davon wolltest du ja nichts wissen.

Herr Schmidt: Das ist doch glatt gelogen. Ich habe sogar einen Termin mit dem Therapeuten *vereinbart.*

Frau Schmidt: Das war doch ein reines Täuschungsmanöver; denn den hast du ja dann doch wieder abgesagt.

HERR SCHMIDT: Du weißt doch genau, dass ein unerwarteter Geschäftstermin dazwischen kam, den ich nicht verschieben konnte. Das Gemeinste, was meine Frau sich erlaubt hat, habe ich noch gar nicht erwähnt. Wissen Sie, zu meinen Kindern habe ich immer ein ganz tolles Verhältnis gehabt, und jetzt behauptet meine Frau auf einmal, dass Franziska das Wochenende nicht mehr zu mir kommen will.

FRAU SCHMIDT: Ja ja, da windest du dich auch wieder raus. Du siehst ja sowieso überhaupt nichts ein.

Welche Möglichkeiten hat nun der Mediator, um die Situation nicht eskalieren zu lassen. Wie soll er reagieren? Soll er – wie von einigen Mediatoren empfohlen – den Raum verlassen, um den Parteien zu zeigen, wer hier der »Boss« ist und dass ohne ihn nichts läuft? Soll er – wie es auch praktiziert wird – »Halt« rufen, womöglich in die Hände klatschen oder auf den Tisch schlagen? Oder soll er – wie es zum Teil in der Mediationsliteratur zu lesen ist – den Parteien gar erklären, dass er »diese Art von Auseinandersetzung nicht mehr ertragen« könne und er sich daher »die Streitigkeiten nicht länger anhören« werde?[1]

Ich meine, dass alles Belehrende als verletzend empfunden werden kann. Der Mediator sollte sich immer vergegenwärtigen, dass sich die Mediationsteilnehmer diesem Verfahren unter anderem auch deshalb zugewandt haben, weil sie darauf vertrauen, die emotionale Seite werde hier gerade nicht ausgeblendet. So ist es doch verständlich, dass die Parteien oft gefühlsmäßig geladen sind und sie dem Mediator gleich am Anfang zeigen wollen, dass sie eigentlich überhaupt keine Schuld am Scheitern der Ehe trifft (und auch nicht an der jetzigen misslichen Lage), sondern eben nur der andere hierfür verantwortlich sei.

Ausschließlich dessen Verhalten war Ursache und Anlass dafür, dass jetzt vielleicht nur noch ein Scherbenhaufen zurückbleibt. Gleichzeitig wollen sie den Mediator auch wissen lassen, wie viel Unrecht ihnen durch den anderen Ehepartner zugefügt wurde.

Daher unterbreche ich das Streitgespräch zunächst nicht, sondern bemühe mich, so aufmerksam wie möglich zuzuhören. Auf diese Weise versuche ich die emotional herausbrechende Flut von Worten (ob juristisch wichtig oder nicht) zu verstehen. Zumeist kann ich aus diesem Dialog heraushören, wie hoch der Grad der seelischen Verletztheit ist. Oft erfahre ich auch recht schnell, wie es denn um die Ehe selbst bestellt ist. Sind Chancen für eine Versöhnung erkennbar oder haben beide Seiten (vielleicht aber auch nur eine) mit der Ehe endgültig abgeschlossen? Ist die Klärung emotionaler Fragen zunächst wichtiger als die Regelung finanzieller Angelegenheiten? Wo liegen die eigentlichen Differenzen und Missverständnisse, wo die Unvereinbarkeiten? Oft kann man zwischen den Zeilen heraushören, wo Botschaften für den anderen Ehepartner und/oder den Mediator enthalten sind, die für eine Lösung von Einzelfragen wichtig sein können, aber eben nur unterschwellig angesprochen werden. Häufiger als allgemein vermutet, können solchen Gesprächen sogar konkrete Lösungsansätze entnommen werden. Kurzum: Ich höre mir erst einmal alles in aller Ruhe an.

Mir ist noch ein Fall erinnerlich, bei dem die Eltern heftig darüber gestritten haben, wann der Vater den gemeinsamen dreijährigen Sohn sollte betreuen dürfen. Der Vater arbeitete überwiegend in Nachtschichten und wollte das Kind tagsüber sehen, während die Mutter das Kind kontinuierlich im Kindergarten betreut wissen wollte. Nachdem die Parteien eine Weile gestritten hatten, entschuldigte ich mich für einen Moment und verließ das Besprechungszimmer. Nach etwa zehn Minuten kehrte ich zurück und bat beide Seiten, etwas vorlesen zu dürfen. Es handelte sich um den Vorschlag einer individuellen Umgangsregelung für den Vater, die alle Gesichtspunkte aus dem streitigen Dialog des Ehepaars berücksichtigte. Nachdem ich ihnen den Entwurf vorgetragen hatte, schauten mich beide Elternteile höchst verwundert an und erklärten spontan, mit diesem Vorschlag einverstanden zu sein. Ich hatte nichts anderes getan, als die übereinstimmenden Aspekte des Gesprächs zu strukturieren und die gegensätzlichen als Vorsichtsmaßnahmen und Ausnahmeregelungen zu formulieren.

Zurück zu unserem Fall: Ich versuche wie gesagt mich während des Streitgesprächs in die persönliche Situation eines jeden Partners hineinzuversetzen, auch um nachzuempfinden, wie es ihnen in der jüngsten Zeit der Ehe ergangen sein mag und wie es jetzt ganz aktuell um sie steht.

Meist dauert es nicht allzu lange, bis die Argumente der Ehepartner sich (vergleichbar mit einem Endlosband) wiederholen. Dann ist die Zeit für den zweiten Schritt gekommen: Sobald ich erkenne, dass Wiederholungen einsetzen, warte ich noch einen Moment, bis ich den Eindruck gewonnen habe, beide Seiten haben gehörig Luft abgelassen. Bei der nächsten Pause zum Luftholen schalte ich mich, an beide Seiten gewandt, etwa mit folgenden Worten ein:

Mediator: Ich wäre Ihnen dankbar, wenn ich Sie an dieser Stelle vielleicht kurz unterbrechen dürfte? Ich möchte Ihnen mitteilen, warum ich Ihr Gespräch sehr aufschlussreich fand. Wenn ich Sie nämlich, um etwas über Ihre Sorgen und Nöte und etwas über Ihre Streitkultur zu erfahren, gebeten hätte, mir doch einmal zu demonstrieren, wie Sie so über Ihre anstehenden Fragen und Probleme sprechen, so hätten Sie dies so lebhaft und authentisch, wie Sie es jetzt getan haben, wohl nicht hinbekommen. Sicher gibt es für Sie beide noch Vieles zu sagen, deshalb können Sie auf den vor Ihnen liegenden Notizblöcken alle wichtigen Argumente und Gedanken vermerken, die Ihnen auf dem Herzen liegen und spontan einfallen und die Sie im Moment noch nicht äußern wollen. Sie dürfen darauf vertrauen, dass alle Ihre Vorstellungen und Ideen, Ihre Sorgen und Befürchtungen ausführlich zur Sprache kommen und sorgfältig erörtert werden.

Darf ich mich mit meiner ersten Frage an Sie beide wenden?

(Die Ehepartner nicken zustimmend.)

Ich habe aus Ihren Worten heraushören können, dass Sie, Herr Schmidt, zum Zeitpunkt Ihres Auszugs die Hoffnung hatten, dass die Ehe noch gerettet werden könne, während Sie, Frau Schmidt, zu jener Zeit der Ehe keine Chance mehr gegeben hatten. Habe ich Sie so richtig verstanden?

FRAU SCHMIDT: Ja.

HERR SCHMIDT: Genau.

Diese Frage ermöglicht es mir, gleich zu Beginn zu klären, ob beide Seiten schon zur Erörterung von Sachfragen bereit sind, oder ob sie noch emotional zu stark mit der Trennung zu kämpfen haben; sich möglicherweise ein Partner sogar noch die Fortsetzung der Ehe wünscht. Bisweilen wird diese Frage im Vorgespräch, das vor Abschluss der Mediationsvereinbarung geführt wird, besprochen, d. h. bereits bei der Frage, ob im konkreten Fall die Mediation das geeignete Verfahren ist, doch kommt es nicht selten vor, dass sie in der Mediation – wie hier bei unserem Fall – wieder aktuell wird.

MEDIATOR: Sie sind nun an ein Entwicklungsstadium ihrer Ehekrise gelangt, das für Sie beide mit zu den schmerzhaftesten Erfahrungen ihres Lebens gehört. Falls auch nur einer von Ihnen die Frage der Trennung und Scheidung selbst aufgreifen möchte, sollte er dies jetzt ganz unbefangen tun.

Für den Mediator ist es wichtig zu wissen, ob die Partner die Frage der Endgültigkeit der Trennung geklärt haben. Gegebenenfalls wäre zu erörtern, ob parallel zu der Mediation therapeutische Hilfe in Form einer Paarberatung oder Ehetherapie in Anspruch genommen oder die Mediation gar ausgesetzt werden sollte. Ich lege in meiner Mediationspraxis großen Wert darauf, die Beziehungsebene der Trennung ausdrücklich und gleich zu Beginn anzusprechen. Käme es hier zu Versäumnissen, bestünde die große Gefahr, dass vermeintlich schon endgültig getroffene Vereinbarungen plötzlich an scheinbar nichtigen Nebensächlichkeiten scheitern. So kann etwa, von dem Mediator zunächst unbemerkt, ein Ehepartner eine Abwehrhaltung bei der Lösung von Sachfragen einnehmen, weil er noch keine endgültige Ablösung von der Partnerschaft will, er dies aber einzugestehen (bewusst oder unbewusst oder halbbewusst) noch nicht den Mut hat.

Ich will dies an einem Beispiel erläutern: Die Regelung zwischen den Parteien war unterschriftsreif. Der Beurkundungstermin beim Notar stand bereits fest. Die Ehefrau hatte sich bislang über die vereinbarten Leistungen des Ehemannes (in Millionenhöhe) sehr zufrieden gezeigt. Zwei Tage vor der Beurkundung rief sie mich an und erklärte, sie habe sich das Ganze noch einmal überlegt. Wenn sie bei der Hausratsauseinandersetzung nicht doch die Waschmaschine erhalte, könne sie dem ganzen Regelungswerk nicht zustimmen. Da man sich wegen der Verteilung des Hausrats, der nach der umfassenden Vereinbarung bei dem Ehemann in dessen Haus verbleiben sollte, auf einen großzügigen finanziellen Ausgleich geeinigt hatte, war ich davon überzeugt, dass die Gründe für das plötzliche Widerstreben, den Notartermin wahrzunehmen, ganz andere als der genannte waren.

Ich vereinbarte mit der Ehefrau sogleich einen Besprechungstermin für den darauf folgenden Tag mit dem Hinweis, das ganze Vertragswerk noch einmal sorgfältig mit ihr erörtern zu wollen. Bei dem Regelungspunkt, dass sie der Scheidung zustimmen werde, ließ ich ihr ausreichend Zeit, hierzu ihre Gedanken und Gefühle zu äußern. In dem etwa dreistündigen Gespräch versuchte die Ehefrau mir begreiflich zu machen, wie unendlich schwer es ihr falle, das ganze Kapitel der äußerst schmerzhaften Phase der letzten Ehejahre mit ihrer Unterschrift beim Notar abzuschließen. Sie vertraute mir in diesem Gespräch viele traumatische Erlebnisse, auch aus der Zeit vor ihrer Ehe an, sodass ich ihre Leidensphase gut nachempfinden konnte. Ich versprach ihr, den Notartermin aufheben zu lassen, um ihr noch genügend Bedenkzeit für den endgültigen, auch formalen Abschluss dieses Lebensabschnitts zu ermöglichen. Noch bevor ich jedoch zu diesem Zweck Kontakt mit dem Notar und der anderen Seite aufnehmen konnte, erreichte mich ihr Anruf, in dem sie mir mitteilte, dass sie einen zeitlichen Aufschub nun doch nicht mehr für erforderlich halte und der Notartermin wie vereinbart stattfinden könne.

Obwohl grundsätzlich die Ehepartner selbst entscheiden, über welchen Regelungspunkt (Unterhalt, Umgangsregelung, Verkauf des Hauses und ggf. Scheidung) sie zuerst sprechen möchten, bitte ich sie, wie gesagt, die Frage der Trennung vorab besprechen zu dürfen. Damit sind die

Beteiligten in aller Regel auch einverstanden. Bei dem obigen Streitgespräch der Ehepartner hatte ich den Eindruck gewonnen, dass dem Ehemann sein Auszug noch emotional zu schaffen macht und für ihn noch Gesprächsbedarf bestehen könnte.

MEDIATOR: Herr Schmidt, wenn ich Sie richtig verstanden habe, waren Sie bei Ihrem Auszug noch davon ausgegangen, es könne mit Ihrer Ehe noch etwas werden. Sie hatten Ihren Auszug als eine Art Trennung auf Zeit verstanden und waren überrascht und wohl auch enttäuscht, als Ihnen Ihre Ehefrau zu verstehen gab, dass sie keine Chance mehr sähe, die Ehe zu retten.

HERR SCHMIDT: Ja, ganz genau. Ich habe in den letzten zwei Monaten zunehmend den Eindruck gewonnen, dass sie jetzt sogar froh ist, mich endlich losgeworden zu sein.

MEDIATOR: Sie haben die letzten Jahre Ihrer Ehe vor allem deswegen als unbefriedigend erlebt, weil Sie von Ihrer Frau nicht die Anerkennung erhalten haben, die Sie erwartet hatten? Sie haben das Verhalten Ihrer Frau Ihnen gegenüber als zu kritisch und verletzend erfahren und doch noch irgendwie gehofft, dass trotz oder gerade wegen Ihres Auszugs noch eine Chance bestehen könnte, die Ehe wieder fortzusetzen.

HERR SCHMIDT: So ist es!

FRAU SCHMIDT (unterbrechend): Etwa ein halbes Jahr vor seinem Auszug haben wir uns immer öfter die Frage gestellt, ob eine Trennung nicht auch etwas Gutes haben könnte. Denn so konnte es ja nicht mehr weitergehen. Wir hatten keine wirklichen Gemeinsamkeiten mehr. Er kam kaum einen Abend vor 20.00 Uhr nach Hause. Zu dieser Zeit hatte ich gerade die Kinder ins Bett gebracht und war natürlich auch schon ziemlich müde. Er hat dann den ganzen Abend praktisch nur vor dem Fernseher verbracht. Alles nur Filme, die mich überhaupt nicht interessieren. Gemeinsame Gespräche: Fehlanzeige. Wissen Sie, wie ich mir vorgekommen bin? Buchstäblich wie seine Köchin und seine Putzfrau. Ich hatte geglaubt, vielleicht könnte eine Eheberatung unsere Situation verbessern, aber die hat mein Mann ja abgelehnt.

MEDIATOR: Herr Schmidt, darf ich, bevor Sie hierauf antworten, ein Wort an Ihre Ehefrau richten?

HERR SCHMIDT: Natürlich.

MEDIATOR: Frau Schmidt, wenn ich Sie richtig verstanden habe, gab es vor dem Auszug Ihres Mannes eine Phase der Unschlüssigkeit. Einerseits erlebten Sie die Ehe als verarmt, weil vor allem kein richtiges Gespräch, kein richtiges Eheleben zwischen Ihnen und Ihrem Ehemann mehr möglich war, andererseits wollten Sie ihre Ehe retten und legten noch Hoffnung in eine Eheberatung. Als sich diese dann zerschlagen hatte, fehlte ihnen die Kraft, daran zu glauben, dass sich alles noch zum Guten wenden könne. Schließlich haben Sie resigniert. War das im Wesentlichen die Situation, wie Sie sie gesehen und erlebt haben?

FRAU SCHMIDT: Ja, so haben Sie es richtig wiedergegeben.

HERR SCHMIDT: So ein eindeutiges Nein bei meinem Auszug kam von meiner Frau nicht rüber, aber das spielt ja jetzt sowieso keine Rolle mehr. Wenn sie die Scheidung will, bitte schön. Wanderer soll man nicht aufhalten. Aber bilde dir nicht ein, dass du mich wie eine Zitrone auspressen kannst. Du wirst sehen, es wird uns nichts anderes übrig bleiben, als das Haus zu verkaufen. Schließlich kann ich rechnen; das gehört zu meinem Job.

MEDIATOR: Sehe ich es richtig, Herr Schmidt, dass Sie sich jetzt so recht und schlecht mit der Situation abgefunden haben, obwohl Sie es sich anfänglich, d. h. bei Ihrem Auszug, noch anders vorgestellt hatten?

Herr Schmidt: Ja, so kann man das wohl sehen.

Frau Schmidt: Na, dann sind wir uns ja wenigstens schon mal in diesem Punkt einig.

Mediator: Wenn ich das bisher zur Trennung und Scheidung Gehörte zusammenfassen darf: Bei Ihnen, Frau Schmidt, war bereits bei dem Auszug Ihres Ehemannes die Entscheidung gefallen, die Ehe nicht mehr fortsetzen zu wollen, während Sie, Herr Schmidt, jetzt in dem Zeitraum der Trennung zu dem Schluss gekommen sind, dass auch für Sie keine Hoffnung mehr auf eine Wiederherstellung der Ehe besteht.

Beide Ehepartner bestätigen diese Feststellung.

Die jeweilige sinngemäße Wiedergabe dessen, was der Mediator von den Teilnehmern gehört hat, mag für den Leser etwas merkwürdig sein, doch wird durch die inhaltliche Wiederholung des Gesagten dem Betroffenen das Gefühl vermittelt, dass er richtig verstanden wurde. In der Folge ist er dann auch meistens bereit, sich dem Mediator emotional anzuvertrauen. Zudem trägt dieser Ansatz dazu bei, dass der Mediator selbst den Konflikt besser versteht.

Interessant sind in diesem Zusammenhang übrigens empirische Untersuchungen, wonach die Bedienung in Lokalen ungleich mehr Trinkgeld erhält, wenn sie die Bestellung des Kunden wörtlich wiederholt. Das Gefühl, verstanden worden zu sein, führt wohl zu der Annahme, die Bedienung sei erfahren und geschickt, und somit zu der Bereitschaft, sich hierfür erkenntlich zu zeigen.

Bei dem vorstehenden Fall wollten und konnten beide Seiten sich nunmehr den Sachfragen zuwenden.

Sie vereinbarten nach folgender Reihenfolge vorzugehen:

1. Unterhalt
2. Regelung über die gemeinsam zu verbringende Zeit von Franziska und Holger mit ihrem Vater
3. Was soll mit dem Haus geschehen?

Zu 1. Unterhalt:
Dass die Ehepartner den Unterhalt zumeist als den wichtigsten Regelungspunkt betrachten, hat unabhängig von dem Umstand, dass die Ehefrau (Ehefrau als Unterhaltsberechtigte ist der Standardfall) zumeist auf unverzügliche Unterhaltsleistungen angewiesen ist, eine weitere Bedeutung. Würde beispielsweise in unserem Fall die Ehefrau den Unterhalt erst zu einem späteren Zeitpunkt klären, könnte die Beantwortung zweier Fragen zu Problemen führen:

a. Zu welchem Zeitpunkt soll der Ehemann rechtlich verpflichtet sein, Unterhalt zu zahlen?

b. Was geschieht mit dem denkbaren Unterhalt, der für die zurückliegende Zeit begründet ist?

Ich rege gleich zu Beginn der Erörterung der Unterhaltsfrage an, dass die Parteien sich darüber verständigen, von welchem Zeitpunkt an und in welcher Höhe die Ehefrau Unterhaltsansprüche geltend machen kann. Dies geschieht in Form einer schriftlichen Vereinbarung, die, wie bereits oben erwähnt, bei einem etwaigen Scheitern der Mediation volle Außenwirkung entfaltet, d. h. die Ehefrau wäre in der Lage, sich auf diese Vereinbarung gegebenenfalls auch in einem gerichtlichen Prozess zu berufen. Würde eine solche Vereinbarung nicht getroffen, wäre bei einer vorzeitigen Beendigung der Mediation der Anwalt der Ehefrau gehalten, den Ehemann mit der Verpflichtung zur Unterhaltszahlung in Verzug zu setzen, d. h. einen ganz konkreten Unterhaltsbetrag von einem ganz bestimmten

Zeitpunkt an zu fordern und hierfür eine Frist zu setzen. Dies gilt jedoch nur für Unterhaltszahlungen, die in der Zukunft liegen. Mit anderen Worten: Unterhalt für die Vergangenheit kann, ohne dass die Schuld fällig ist und der Schuldner trotz Mahnung nicht leistet, nicht mit Erfolg geltend gemacht werden. Ohne die genannte Vereinbarung zwischen den Parteien bestünde die Gefahr, dass die Ehefrau für die Zeit vor und während der Mediation ihren Unterhaltsanspruch verlieren würde.

Da es dem Wesen der Mediation entspricht, dass kein Ehepartner Rechtsnachteile durch seine Teilnahme an diesem Verfahren erleidet, hat der Mediator darauf zu achten, dass auch oder gerade in der Unterhaltsfrage keine Seite bevorzugt oder benachteiligt wird.

Die Mediation wird also in der Unterhaltsfrage fortgesetzt.

MEDIATOR (an Frau Schmidt gewandt): Ich habe aus Ihren Worten vorhin herausgehört, dass Ihnen die Unterhaltsfrage sehr am Herzen liegt. Sie haben in jüngster Zeit Herrn Schmidt wiederholt auf Geldzahlungen angesprochen und waren enttäuscht, weil Sie das, was er Ihnen gegeben hat, als entschieden zu gering empfunden haben. Habe ich Ihre Worte sinngemäß wiedergegeben?

FRAU SCHMIDT: Ja! Ich habe mir aufgeschrieben, wann er mir wie viel Geld gegeben hat. (Sie übergibt dem Mediator eine Liste, auf der Einzelbeträge zwischen 100 Euro und 250 Euro sowie die Zeitpunkte der Zahlungen notiert sind.)

MEDIATOR: Herr Schmidt, als Sie eingangs davon gesprochen haben, dass Ihre Ehefrau geldgierig sei, haben Sie da auf eine vielleicht etwas uncharmante Art zum Ausdruck bringen wollen, dass Sie die Vorstellung Ihrer Ehefrau über die Höhe des Unterhalts nicht teilen?

Herr Schmidt: Wissen Sie, sie hat mich immer nur angerufen, wenn sie Geld brauchte. Glauben Sie, sie hat mir jemals was von unseren Kindern erzählt oder gefragt, wie es mir geht? Nur Geld, Geld, Geld, also das nervt doch.

Mediator: Sie haben das Gefühl gehabt, dass Sie von Frau Schmidt nicht mehr als Ehemann und Vater Ihrer gemeinsamen Kinder angesprochen, sondern vielmehr als eine Art unpersönlicher Zahlstelle betrachtet worden sind?

Herr Schmidt: Genau, ganz genau.

Mediator: Können wir uns, Herr Schmidt, darüber verständigen, dass Sie Ihre Ehefrau mit den zitierten Worten nicht eigentlich verletzen wollten, sondern diese mehr Ausdruck einer gewissen Enttäuschung waren, weil Sie sich noch persönliche Gespräche mit Ihrer Ehefrau vorgestellt und auch gewünscht hatten?

Herr Schmidt (zu Frau Schmidt): Du weißt ja, dass das nicht so gemeint war, wie das vielleicht so für den Mediator 'rübergekommen ist.

Frau Schmidt (zum Mediator): Ach wissen Sie, da bin ich ganz andere Kaliber von Beleidigungen von ihm gewöhnt.

Die Wortwahl »geldgierig« erschien mir doch etwas zu deftig, als dass ich sie so einfach hätte übergehen können. Andererseits konnte ich aus den letzten Worten des Ehemannes entnehmen, dass er nicht noch einmal zu einer solchen verbalen Entgleisung neigen würde, sodass ich eine offizielle Entschuldigung seiner Frau gegenüber für entbehrlich hielt. Überdies war den letzten Worten der Ehefrau auch zu entnehmen, dass sie eine Entschuldigung wohl nicht erwartet hatte. Diese Vorgehensweise, nämlich die Bemühung, ein bestimmtes Niveau des Dialogs bzw. Trialogs zu erhalten, steht in keinem Widerspruch zu meinem Ansatz, die Parteien am Anfang auch dann ausreden zu lassen, wenn dem anderen Ehepartner gegenüber verletzende Worte fallen.

Anschließend wurden sorgfältig und detailliert die Einkünfte und Ausgaben der Mediationspartner und deren Fixkosten erörtert.

Wie erwähnt, ist es wegen der unsicheren Tantiemenzahlungen nicht ganz einfach, das Einkommen des Ehemannes hinreichend und konkret zu beziffern. Solche Zahlungen sind nur ein Grund, warum Unsicherheiten bei der Höhe des Einkommens bestehen können. Schwankungen gibt es auch beispielsweise bei der Leistung von Überstunden, vor allem dann, wenn sie saisonal anfallen oder wegen einer schlechten Auftragslage nicht mehr erforderlich sind. In all diesen Fällen hat sich bewährt, zeitlich begrenzte Unterhaltsregelungen zu treffen. Diese Vereinbarungen sehen dann so aus, dass sich die Mediationspartner auf einen bestimmten Betrag einigen und eine Neuberechnung dann vorgenommen wird, wenn die Einkünfte konkret berechnet werden können. Hierbei ist entscheidend, dass kein Mediationspartner aus dieser vorläufigen Regelung einen Nachteil erleidet. Es wird somit gewährleistet, dass die Neuberechnung nicht nur die Grundlage für die zukünftigen Unterhaltszahlungen darstellt, sondern auch den Maßstab für Nachzahlungen bzw. Rückerstattungen. Letzteres wäre etwa dann der Fall, wenn ein Teil der Tantiemen bei der ersten Unterhaltsberechnung bereits berücksichtigt und dann tatsächlich eine solche Sonderleistung nicht gewährt wurde. Bisweilen wird auch vereinbart, dass der Nachzahlungs- bzw. Rückerstattungsanspruch nach den marktüblichen Konditionen verzinst wird. Da es sich aber bei einer überschlägigen Berechnung zumeist um sehr geringe Beträge handelt, verzichten die Mediationspartner gerne auf eine solche Regelung.

Für den interessierten Leser zitiere ich nachstehend den Wortlaut der maßgeblichen Passage aus der von den Eheleuten Schmidt geschlossenen Vereinbarung:

»[...]

e) Die Mediationspartner sind sich darüber einig, dass die Höhe der vorstehenden Unterhaltszahlungen von keinem der Mediationspartner als verbindlich anerkannt wird und damit ausgeschlossen wird, dass hieraus für die Mediationspartner Nachteile bei zukünftigen Unterhaltsberechnungen begründet werden. Die Unterhaltszahlungen entfalten somit keine präjudizielle Wirkung.

f) Die Mediationspartner sind sich darüber einig, dass wegen der Ungewissheit, ob der Ehemann Tantiemenleistungen seitens seines Arbeitgebers erhält, die Höhe der vorstehenden Unterhaltszahlungen als nur vorläufig anerkannt wird. Der Ehemann verpflichtet sich, die Höhe der Sonderleistung innerhalb einer Woche nach deren Eingang auf seinem Konto der Ehefrau und dem Mediator mitzuteilen. Der sich hieraus ergebende höhere Unterhaltsbetrag wird für den zurückliegenden Zeitraum am 1. des Monats bezahlt, der der Sonderzahlung folgt. Dieser Zeitpunkt gilt ebenso für den Beginn des zukünftig monatlich zu zahlenden erhöhten Unterhalts.

g) Können die Mediationspartner sich auf eine modifizierte Unterhaltshöhe nicht einigen, so soll bei einer etwaigen gerichtlichen Auseinandersetzung für den Zeitpunkt der Verpflichtung der Unterhaltszahlung der Tag der Tantiemenzahlung maßgeblich sein.«

Zu 2. Betreuung von Franziska und Holger durch den Ehemann
Mit den Mediationspartnern wurde die Möglichkeit erörtert, dass Franziska und Holger am Wochenende nicht zum Vater, sondern lieber in ihrer vertrauten Umgebung bleiben möchten, dies unter anderem wegen der beengten räumlichen Verhältnisse beim Vater. Es wurden auch Fragen der unbewussten Beeinflussung der Kinder durch die Mutter thematisiert.

Da ich Probleme dieser Art in dem Kapitel »Mediation und Kinder« eingehend behandele, möchte ich es hier bei dem Hinweis belassen, dass die Eheleute Schmidt eine Vereinbarung getroffen haben, wonach sie einige Unternehmungen gemeinsam mit den Kindern machen und hierbei eine Gelegenheit abwarten, um Franziska und Holger die neue Situation behutsam zu vermitteln. Sie sollen auch durch die motivierenden Worte der Mutter ermuntert werden, alle vierzehn Tage das Wochenende gemeinsam zu verbringen.

Zu 3. Was geschieht mit dem Haus?
Häufig legt der ausziehende Ehepartner deshalb so großen Wert auf den Verkauf des Hauses, weil damit die monatlichen Finanzierungsbelastungen wegfallen. Zudem geht es ihm aber häufig auch um den hälftigen Teil des Kapitalbetrags, der bei einem Verkauf nach Abzug der auf dem Haus lastenden Schulden verbleibt. Dies ist vor allem dann der Fall, wenn beim seinerzeitigen Kauf des Hauses durch die Ehepartner – hier durch die Ehefrau – ein gewisser Eigenkapitalanteil zur Verfügung gestanden hat oder schon lange Tilgungszeiten zurückgelegt worden sind. Der verbleibende Verkaufserlös fließt in aller Regel beiden Ehepartnern hälftig zu, jedenfalls dann, wenn – wie im Regel-

fall – die Immobilie je im hälftigen Miteigentum der Ehegatten steht. Um die Realisierung dieses hälftigen Überschussbetrages geht es dem ausziehenden Ehepartner vor allem dann, wenn dieser als finanzieller Grundstock zur Schaffung seiner neuen Existenz dienen soll. Je mehr auch dieser Gesichtspunkt eine Rolle spielt, desto weniger wird der ausziehende Ehepartner zu motivieren sein, die Immobilie zu halten. In unserem Fall spielt dieser Aspekt keine Rolle, eben weil das Eigenkapital von der Ehefrau erbracht wurde und die Tilgungsleistungen gering waren. Dies erhöht die Chancen, das Haus nicht um jeden Preis veräußern zu müssen.

Zweite Phase: Erarbeiten der Lösungsoptionen durch Brainstorming

Nachdem es den Mediationspartnern schon in der ersten Phase gelungen war, den Unterhalt und die Frage der Betreuung von Franziska zu klären, kann sich die Mediation nun in der zweiten Phase auf die Lösung des Zentralkonflikts konzentrieren, nämlich auf die Frage, was mit dem Haus geschieht.

Die Methode des »Brainstormings« hat sich als äußerst geeignetes Instrument zur Findung von vielseitigen und originellen Lösungsmöglichkeiten erwiesen, was gerade bei Problemen mit schwierigen Sachverhalten von unschätzbarem Wert ist. Ich erläutere den Mediationspartnern diese Methode zumeist mithilfe eines etwas skurrilen Beispiels, nämlich mit der Suche nach der berühmten Stecknadel im Heuhaufen. Dem Autor Fritjof Haft bin ich für seinen Hinweis in dem Buch »Verhandeln. Die Alternative zum Rechtsstreit« dankbar. Die Teilnehmer des Brainstormings hatten dort mehrere Lösungswege erarbeitet, darunter einen, dem zufolge ein Pferd das gesamte Heu schlucken und anschließend geröntgt werden sollte. Diese Methode hätte sich wohl für den Fall angeboten, dass es allein mit Beantwortung der Frage, wo sich die Nadel befindet, getan gewesen wäre. Natürlich waren die genannten Teilnehmer auch auf die Idee gekommen, dem Heu mit einem Magneten zu Leibe zu rücken. Die Lösung dieses Scheinproblems war nur als eine Art geistige Lockerungsübung zu verstehen.

Das Verfahren des Brainstormings läuft so ab, dass der Mediator alle nur denkbaren Ideen der Ehepartner zur Frage, was mit dem Haus geschehen könne, gut sichtbar und stichwortartig an einer Tafel notiert. Entscheidendes Kriterium hierbei ist, dass die Ideen in dieser Phase nicht bewertet, also vor allem nicht auf ihre Realisierbarkeit hin überprüft werden. Dies geschieht erst, nachdem alle Ideen gesammelt worden sind. Während im herkömmlichen Verfahren mit der Entscheidung über den Verkauf des Hauses oder gar eine Zwangsversteigerung die Frage nach dem Schicksal der Immobilie zumeist schon erschöpft ist, wird in der Mediation eine beträchtliche Anzahl von unterschiedlichsten Möglichkeiten entwickelt, wie mit dem Haus verfahren werden kann.

A. Erstes Brainstorming

Das Ergebnis des Brainstormings von Herrn und Frau Schmidt über das Schicksal des Hauses sah so aus, dass folgende Möglichkeiten erörtert wurden:

1. Verkauf des Hauses
2. Ein Teil des Hauses wird – ohne bauliche Veränderungen – an Fremde vermietet.
3. Ein Teil des Hauses wird – mit baulichen Veränderungen – an Fremde vermietet. Hier wird ein separater Eingang geschaffen und das Souterrain ausgebaut.

4. Das ganze Haus wird vermietet.
5. Das Haus wird von den Eltern der Ehefrau gekauft und an deren Tochter, Frau Schmidt, vermietet.
6. Das Haus wird an Dritte verkauft. Gleichzeitig schließt Frau Schmidt einen Mietvertrag mit dem neuen Eigentümer ab und bleibt zusammen mit den Kindern im Haus.

Bei der anschließenden Bewertung dieser sechs Vorschläge konnten die Eheleute Schmidt keine Einigung erzielen. Frau Schmidt hatte sogar noch während der Bewertung des 5. Punktes ihre Mutter angerufen und mit ihr erörtert, ob der Kauf durch ihre Eltern denkbar sei, jedoch ohne Erfolg. Also wurde das Brainstorming fortgesetzt und folgende Optionen erarbeitet:

7. Die Ehefrau verkauft ihren Hausanteil an den Ehemann, der ihr wiederum das gesamte Haus vermietet. Die Ehefrau zahlt aus ihrem vom Ehemann geleisteten Unterhalt an ihn eine geringere als die ortsübliche Miete. Damit sind die Einkünfte des Ehemannes aus der Vermietung zwar geringer als die Ausgaben, doch kann er den hierbei erlittenen Verlust steuerlich von seinem Einkommen aus nichtselbstständiger Tätigkeit absetzen.
8. Die Geschwister eines Ehepartners kaufen das Haus und vermieten es an den im Haus verbleibenden Ehepartner.
9. Ein Elternteil überträgt seinen Anteil an die ehegemeinsamen Kinder, die ihrerseits ihm einen lebenslangen Nießbrauch einräumen.

Bei diesem Weg steht die Überlegung im Vordergrund, dass man den eigenen Kindern ungleich lieber ein Vermögen zukommen lässt als dem Ex-Ehepartner.

10. Der Ehemann verkauft seinen Anteil an die Ehefrau. Als Gegenleistung verzichtet sie auf ihre Rechte aus dem sogenannten Versorgungsausgleich (Ausgleich

der während der Ehezeit erlangten Rentenanwartschaften).

B. Zweites Brainstorming

Findet sich im ersten Brainstorming keine Lösung, die beide Seiten zufriedenstellt – Herr Schmidt will also noch immer das Haus verkaufen, Frau Schmidt ist weiterhin an dessen Erhalt interessiert –, ist die Mediation gleichwohl mit ihrem Latein noch nicht am Ende: Der Anwaltsmediator wird nun mit den Parteien eine finanzielle Bestandsaufnahme machen, die detailliertere Informationen umfasst als die bei der Berechnung des Unterhalts und die für längere Zeiträume gilt. Anders als beim herkömmlichen Verfahren geht der Bestandsaufnahme in der Mediation ein Brainstorming zu der Frage voraus, wie das Schicksal des Hauses optimal in eine Lösung einbezogen werden kann. Eine solche Bestandsaufnahme wird im Regelfall zu dem Ergebnis führen, dass die laufenden Ausgaben – unter Berücksichtigung auch der neuen Belastungen des Ehemannes durch seinen zusätzlichen Haushalt – höher sind als die zur Verfügung stehenden Einnahmen.

Nun stellt sich die Frage, welche anderen Möglichkeiten es außer dem Hausverkauf noch gibt. Die Mediation kennt hier die Technik der sog. »Kuchenvergrößerung«: Reichen die Mittel nicht aus, wird nach Wegen gesucht, das Einkommen der Familie zu erhöhen. Anschließend wird noch einmal geprüft, welche Lösungsoptionen sich nunmehr anbieten. Auch dieser Weg führt interessanterweise wieder über ein Brainstorming. Während das erste Brainstorming das generelle Schicksal des Hauses zum Gegenstand hatte, ist Ziel des zweiten Brainstormings, herauszufinden, wie die gegenwärtige finanzielle Situation verbessert werden kann.

Zu beachten ist hierbei, dass dieses zweite Brainstorming nur dann in Betracht kommt, wenn alle anderen Möglichkeiten über das erste Brainstorming ausgeschöpft worden sind und sich keine vertretbare Lösung abzeichnet. Der Grund hierfür ist ebenso einfach wie einleuchtend: Beim ersten Brainstorming könnten sich durchaus Lösungsmöglichkeiten anbieten, bei denen die Finanzen der Familie Schmidt für eine alle Seiten befriedigende Lösung ausreichen, etwa dann, wenn die Eltern von Frau Schmidt die Immobilie erwerben. Ginge man schon im ersten Brainstorming auf die finanzielle Frage ein, würden sich die Mediationspartner der aufgezeigten Lösungschancen begeben.

Zum zweiten Brainstorming im Einzelnen. Schauen wir uns doch einmal an, was den Eheleuten Schmidt eingefallen ist. Der Einfachheit halber habe ich in der folgenden Aufstellung auch die Ideen einfließen lassen, auf die andere Mediationspartner zuvor im Rahmen ihres Brainstormings gekommen waren. Aus dem Sammelsurium der Einfälle lassen sich fünf Bereiche herausarbeiten:

1. Aktivitäten, wie die Familienangehörigen (Ehemann, Ehefrau) selber zur Verbesserung der finanziellen Situation beitragen können.
2. Ausschöpfen aller Möglichkeiten, die monatliche finanzielle Belastung zu verringern.
3. Eventuelle Aufnahme von Darlehen, um für eine Übergangszeit finanziell über die Runden zu kommen.
4. Suche nach weiteren Möglichkeiten, wie Kapital beschafft werden kann.
5. Sonstige Möglichkeiten.

Zu 1. Persönliche Aktivitäten

Persönliche Aktivitäten des Ehemanns:

a) Überstunden in der bisherigen beruflichen Tätigkeit,

b) Aufnahme eines Nebenjobs,

c) Stellenwechsel, der zu höheren Einkünften führt, ohne hierbei ein unangemessenes Risiko anzugehen.

Persönliche Aktivitäten der Ehefrau:

a) Aufnahme einer Berufstätigkeit,

b) Heimarbeit,

c) Nachhilfeunterricht,

d) Tagesmutterschaft im eigenen Haus,

e) Tagesmutterschaft außerhalb des Hauses,

f) Vermietung einzelner Zimmer innerhalb des Hauses.

g) Bei Arbeitsunfähigkeit und tatsächlich schwerer Erkrankung wird immer wieder auch erwogen, einen Rentenantrag zu stellen – oft mit Erfolg.

Zu 2. Verringerung der monatlichen Belastungen

a) Tilgungsaussetzung,

b) kurzfristige Aussetzung der Zinszahlung,

c) Laufzeit der Darlehen überprüfen, ggf. Reservierung von Darlehen zu günstigeren Konditionen für den Zeitraum nach Ablauf der Zinsfestschreibung,

d) Durchforsten sämtlicher Fixausgaben auf unbedingte Notwendigkeit; ggf. Kündigung von Verträgen,

e) Verringerung der monatlichen Belastung durch Nachweis der Verschlechterung der finanziellen Einkommenssituation gegenüber Behörden u. Ä. Hierzu gehört auch Reduzierung des Kindergartenbeitrags, der Schulkosten etc.,

f) Beitragsfreistellung gegenüber Versicherungen (mit der Chance, den ursprünglich vollen Versicherungsschutz wieder aufleben zu lassen),
g) Einräumung von Ratenzahlung seitens des Finanzamtes gegenüber Steuerverbindlichkeiten.

Zu 3. Darlehen
a) Aufnahme von Betriebsdarlehen durch Ehemann,
b) Darlehensaufnahme bei Verwandten und Freunden,
c) Policendarlehen (Lebensversicherung),
d) Aufstockung bisheriger Darlehen (bei Immobilien meist zu guten Konditionen möglich, weil entsprechende Grundpfandrechte schon durch das ursprüngliche Darlehen bei der Bank vorliegen),
e) Aufstockung des Darlehens ggf. auch anlässlich der Umschuldung zahlreicher kleinerer Darlehen,
f) Umschuldung von Kontokorrentdarlehen in festverzinsliche Darlehen, ggf. Wechsel zu einer anderen Bank zu besseren Konditionen.

Zu 4. Kapitalbeschaffung
a) Veräußerung von Vermögenswerten, Münz- Briefmarkensammlungen, antikes Mobiliar usw.,
b) Auszahlung eines etwaigen vorzeitigen Erbes von Eltern der Parteien,
c) Drängen auf Zurückzahlung von an Dritte gewährte Darlehen (Freunde), ggf. Erlass eines Teils der Schulden, bei schnellerer Rückzahlung des Hauptbetrages,
d) Verkauf der Lebensversicherung (absoluter Notfall).

Zu 5. Sonstige Möglichkeiten
a) Vermietung des ganzen Hauses bei längerer Abwesenheit (z. B. in den großen Ferien),

b) Beteiligung des etwaigen neuen Partners der Ehefrau an den Kosten,
c) Unterstützung der Ehefrau durch einen etwaigen neuen Partner,
d) Unterstützung des Ehemannes seitens seiner etwaigen neuen Partnerin.

In unserem Beispielsfall hat das Ehepaar Schmidt tatsächlich mit Hilfe des zweiten Brainstormings eine Lösung gefunden: Es wurde eine Interimslösung vereinbart, derzufolge die Ehefrau mit dem Schulbeginn von Holger wieder halbtags berufstätig wird, während Herr Schmidt ein Betriebsdarlehen aufnimmt. Nach drei Jahren soll erneut über die Frage nachgedacht werden, wie mit dem Haus unter Berücksichtigung der dann vorliegenden Umstände weiter zu verfahren ist.

C. Keine Lösung im zweiten Brainstorming
Nehmen wir einmal an, die Familie Schmidt hätte auch beim zweiten Brainstorming keine Lösung gefunden. Wie wäre es weitergegangen? Wäre nun der Verkauf des Hauses als die einzige Lösung besiegelte Sache gewesen?

In solchen Fällen schlage ich eine andere sorgfältige Prüfung vor, deren Ergebnis mitunter auch zu unerwarteten Lösungen führen kann. Denn der Verkauf des Hauses erweist sich fast immer als die schlechteste aller Lösungen. Eine solche Prüfung sieht eine schonungslose Bestandsaufnahme vor, in der alle Ausgabenpositionen erfasst werden, mit denen im Falle eines Hausverkaufs gerechnet werden muss:

1. Konkreter Verlust, der im Differenzbetrag zwischen dem geringeren Kaufpreises des Hauses gegenüber seinem tatsächlichen Wert besteht, d. h. mit der Notwendigkeit

des Verkaufs entsteht der Druck, Zugeständnisse im Preis zu machen.

2. Berechnung der Vorfälligkeitsentschädigung, die von den Banken stets dann vorgenommen wird, wenn ein Darlehen vorzeitig zurückgezahlt wird. Sorgfältige Überprüfung dieser Berechnung auf Korrektheit (es bestehen mehrere Berechnungsmodelle).

3. Etwaige Rückzahlung von vom Staat erhaltener Eigenheimzulagen.

4. Etwaige weitere steuerliche Nachteile.

5. Verlust durch Nichtrealisierung des wahren Wertes von Hausrats- und Einrichtungsgegenständen, die in die neue Wohnung nicht integriert werden können (Teppichböden, Lampen, Vorhänge etc.).

6. Anschaffung von neuen Hausratsgegenständen.

7. Maklerkosten für Verkauf des Hauses und für die Anmietung einer neuen Wohnung, Inseratskosten.

8. Umzugskosten.

9. Höhe der Miete für die neue Wohnung, einschließlich Neben- und Verbrauchskosten.

10. Renovierungskosten für die neue Wohnung.

11. Kautionszahlungen.

12. Da die meisten der genannten Aufwendungen nur über Darlehen zu finanzieren sind, wären auch die Zins- und Bearbeitungsgebühren der Banken hierfür zu berücksichtigen.

13. Erhöhte Kosten durch möglicherweise längere Fahrtwege als bisher (z. B. von der Wohnung des Vaters zur Wohnung der Mutter und Kinder, zur Schule, zum Kindergarten, zu Einkaufsmöglichkeiten, zu Vereinen, zu Freunden u. Ä.).

14. Gar nicht so selten ergeben sich erhöhte Kosten auch durch eine Doppelbelastung, dann nämlich, wenn

das Haus noch nicht verkauft worden und somit der Kaufpreis noch nicht geflossen ist, d. h. die Finanzierungsbelastung weiterhin besteht, während inzwischen schon die monatliche Miete für die neu angemietete Wohnung zu zahlen ist.

Dritte Phase: Problemlösung und Einigung

Wenn all diese Überlegungen angestellt und die Kosten bzw. der finanzielle Verlust beim Verkauf des Hauses in Betracht gezogen worden sind, stellen die Mediationspartner oft mit Schrecken fest, dass sich ein überstürzter Verkauf des Hauses als völlig indiskutabel erweisen könnte. Angesichts solcher Erkenntnisse erscheint erst jetzt so manche Lösungsoption, die während des erstens und zweiten Brainstormings verworfen worden war, nunmehr doch in einem viel positiveren Licht. Die Bereitschaft zu höheren Opfern steigt.

Die sorgfältige Abwägung der vielfältigen Lösungsvorschläge in Bezug auf das Haus im ersten und zweiten Brainstorming sowie die Erfassung des möglichen Gesamtverlustes bei einem Verkauf führen schlussendlich zu der bestmöglichen Lösung. In den vierundzwanzig Jahren meiner mediativen Tätigkeit musste nicht ein einziger Notverkauf des Hauses durchgeführt werden, geschweige denn, dass eine Zwangsversteigerung notwendig geworden wäre.

Ich bin immer wieder erschüttert zu erfahren, wie außerhalb der Mediation bei der Frage des Hausverkaufs übereilt gehandelt und wie wenig Wert auf die Möglichkeiten der oben genannten Vorgehensweise gelegt wird. Zu den Notverkäufen, von denen ich außerhalb meiner eigenen Tätigkeit gehört habe, hätte es schon bei einer überschlägigen Prüfung des Sachverhalts in den meisten Fällen nicht kommen müssen.

Im Brainstorming werden die kreativsten und auch für den erfahrenen Mediator immer wieder überraschende Lösungen erarbeitet. So erwies sich in einem Fall folgende, auf den ersten Blick absurd erscheinende Idee als tatsächlich tragfähiges Arrangement: Beide Ehepartner verblieben im Haus, die Frau zog mit den zwei Töchtern in das Obergeschoss, in dem eine zusätzliche Küche installiert wurde. Der Ehemann bewohnte das Erdgeschoss.

Jahre später schrieb mir die geschiedene Ehefrau: »[...] Heute, sechs Jahre nach meiner Scheidung, muss ich feststellen, dass sich die ungewöhnliche Entscheidung, die wir [die Eheleute, Anm. d. Verf.] damals getroffen haben, sehr bewährt hat. [Wir haben] letztlich einen Weg gefunden, der für uns alle, aber besonders für unsere Kinder von großem Vorteil war. Die Kinder wurden so durch die Scheidung in ihrer Entwicklung nicht beeinträchtigt, da sie immer beide Elternteile hatten. Für uns war es der richtige Weg!«

In einem anschließenden Gespräch mit der Ex-Ehefrau, in dem ich mich für den Brief bedankte, ergänzte sie: »Manchmal hat es schon komische Situationen gegeben, dann nämlich, wenn einer von uns einen neuen Partner hatte. Ich hatte mich mit meinem Ex-Mann so verständigt, dass wir uns selbstverständlich den neuen Partner vorstellen, und augenzwinkernd dabei gedacht, dass es doch schließlich ein Akt der Höflichkeit sei, den Ex-Partner wissen zu lassen, mit wem er nun gemeinsam unter einem Dach wohne.«

Selbst wenn wir einmal den schlimmsten Fall unterstellen wollten, dass die Eheleute Schmidt trotz des zweifachen Brainstormings sowie der Erfassung des enormen Vermögensverlustes bei einem Verkauf keine Lösung gefunden hätten, so wären sie – ohne Verbitterung gegenüber dem jeweils anderen Ehepartner – bereit gewesen, das Haus ohne Hast und übertriebene Eile zu verkaufen. Auf jeden Fall wäre ein Großteil des Verlustes, anders als bei einem Verkauf zu einem unpassenden Zeitpunkt, vermieden worden.

Anmerkung

[1] So z. B. Jutta Hohmann/Doris Morawe: Praxis der Familienmediation. Typische Probleme mit Fallbeispielen und Formularen bei Trennung und Scheidung. Köln 2001, S. 31.

Zehn Fälle und zehn Lösungen mithilfe der Mediation

Bei den nachstehenden zehn Beispielen handelt es sich durchweg um authentische Fälle, die lediglich zur Wahrung der Identität der Beteiligten modifiziert wurden.

Fall 1: Der vermeintliche Hartz IV-Empfänger
In der Mediation kämpfte der Ehemann nach seiner Trennung von seiner Ehefrau darum, dass die beiden gemeinsamen schulpflichtigen Kinder, zu dieser Zeit acht und zwölf Jahre alt, bei ihm wohnen sollten, während die Ehefrau die Kinder alle vierzehn Tage über das Wochenende sollte betreuen dürfen. Er argumentierte, er gehe zwar bislang noch einer vollschichtigen beruflichen Tätigkeit nach, doch könne er ohne Probleme einen großen Teil seines Jobs von zu Hause aus erledigen. Dabei sei er zeitlich so flexibel, dass er sich ohne Weiteres den Kindern nach der Schule widmen könne. Für die Ehefrau kam dieses Anliegen sehr überraschend. Sie konnte überhaupt nicht verstehen, warum ihr Ehemann, der sich bislang – eben wegen seiner ganztägigen beruflichen Tätigkeit – nur begrenzt um die Kinder hatte kümmern können, gerade jetzt und so plötzlich ein derart starkes Augenmerk auf die Kinder richtete. Auch die weiteren Argumente des Ehemannes hörten sich durchaus plausibel an: Gerade weil er sich in den zurückliegenden Jahren relativ wenig um die Entwicklung seiner Kinder habe kümmern können, wolle er dies nunmehr nachholen. Die Ehefrau konnte zwar diese Begründung so ohne Weiteres nicht widerlegen, doch bestand sie darauf, dass die Kinder ihren Lebensmittelpunkt weiterhin bei ihr, in der ehemaligen Ehewohnung, haben sollten.

Als in der Mediation auch nach dem Austausch weiterer Argumente keine Einigung in Sicht war, wurde dieses Thema zurückgestellt und der nächste Regelungspunkt, die Unterhaltsfrage, besprochen. Es wurden mehrere Alternativberechnungen vorgenommen, die das jeweilige Lebenskonzept beider Seiten berücksichtigten. Der Ehemann nahm bei der Konstellation, in der die Ehefrau die Kinder weiterhin betreuen würde, nahezu eine Blockadehaltung ein. Er war nur bereit, einen weit unter den typischen Richtsätzen liegenden Unterhalt für die Kinder zu zahlen. Eine Unterhaltszahlung für die Ehefrau lehnte er glattweg mit der Begründung ab, die Ehefrau könne ohne Weiteres vollschichtig arbeiten. Die Ehefrau gab zu bedenken, dass sie über dreizehn Jahre nicht mehr berufstätig gewesen sei. Sie sei zwar durchaus bereit, wieder in das Berufsleben zurückzukehren, doch würde dies eine gewisse Zeit beanspruchen, weil die Chancen auf dem Arbeitsmarkt für Bewerberinnen in ihrem Alter, nämlich Mitte vierzig, nicht eben rosig seien. Als der Ehemann diese Argumente nicht gelten ließ, wurden weitere Regelungspunkte besprochen. Am Ende der Mediationssitzung bat ich jedoch die Ehefrau um das Einverständnis, mit dem Ehemann ein Einzelgespräch führen zu dürfen.

In diesem wurden allmählich die Hintergründe seines Anliegens deutlich. Er äußerte große Sorgen und Befürchtungen darüber, dass ihm nach den Unterhaltszahlungen für die Kinder und für seine Ehefrau ein viel zu geringes Einkommen verbleibe und er somit keinerlei positive Lebensperspektive mehr erkennen könne. Er habe sich im Vorfeld der Mediation schon kundig gemacht und anhand einer Unterhaltsbroschüre mehrere Unterhaltsberechnungen angestellt. Welche Berechnungsmethode er auch immer anwende, es bleibe auch für einen nur bescheidenen Lebenszuschnitt einfach zu wenig übrig. Der Ausgangspunkt der Berechnung des Ehemannes war zwar zutreffend, doch blieben wegen des schematischen Ansatzes zahlreiche für ihn günstige Faktoren, unabhängig von der beabsichtigten Berufstätigkeit der Ehefrau, unberücksichtigt (wie Steuervorteile, staatliche Zuschüsse u. Ä.). Bei Abwägung des Für und Wider beider Lösungsansätze (Fortsetzung seiner bisherigen beruflichen Tätigkeit mit möglichst akzeptablen Unterhaltszahlungen oder teilweiser Verlagerung seiner Arbeit in seine Wohnung mit einem unsicheren Ausgang eines möglicherweise lange währenden Rechtsstreits um die Kinder) stellte sich die erste Alternative als die letztlich doch bessere dar. Es ging hier nicht um die Wahl zwischen zwei guten Lösungen, sondern um die Qual, sich für die letztlich weniger einschneidende zu entscheiden.

Nach wenigen weiteren Mediationsstunden konnte eine für beide Seiten tragfähige Vereinbarung getroffen werden. Vordergründig lautete das Motto des Ehemannes: Ich will zukünftig mit meinen Kindern leben. Tatsächlich ging es ihm in erster Linie um die Vermeidung einer zu hohen finanziellen Belastung. Nachdem der Ehemann die von ihm gehegten Ängste eingestanden hatte, stellte sich nun seine Annahme, mit einem eigentlich nicht gewollten (also nur vorgegebenen) Lebensentwurf vermeintlich zu hohe Unterhaltszahlungen vermeiden zu können, als Irrtum heraus.

Wäre der Ehemann bei einem Anwalt vorstellig geworden, so wären, ausgehend von seinem (vordergründigen) Anliegen, nur die Prozesschancen erörtert worden, denn sein mit juristischen Mitteln zu verfolgendes Ziel hatte er ja deutlich genug formuliert. Nach meinen Erfahrungen werden die Prozesschancen von den Mandanten zumeist aber umso höher zu ihren Gunsten eingeschätzt, je intensiver sie sich auf das Erreichen des von ihnen verfolgten Zieles fixiert, um nicht zu sagen eingeschossen haben. Ängste sind schlechte Ratgeber, sodass es sinnvoll ist, die in diesem Seelenzustand getroffenen Entscheidungen zu hinterfragen. Mithilfe besserer Informationen können Ängste relativiert und Fixierungen auf letztlich ungewollte Lebensentwürfe verhindert werden; sie erst schaffen die Voraussetzung für realistischere Entscheidungsgrundlagen.

Es sind zwei Kriterien, die zumeist zu einer einvernehmlichen Lösung der Konfliktsituation führen. Zum einen wird sorgfältig geprüft, worum es den Mediationspartnern im Grunde wirklich geht, d. h. wo ihre wahren Bedürfnisse, Wünsche und Ziele liegen, um hieran (und nicht an irgendeinen Paragrafen) anknüpfend zu prüfen, welche Lösungsideen zur Beilegung des Streits beitragen können. Sind einmal Ziele, Ängste, Befürchtungen und Sehnsüchte deutlich gemacht worden, stellt sich nicht mehr die Frage, welcher Gesetzestext helfen kann, denn meistens gibt dieser für die Lösung gerade nichts her, sondern welche der zahlreichen Lösungsideen, in der Fachsprache »Handlungsoptionen« genannt, sich als die bestmögliche für beide Seiten darstellt. Erst nachdem zwischen den Parteien eine Vereinbarung getroffen worden ist, kommt der rechtliche Rahmen ins Spiel. Statt also vorschnell Rechtsvorschriften und Gesetzesnormen zu bemühen, erhält die erlangte Einigung ihre rechtlich spezifische Form in der notariell beurkundeten Scheidungsfolgenvereinbarung, ein Vertrag, der selbstverständlich für beide Seiten verbindlich ist.

Fall 2: Der kinderliebe Handelsvertreter

Der Fall hatte eine Vorgeschichte, die sich im herkömmlichen gerichtlichen Verfahren abspielte. Der Ehemann erteilte seinem Anwalt den Auftrag, für ihn um das alleinige Aufenthaltsbestimmungsrecht für seine zweijährige Tochter zu kämpfen. Im justiziellen Verfahren wird in aller Regel nicht hinterfragt, ob dies dem wirklichen Willen des Mandanten entspricht. Vielmehr gilt der Grundsatz: »Der Kunde ist König« oder mehr noch: »Des Menschen Wille ist sein Himmelreich«. Dabei ist der Kunde – vornehmer als Mandant bezeichnet – in einer solchen Situation häufig ganz und gar nicht König, sondern Bettler; ein verzweifelt Hilfesuchender, der in der gerichtlichen Auseinandersetzung, verbunden mit der Illusion eines Sieges, seine letzte Rettung sieht und sucht.

Die Ehefrau schaltete ebenfalls einen Anwalt ein. Außergerichtliche Verhandlungen scheiterten. Das Familiengericht wurde bemüht. Viel Zeit verging, ohne dass ein Ergebnis in Aussicht stand. Das Vertrauen in eine zeitnahe Lösung ihres Falles war auf beiden Seiten erschüttert. Mediation sollte helfen, Anwaltsmediation. So saß das Ehepaar mir gegenüber und klagte übereinstimmend darüber, dass ihre Situation völlig verfahren sei. Der Ehemann erklärte, er habe von seinem Rechtsanwalt den Scheidungsantrag einreichen lassen und das alleinige Aufenthaltsbestimmungsrecht für die Tochter beantragt. Unterhalt könne er weder für die Ehefrau noch für das Kind zahlen, da er – ebenso wie seine Frau – völlig verschuldet sei und er nur geringe Einkünfte habe, die kaum die Zinsen der Schulden deckten. Die Ehefrau bestätigte die finanzielle Misere und warb bei mir um Verständnis dafür, dass sie zwar mit der Scheidung und auch mit einem großzügigen Umgangsrecht für ihren Ehemann einverstanden sei, aber keinesfalls akzeptieren werde, dass ihre Tochter nach der Scheidung dauerhaft beim Vater lebe. Und natürlich beanspruche sie Unterhalt für ihr Kind und sich. Schließlich habe dieser Vorrang vor Begleichung der Schulden. Ihr Anwalt kämpfe für das Erreichen ihrer Ziele.

Jeder Partner hatte somit je einen Anwalt beauftragt, der nach Leibes- eher wohl nach Geisteskräften für seine

Mandantschaft den optimalen Erfolg, also den Prozessgewinn erringen sollte. Die Chancen für beide Partner – zumindest bezogen auf die Frage des Sorgerechts – standen so schlecht nicht, denn ihnen beiden wurde von dem Familiengericht Verfahrenskostenhilfe bewilligt; eine Vergünstigung, die nach dem Gesetzeswortlaut nur dann zu gewähren ist, wenn u. a. »die beabsichtigte Rechtsverfolgung oder Rechtsverteidigung Aussicht auf Erfolg bietet und nicht mutwillig erscheint« .

Nun kann man sich leicht vorstellen, dass beide Elternteile völlig verschiedener Auffassungen darüber waren, was rechtens und vor allem, was das Beste für ihr Kind sei. Ja, das Beste für ihr Kind, das sollte es schon sein! Die Anwälte waren in der schwierigen wie undankbaren Situation, die besonderen positiven elterlichen Eigenschaften ihrer Partei ebenso deutlich herauszustellen wie die schlechten der Gegenseite anzuprangern.

Der Ehemann erklärte mir: »Wissen Sie, wenn unsere Tochter das hier lesen könnte, was ihre Mutter über ihren Rechtsanwalt hat behaupten lassen, so würde sie klipp und klar sagen: ›Mama, das stimmt doch alles gar nicht, was hier steht.‹« Die Ehefrau erwiderte, dass das im Schriftsatz ihres Anwalts Vorgetragene zu hundert Prozent stimme, während das, was der Anwalt der Gegenseite schreibe, buchstäblich »erstunken und erlogen« sei. Es war zu befürchten, dass der Prozess sich mit der notwendigen Einholung von Stellungnahmen des Jugendamtes, von Sachverständigengutachten und womöglich von der Anrufung der nächsten Instanz seitens des unterlegenen Elternteils über viele Jahre hinziehen und das Ende des Rechtsstreits unabsehbar sein würde. Kurzum, die Sache war verfahren und beide Ehepartner spürten, dass nervenaufreibende, dem Kindeswohl äußerst abträgliche wechselseitige

Kränkungen zunahmen und zermürbende Zeiten bevorstanden.

Die Stimmung war zwischen den Eheleuten schon zu Beginn der Mediation derart gereizt, dass ich gleich nach der ersten Stunde Einzelgespräche vorschlug. Nur zufälligerweise begann ich auch hier wieder mit dem Ehemann. Ich ließ ihm ausreichend Zeit, u. a. auch Ursachen seiner völlig vertrackten beruflichen Situation zu schildern. Es stellte sich heraus, dass er als freiberuflicher Handelsvertreter kontinuierlich immer geringere Einkünfte erzielt hatte, sodass er und seine Frau Teile der über Jahre hinweg aufgelaufen Fixkosten und die Darlehensraten, die aufgrund von zahlreichen Anschaffungsdarlehen begründet worden waren, nicht mehr zurückzahlen konnten. Die Darlehen wurden von den Banken gekündigt und Kontoüberziehungen mit hohen Zinsen geahndet. Alle ihre Bemühungen, die Misere in den Griff zu bekommen, waren gescheitert, obwohl etwa ein Jahr zuvor unter Zuhilfenahme eines Entschuldungsexperten mit allen Gläubigern (Finanzamt, Banken, Versicherungen, Versandhäuser u. Ä.) eine Ratenzahlung hatte vereinbart werden können. Von nicht weniger als drei Gläubigern war bereits die Abgabe der eidesstattlichen Versicherung beantragt worden. Man kann sich gut vorstellen, welch desolate Lebensperspektive für beide Seiten vorherrschte und vor allem, welch geringe Motivation der Ehemann in dieser Situation aufbrachte, sich Tag für Tag aufs Neue dem beinharten Konkurrenzkampf um neue Geschäftsabschlüsse zu stellen.

Demgegenüber hatte er aber nunmehr in des Wortes doppelter Bedeutung Zeit ohne Ende, einen verbissenen Kampf bei Gericht zu führen. Es war offensichtlich, dass der Ehemann sich anschickte, den größten Teil seiner Energie in diesen Prozess zu investieren. Das Parkinsonsche Gesetz ließ grüßen. (Es lautet vereinfacht etwa: Eine Arbeit nimmt stets so viel Zeit in Anspruch, wie dem Menschen für ihre Erledigung zur Verfügung steht.)

Der Ehemann erkannte deutlich, dass der festgefahrene Karren nur wieder mit der Lösung des finanziellen Problems der Eheleute flott gemacht werden konnte. Aber wie? War nicht schon alles versucht worden? Auch mir wurde klar, dass sich der Konflikt nur dann überwinden ließe, wenn es gelänge, dem Ehemann wieder ein Mindestmaß an Zukunftshoffnung zu vermitteln. So regte ich an, alle nur denkbaren gedanklichen Anstrengungen zu unternehmen, um herauszufinden, von wem doch noch finanzielle Mittel zur Verfügung gestellt werden könnten, um die Gläubiger wenigstens zu einem Teilverzicht ihrer Forderungen zu bewegen. Ich schlug ein Brainstorming vor. Etwas lust-, weil scheinbar hoffnungslos, willigten die Mediationspartner ein.

Es wurden also sämtliche nur irgendwie vorstellbaren Möglichkeiten erfasst und anschließend erörtert. Bei dem Punkt »bei weiteren Verwandten finanzielle Hilfe zu erlangen« erklärte plötzlich und zur völligen Überraschung des Ehemannes die Ehefrau, sie sei zwar auch der Meinung, dass ihr Ehemann bei seinem Vater keine Chance mehr habe, ihn zu irgendwelchen finanziellen Zugeständnissen zu bewegen, doch sei ihr Verhältnis zu ihrem Schwiegervater eigentlich immer recht gut gewesen. Sie würde sich zutrauen, mit ihm in dieser Sache ein Gespräch zu führen. Getan, wie brainstormmäßig gedacht! Der Rest ist schnell berichtet. Das Gespräch verlief positiv. Es wurden alle Schulden zusammengestellt und den Gläubigern ein Drittel als Abfindungssumme angeboten. Sie zeigten – ohne Ausnahme – Verständnis für das gemeinsam mit den Mediationspartnern schriftlich verfasste Anliegen, in dem auch die Hintergründe des sich schon anbahnenden Ehedramas geschildert wurden. Nachdem der Schuldenberg durch Teilverzichte auf ein Drittel geschmolzen war und eine glimpfliche Ratenzahlung für das von dem Vater gewährte Darlehen vereinbart werden konnte, war das entscheidende Zwischenziel erreicht, nämlich die Wiedererlangung der beruflichen Perspektive des Ehemannes. Dies führte zur Lösung aller nachfolgenden Problemfragen. Die Ehefrau erklärte sich mit moderaten Unterhaltszahlungen für eine Übergangszeit einverstanden, weil der Ehemann ihr mit der Intensivierung seiner beruflichen Tätigkeit zu erkennen gegeben hatte, wieder Verständnis, Verantwortung und Fürsorge für ihre und des Kindes Situation tragen zu wollen. Die bei Gericht anhängigen Anträge (elterliche Sorge, Kindes- und Ehegattenunterhalt) wurden kurzerhand zurückgenommen. Ein Notarvertrag über die Unterhaltsregelung und die weiteren unstreitigen Folgesachen wurde geschlossen.

Der Fall zeigt recht deutlich, dass der Ausgangspunkt bei der Mediation ein völlig anderer ist als der des justiziellen Verfahrens. Der Antrag des Ehemannes bei Gericht, das alleinige Aufenthaltsbestimmungsrecht zu erhalten, war Ausdruck und Folge seiner Resignation im beruflichen Bereich. Wäre sein Antrag erfolgreich gewesen, hätte er – so seine Einschätzung – seiner Familie und seinem Freundeskreis gegenüber sein berufliches Versagen durch seinen glänzenden Sieg bei Gericht kaschieren können. Die Behauptung, dass ihm das Kind wichtiger sei als der Beruf, hätte er allen ihm nahestehenden Personen »verkaufen« können. Welch ein »Erfolg«! Sein wirkliches Anliegen, sein tiefer liegendes Ziel war ein beruflicher Neuanfang und eine Bestätigung seiner beruflichen Fähigkeiten, verbunden mit der realistischen Chance eines zeitlich überschaubaren Schuldenabbaus.

Spinnen wir den Fall doch einmal gedanklich weiter und stellen uns vor, wie das gerichtliche Verfahren sich entwickelt hätte. Höchstwahrscheinlich hätte ein kinderpsychologisches Gutachten eingeholt werden müssen. Der Familienrichter hätte dem Ehemann zwar verdeutlicht, dass es nichts nütze, beruflich den Kopf in den Sand zu stecken. Vielleicht hätte er aber auch mit der strafrechtlichen Vorschrift des § 170 Strafgesetzbuch gedroht, der dem Unterhaltspflichtigen für den Fall seiner Unterhaltspflichtverletzung einer Freiheitsstrafe bis zu drei Jahren oder einer Geldstrafe droht. Wäre das eine hinreichende Motivation für den Ehemann gewesen, wieder vollen Einsatz im rauen Geschäftsleben zu bringen? Und vor allem: Hätte es die Eheleute auch nur einen einzigen Cent von ihrem Schuldenberg heruntergebracht? Hätte die Ehefrau Veranlassung gesehen, den Ehemann als fürsorglichen Vater zu betrachten, wenn er trotz verstärkter beruflicher Tätigkeit u. a. wegen der Schulden nur unzureichenden Unterhalt hätte zahlen können? Stellen wir uns nur einmal vor, sein Prozessbevollmächtigter wäre bei dem Anwalt der Ehefrau mit dem Ansinnen vorstellig geworden, dessen Mandantin möge doch einmal bei ihrem Schwiegervater vorsprechen, um finanzielle Unterstützung zu erhalten. Geradezu absurd allein der Gedanke!

Ich habe dem Leser mit den vorstehenden Beispielen zwei Fallkonstellationen vorgestellt, bei denen es um Angst und Existenzsorgen des Ehemannes und Vaters ging. Zu den spektakulärsten Fällen in meiner Praxis zählte ein Fall, bei dem es ebenfalls um die gemeinsamen Kinder ging. Er bedeutete für mich die größte Schlappe in einem Gerichtsverfahren und gleichzeitig den größten Triumph des mediativen Gedankens im Sinne der Unterscheidung von Rechtsinteressen und wahren Bedürfnissen der Betroffenen.

Fall 3: Die Kindesentführung

Die geschiedenen Eheleute lebten jahrzehntelang in Neuseeland. Aus der Ehe waren zwei Kinder, inzwischen elf und dreizehn Jahre, hervorgegangen, mit denen die Mutter, die deutschstämmigen Ursprungs war, auch nach ihrer Scheidung zusammenlebte. Der geschiedene Vater hatte nur sporadisch Kontakt zu seinen Kindern. Dieser kam zumeist auch nur auf Initiative der Kinder zustande. Die Mutter kehrte eines Tages mit ihren Kindern nach Deutschland zurück. Sie hatte dies mit dem Vater jedoch nicht abgestimmt, obwohl sie mit ihm die elterliche Sorge für beide Kinder teilte. Sie war davon ausgegangen, der Vater werde die vollendeten Tatsachen (wohl) akzeptieren.

Ein Irrtum, wie sich schnell herausstellte.

Nur einen Monat nach ihrer Ankunft in Stuttgart erhielt sie vom Gericht die Klageschrift mit dem Antrag, die Kinder unverzüglich wieder in ihre ursprüngliche Heimat zurückzubringen. Besondere Bedeutung erhielt der Fall deshalb, weil das Verfahren über den Generalbundesanwalt in Berlin nach dem Haager Abkommen eingeleitet worden war.

In der ersten Instanz hatten die Kinder in der mündlichen Verhandlung, an der der Vater nicht teilgenommen hatte, im Rahmen einer umfangreichen und sorgfältigen Beweisaufnahme eindeutig erklärt, keinesfalls wieder nach Neuseeland zurückkehren zu wollen, da sie ihre neue Heimat sehr lieb gewonnen hätten und hier glücklich seien. So wurde der Antrag des Ehemannes vom Familiengericht abgewiesen. Doch dieser ließ die Sache nicht auf sich beruhen und rief die nächste Instanz, das Oberlandesgericht, an. Mutter, Kinder und ich waren sehr zuversichtlich, weil bis zur Gerichtsverhandlung beim Oberlandesgericht erwartet werden konnte, dass noch weitere Monate ins Land streichen und die Kinder sich bis dahin in ihrer neuen Heimat vollends eingelebt haben würden. (Der Jurist spricht vom Kontinuitätsgrundsatz.) Schon jetzt hatten die Kinder die an sie gestellten Erwartungen in hervorragender Weise erfüllt: Sie hatten schnell die deutsche Sprache gelernt und konnten das Gymnasium besuchen. Diese Hoffnung wurde durch den Umstand gestärkt, dass das Oberlandesgericht ein Gutachten in Auftrag gegeben hatte, um zu überprüfen, ob der englische Begriff des Sorgerechts mit dem des deutschen inhaltsgleich oder zumindest vergleichbar sei.

Zwischenzeitlich waren weitere Monate vergangen und die Kinder nun schon seit einem Dreivierteljahr in ihrer neuen Heimat. Eines schönen Tages, der nun zu einem weniger schönen wurde, lag ein Beschluss des Oberlandesgerichts auf meinem Schreibtisch, in dem es eindeutig hieß, die Kinder seien sofort von der Mutter oder einer anderen Begleitperson nach Neuseeland zurückzubringen. Das Oberlandesgericht hatte somit eine mündliche Verhandlung, etwa um sich einen persönlichen Eindruck von der Entwicklung der Kinder zu machen, für überflüssig erachtet. Ein weiteres Rechtsmittel war nicht zugelassen.

Die Tage bis zur Abreise der Kinder waren also gezählt. In dieser Situation riet ich meiner Mandantin, das letzte prozessuale Mittel auszuschöpfen: die Verfassungsbeschwerde; wohl wissend, dass das Bundesverfassungsgericht sich nicht als eine Superrevisionsinstanz versteht und dieses Vorgehen keinen Erfolg haben werde. Aber zumindest war ein wenig Zeit gewonnen, denn der Einwand, die Gegenseite möge das Ergebnis der Verfassungsbeschwerde doch erst einmal abwarten, klang doch recht plausibel.

Meiner Mandantin und ihren Kindern wurde immer mulmiger zumute. Auch ich wehrte mich gegen die Endgültigkeit der Entscheidung, die ich zumindest wegen des schon lang andauernden Aufenthalts der Kinder in Deutschland so nicht mehr für vertretbar hielt, und suchte nach einem Ausweg, einem Strohhalm. Ich fragte mich immer wieder, was der Ehemann mit dem Prozess wirklich bezweckt haben könnte. Denn es war schwer zu glauben, dass es ihm tatsächlich nur um die Kinder ging, um diese hatte er sich ja – wie gesagt – kaum gekümmert.

Ich musste unbedingt herausfinden, welche tiefer liegenden Gründe den Vater veranlasst hatten, so konsequent gerichtlich gegen die Übersiedlung seiner Kinder nach Deutschland vorzugehen. Ich bat meine Mandantin um ein Gespräch mit der Bitte, sich ausreichend Zeit hierfür zu nehmen. Das, was ich in dieser sehr ausführlichen Unterredung erfahren musste, übertraf die schlimmsten Erwartungen und Befürchtungen. Sie schilderte mir eine kaum vorstellbare Leidenszeit, die sie mit ihrem Ehemann durchgemacht hatte.

Ich möchte dem Leser die tieferen Gründe ersparen, die zu den unheilvollen Verstrickungen der Ehe geführt hatten. Für beide Seiten endete sie mit Trauer, Wut und Verzweiflung. Eines sollte ich jedoch erwähnen. So manches sprach dafür, dass hier eine nicht jedem Familienrechtler bekannte Konstellation vorlag, bei der ein Ehepartner die Scheidung emotional nicht verkraftet hat und das psychisch Unverarbeitete nunmehr auf der Elternebene fortwirkt. Meine Mandantin schilderte mir das Wesen ihres Mannes als krankhaft rechthaberisch. So habe er tagelang in einer Bibliothek zugebracht, um ihr mit Hinweis auf entsprechende Fachliteratur zu beweisen, dass der Begriff »Egoist« keinen negativen Beigeschmack habe und dieser nur bei dem Begriff »Exzentriker« vorliege. So wie meine Mandantin mir die persönliche Struktur ihres geschiedenen Ehemannes beschrieben hatte, sprach wenig dafür, dass er die Kinder nach ihrer Rückkehr würde betreuen wollen und/oder betreuen können. Das Leben des Vaters war nach der Scheidung mit zahlreichen Ortswechseln verbunden, deren tiefere Gründe neben sich häufig wechselnden Arbeitsstellen nach der Einschätzung meiner Mandantin vor allem in seinem von innerer Unrast getriebenen Wesen lagen.

Durch die Schilderung der Frau konnte ich mir ein ungefähres Bild von der Persönlichkeit des Vaters der gemeinsamen Kinder und den Gründen seines widersprüchlichen Verhaltens machen. Allmählich zeichnete sich ab, welche Vorgehensweise die größten Chancen bot, das Herausreißen der Kinder aus ihrem neuen sozialen Umfeld zu vermeiden. Nachdem ich auch mit den Kindern ein ruhiges und eingehendes Gespräch geführt hatte, stand der Plan fest.

In einem sehr versöhnlichen Brief der Kinder an den Vater wurde ihm mitgeteilt, dass sie selbstverständlich die Gerichtsentscheidung akzeptierten und im Begriff seien, ihre Vorbereitungen für die Rückkehr nach Neuseeland zu treffen. Bevor sie aber endgültig Deutschland verlassen würden, wollten sie ihren Vater nach Stuttgart einladen, damit er sehen und erleben könne, wie glücklich und zufrieden sie jetzt in ihrer neuen Heimat seien.

Sie erklärten, dass sie sofort und freiwillig mit ihm nach Neuseeland zurückkehren würden, wenn er zu der Einschätzung käme, dass sie mit ihm in ihrer ehemaligen Heimat glücklicher sein würden. Liebevoll und ausführlich entschuldigten sie sich auch dafür, dass sie in der Gerichtsverhandlung der ersten Instanz so manche Aussage gemacht hatten, die ihn verletzt haben musste. Das tue ihnen nachträglich sehr leid, sie hätten ihn nicht kränken wollen. Gleichzeitig unterbreiteten sie ihm den Vorschlag, zweimal im Jahr (die Hälfte der großen Ferien und den größten Teil der Weihnachtsferien) zu ihm nach Neuseeland zu kommen, um mit ihm eine unbeschwerte Urlaubszeit zu verbringen.

Der sehr sorgfältig verfasste Brief verfehlte seine Wirkung nicht. Der Vater kam nach Deutschland und konnte sich in mehreren Treffen mit den Kindern davon überzeugen, dass es für sie tatsächlich das Beste sei, weiterhin in ihrer neuen, lieb gewonnenen Heimat zu bleiben. Schließlich verzichtete er auf seine Rechte aus dem Beschluss des Oberlandesgerichts. Jahre später erfuhr ich von der Mutter, dass sich alles zum Besten im Sinne des genannten Lösungskonzepts gewendet hatte. Alle Beteiligten hatten gewonnen.

Auch wenn ich allein auf die Schilderung der Mutter angewiesen war, kam ich mit Blick auf den Vater zu der Überzeugung: Die Übersiedlung seiner Kinder und seiner geschiedenen Ehefrau in die neue Heimat hatte bei ihm wegen des eindeutig erlittenen Unrechts eine Reaktion der Empörung und Wut ausgelöst. Seine verständliche Reaktion zielte darauf ab, mit der sofortigen Anrufung des Gerichts zumindest formal den ursprünglichen Zustand wiederherzustellen. Mit dem Recht, das er nun, durch gerichtliches Urteil beglaubigt, auf seiner Seite wusste, und dem versöhnlichen Einlenken der Kinder, die für den Vater erkennbar uneingeschränkt hinter ihrem Brief standen, d. h. nicht von der Mutter gegen ihren Willen vorgeschickt worden waren, dürfte er das erhalten haben, worum es ihm wohl im Grunde ging, nämlich als Vater nicht übergangen und in seinen Rechten geachtet zu werden.

Es ist oft nicht das von der Gegenpartei zu Unrecht Angestrebte oder Erlangte, was zur heftigen Gegenwehr führt, sondern die Art und Weise, wie es erreicht werden soll bzw. wie es erzielt worden ist, nämlich durch Missachtung der Empfindungen und Rechte des anderen.

Während des Gerichtsverfahrens hatte ich keinen Moment an die Möglichkeit gedacht, den Rechtsstreit mit mediativen Mitteln abzukürzen. Ich war so sehr in dem Fahrwasser des juristischen Verfahrens verhaftet und gefangen, dass meine volle Konzentration dem Sieg meiner Partei galt. Mir als Anwaltsmediator hätte dies eigentlich nicht passieren dürfen, denn mir ist natürlich bewusst, dass viele, wenn nicht sogar die meisten gerichtlichen Verfahren mit Ansätzen der Mediation abgekürzt und zum Guten gewendet werden können. Ich halte diesen Hinweis deshalb für sinnvoll, weil er zeigt, dass von den mit dem Mediationsverfahren nicht vertrauten Kollegen schlechterdings nicht erwartet werden kann, dass sie gerade die kreativen Elemente in die juristischen Verfahren einführen, die für die Mediation charakteristisch sind. Die größte intellektuelle Leistung von Juristen des herkömmlichen Verfahrens wäre die Einsicht, mit allen intellektuellen Mitteln komplizierte Fälle nicht lösen zu können. Doch ist ihnen die dogmatische Vorgehensweise so eingetrichtert, so eingeimpft worden, dass sie gegen alle anderen Denk- und Lösungsansätze schlechterdings immun sind.

Wer widerlegt meine Behauptung, dass von hundert Juristen ohne Mediationsausbildung ebenso viele, wenn auch mit Bedauern, die Einhaltung der Entscheidung des Oberlandesgerichts meiner Mandantin nahegelegt hätten, und zwar mit der zutreffenden Begründung: »Recht ist eben Recht, und zwar erst recht, wenn es sich um eine rechtskräftige Entscheidung eines Oberlandesgerichtes handelt.«

Fall 4: Verletzte Vaterehre

Schauen wir uns einen weiteren Fall an. Er beschäftigt sich mit dem klassischen Problem der Wechselwirkung von Unterhaltsansprüchen und Fragen der Kindesbetreuung.

Der Ehemann setzte sich in der Mediation vehement für das alleinige Aufenthaltsbestimmungsrecht seiner zwei ehelichen Kinder ein. Der Ausgangspunkt ähnelte dem Fall 1.

Auch hier war es so, dass der Vater vollschichtig berufstätig und fest davon überzeugt war, Beruf und Betreuung der Kinder nach der Schule unter einen Hut bringen zu können. Diesmal spielten jedoch finanzielle Überlegungen keine Rolle. Vielmehr stellte sich heraus, dass der Ehemann zutiefst darunter litt, von der Ehefrau entwertet und abgelehnt worden zu sein, da von ihr die Scheidung ausgegangen war. Hinzu kam, dass sie seine Bemühungen, ein verständnis- und liebevoller Vater zu sein, nicht wertschätzte und ihm auch in Bezug auf die Kinder das Gefühl gab, nicht ihren Erwartungen zu entsprechen. Sinngemäß äußerte er, in den Augen seiner Freunde und Verwandten sei er der letzte Depp. Diese doppelte Ablehnung mache ihm schwer zu schaffen. Er gestand offen ein, dass er mit dem angestrebten alleinigen Aufenthaltsbestimmungsrecht allen ihm wichtigen Menschen beweisen wolle, dass er ein guter Vater sei, dass er seine Kinder so lieben würde wie auch sie ihn.

Als der Ehefrau das Problem in einem einfühlsamen Gespräch verständlich gemacht werden konnte, war sie in der Lage, ihm, ohne zu heucheln, die Anerkennung zuteil werden zu lassen, die auch objektiv seinem positiven Verhältnis zu den Kindern entsprach. Die Ehefrau räumte ein, sie habe sich nicht vorstellen können, wie sehr ihr Mann auf ein anerkennendes Wort von ihr angewiesen sei. Als sie verstanden hatte, wie wichtig es für ihn war, z. B. auch seine kleineren Unternehmungen mit den Kindern als etwas nicht Selbstverständliches zu würdigen und sich hierüber auch anerkennend zu äußern, war das Eis gebrochen und der Weg für eine gemeinsame Lösung geebnet. Hinter der zunächst verfolgten Rechtsposition (alleiniges Aufenthaltsbestimmungsrecht) stand das Bedürfnis des Ehemannes, einen Ausgleich dafür zu enthalten, dass er weder als Mann noch als Vater von seiner Ehefrau hinreichend anerkannt worden war.

»Wer eigentlich«, so fragt der ehemalige Verfassungsrichter Udo Di Fabio, »hat schon einmal in unseren rationalen, sozialtechnologisch verwalteten Gesellschaften ernsthaft untersucht, wie viele Männer und Frauen ans Trinken gekommen und im Meer der Obdachlosen und Gescheiterten namenlos untergetaucht sind, weil sie sich zu Recht oder zu Unrecht in ihrer Ehre verletzt fühlten?«[1] Eine zu geringe Wertschätzung durch den Partner führt oft auch zu übersteigerten Ausgleichsbemühungen. Mit anderen Worten: *Wird jemandem eine Anerkennung vom dem Menschen versagt, von dem er sich eine solche am meisten ersehnt, so kann dies in der Mediation rechtzeitig erkannt werden und als Ausgangspunkt zur Lösung des Konfliktes dienen.*

Mit der Frage nach dem Warum können in der Mediation nicht nur Kompensationshandlungen als solche identifiziert, sondern auch mitunter Versäumnisse des Ehepartners, die jene Ausgleichsbemühungen ausgelöst haben, von diesem anerkannt werden. Demgegenüber ist ein mediativer Ansatz im herkömmlichen Verfahren oft nicht mehr möglich. Schließlich will sich kein Anwalt dem Vorwurf aussetzen, außergerichtlich nicht alles Zumutbare unternommen zu haben, um den Rechtsstreit einvernehmlich beizulegen. Gleichwohl: Für die beklagte Seite kommt jede Klage stets zu früh und, obwohl angedroht, stets unerwartet. Sinngemäß ist oft zu hören: »Also jetzt, nach der Zustellung der Klage, zudem noch mit der verlogenen Begründung, ist endgültig Schluss!« Die Klage wird als Kriegserklärung empfunden, die Gegenseite nun als eindeutiger Feind identifiziert. Jetzt wird ein mediativer Ansatz von den Anwälten in aller Regel schon deshalb (zu Recht) abgelehnt, weil es in diesem Stadium der Auseinandersetzung eindeutig als Schwäche gewertet wird, wenn Kläger oder Beklagter, dies spielt keine Rolle mehr, einen versöhnlichen Ton anschlagen. Das Gericht käme zu der Auffassung, eine Partei hätte »kalte Füße« und Angst vor einem Urteil bekommen. Juristisch beurteilt wäre dann der Schluss gerechtfertigt, der Kläger selbst glaube nicht mehr an seinen geltend gemachten Anspruch bzw. der Beklagte bereue, die Forderung nicht schon vor Klageerhebung anerkannt und erfüllt zu haben.

Nicht nur im Klageverfahren ist jetzt der mediative Ansatz deplatziert, sondern bei der vorstehenden Konstellation auch bereits im Vorfeld des juristischen Verfahrens. Der Leser kann sich schon gut vorstellen, wie die Gegenseite reagieren würde: Etwa: »Sehr geehrte Frau Kollegin oder sehr geehrter Herr Kollege, wir wären Ihnen dankbar, wenn Sie die Anspruchsgrundlage für das Ansinnen Ihres Mandanten benennen könnten!«

Ich verlasse nun die Probleme der elterliche Sorge, denn bei den in Trennung und Scheidung befindlichen Partnern gibt es wahrlich genügend anderen Zündstoff, den es durch die Mediation zu entschärfen gilt, vor allem mit der hier angesprochenen Methode.

Nach meiner Erfahrung ist der häufigste Scheidungsgrund nicht darin zu sehen, dass die Ehepartner sich nicht mehr wie einst als Liebende fühlen, sie sind meistens Realisten genug, um sich hiermit abzufinden. Was die Ehe zerstört, ist vielmehr das Gefühl, dass dem Ehepartner nicht mehr die Achtung und Wertschätzung entgegengebracht wird, wie sie selbst Dritten, außerhalb der Ehe stehenden Personen gegenüber mit einer Selbstverständlichkeit gezeigt wird. Ein häufiges Stereotyp lautet: »Wissen Sie, wenn mein Ehepartner so höflich und respektvoll mit mir umgehen würde, wie er/sie mit dem Nachbarn, Hausmeister, Briefträger u. Ä., wäre die Welt in Ordnung.«

Fall 5: Die Eigentumswohnung
Ein Ehepaar lebte mit seiner gemeinsamen sechsjährigen Tochter in einer ihnen gehörenden ca. hundert Quadratmeter großen Eigentumswohnung in bevorzugter Wohnlage einer Großstadt. Die Ehe kriselte, der Ehemann zog irgendwann aus und wohnte nun bei seiner neuen Lebensgefährtin. Als sich die Scheidung abzeichnete, konzentrierte sich der Schwerpunkt des Streites der Parteien auf die Frage, ob der Ehemann bereit sei, seinen hälftigen Miteigentumsanteil auf die Ehefrau zu übertragen. Dessen Absicht war, dass die Wohnung verkauft werde. Die Ehefrau wollte unbedingt mit der Tochter in der Wohnung bleiben und setzte alles daran, den hälftigen Miteigentumsanteil des Ehemannes zu erwerben. Viele nur denkbare »Finanzierungsklimmzüge« wurden unternommen. Alle Berechnungen zeigten jedoch, dass bei einem Kauf des Anteils des Ehemannes der Ehefrau zu geringe Barmittel verbleiben würden, um ihren Lebensunterhalt zu bestreiten.

Auch eine Vermietung des Anteils des Ehemannes an die Ehefrau scheiterte an der zu hohen Mietforderungen des Ehemannes, da das Eigenkapital bei der Finanzierung der Wohnung zu gering gewesen war und sich somit die monatliche Belastung als zu hoch erwies. Es ist sicher nicht übertrieben, wenn man von einer Fixierung der Ehefrau auf den Erwerb des Anteils ihres Mannes spricht. Als diese Frage in der Mediation thematisiert wurde, hatte die Ehefrau genug Zeit, in Ruhe den Grund ihres unbedingten Wunsches nach dem Alleineigentum an der Immobilie erklären. Sie zählte eine Vielzahl von Vorteilen auf, unter anderem, dass sich der Kindergarten in unmittelbarer Nähe befinde, ebenso die Schule, in die die Tochter in Kürze eingeschult werde. Auch sei die Wohngegend sehr ruhig und ein schöner Kinderspielplatz sowie ihre Arbeitsstelle bequem zu Fuß erreichbar. Im weiteren Verlauf des Gesprächs stellte sich jedoch heraus, dass es der Ehefrau eigentlich nicht unbedingt um einen Eigentumserwerb ging. Sie hatte nur Angst vor einem Wohnortwechsel, weil sie befürchtete, bei allen anderen Wohnungen nicht die zahlreichen Vorteile ihrer jetzigen vorzufinden. Mit dieser Erkenntnis war es nur noch ein kleiner Schritt zu einer *an ihren wirklichen Bedürfnissen orientierten* Lösung. Sie wurde ebenfalls mittels Brainstorming erreicht. Von den zahlreichen Vorschlägen kamen zwei in die Endrunde, und zwar der Verkauf der Wohnung an einen Kapitalanleger bei gleichzeitigem Verbleib der Ehefrau in der Wohnung als Mieterin sowie das Anmieten einer Wohnung im gleichen Häuserblock. Die zweite Alternative brachte die Lösung. Die Ehefrau setzte sich mit der zuständigen Hausverwaltung in Verbindung und erfuhr, dass in etwa einem halben Jahr eine etwas kleinere Wohnung im Nachbarhaus angemietet werden könne. Die zeitliche Überbrückung bis dahin war möglich und das Problem der Ehefrau gelöst.

Ihre wichtigsten und tatsächlichen Anliegen konnte die Ehefrau durch das Anmieten einer Wohnung in dem Nachbarhaus erreichen. Da unser Mietrecht so ausgestaltet ist, dass das Mietverhältnis bis auf wenige Ausnahmen so gut wie unkündbar ist, konnte sie durchaus auf die Rechtsposition verzichten, Alleineigentümerin der Ehewohnung zu werden. Die alleinige Konzentration auf die Rechtsposition hatte aber derart dominiert, dass realisierbare Vorstellungen und Ideen, die den Bedürfnissen der Ehefrau entsprochen hätten, keine Chancen zur Entfaltung gehabt hatten.

Werfen wir auch hier einmal einen Blick hinüber zu unseren herkömmlichen Kollegen und schauen, wie sie (wohl) in einem vergleichbaren Fall gehandelt hätten.

Wäre nach Ausschöpfen aller wechselseitig vorgetragenen Argumente keine Einigung erzielt worden, hätte der

Herr Kollege und Vertreter des Ehemannes Zuflucht zu dem Gesetzestext genommen. Dieser erschöpft sich in dem vorliegenden Fall darin, dass die Immobilie zwangsversteigert wird. Sinngemäß hätte sich der Anwalt des Ehemannes mit folgender Drohung an den Bevollmächtigten der Ehefrau gewandt: »Sollte ihre Mandantin nicht bis zum ... mit einer Veräußerung der Eigentumswohnung einverstanden sein, so bin ich beauftragt worden, ohne weitere Ankündigung die Zwangsvollstreckung einzuleiten.« Dies ist die einzige Möglichkeit, die das Gesetz dafür parat hat. Es ist die schlechteste aller Lösungen. Welche unbeschreiblichen Tragödien sich bei Zwangsversteigerungen abspielen, kann der Leser nahezu täglich Zeitungsberichten entnehmen.

Verzichtet man darauf, kaum realisierbare Rechtspositionen (hier Eigentum) zu verfolgen, eröffnen sich Möglichkeiten, Lösungen mit im Wesentlichen gleichen Inhalten (Nutzungsmöglichkeit als Mieter) zu finden.

Fall 6: Die Millionärsgattin

Ein Ehepaar hatte sich seinen Traum verwirklicht, nämlich sich mit dem fünfundvierzigsten Lebensjahr des Ehemannes und dem fünfunddreißigsten der Ehefrau an ein romantisches Fleckchen Südeuropas zurückzuziehen. Das Vermögen des Ehemannes ermöglichte ihnen ein Leben ohne Sorgen. Die Geburt eines Sohnes krönte das Glück. Nach einigen Jahren, der Junge war inzwischen fünf, geriet die Ehe in eine schwere Krise. Ein Grund bestand darin, dass die Ehefrau schnell die Landessprache erlernte und die meisten Aktivitäten zur Bildung und Erweiterung eines Freundeskreises von ihr ausgegangen waren. Der Ehemann war überwiegend mit der Ausübung seiner Hobbys beschäftigt, die nicht mit der Pflege sozialer Kontakte verbunden war. Andere Gründe, die zu einer Verarmung der Ehe und schließlich zu der genannten Krise führte, spielen für die weitere Betrachtung dieses Falles keine Rolle. Schließlich begehrte die Ehefrau die Trennung, die der Ehemann ohne Weiteres akzeptierte, jedoch mit dem Vorbehalt, dass das Kind bei ihm bleibe. Dies kam für die Ehefrau keinesfalls in Frage. Die Sache eskalierte und die Frau sah sich genötigt, unter dem Vorwand einer besseren medizinischen Betreuung des Kindes, kurzfristig wieder nach Deutschland zurückzukehren. Hier angekommen, teilte sie dem Ehemann mit, dass sie nicht zu mehr zu ihm zurückkehren werde.

Unter anderem wegen behördlicher Besonderheiten war das Familiengericht in der Großstadt, in der die Ehefrau sich eine Wohnung angemietet hatte, zuständig. Der Ehemann bestand auf die sofortige Rückkehr seines Sohnes, die Ehefrau auf einen aus der Sicht des Ehemannes utopisch anmutenden hohen Unterhalt. Die Ehefrau konnte den Familienrichter davon überzeugen, dass der Vater das Kind nicht wieder nach Deutschland zurücklassen würde, sobald es zum Zwecke der Betreuung durch den Vater in die Wahlheimat fliegen würde. Der Ehemann musste folglich stets anreisen, um Kontakt mit dem Kind zu pflegen, und war hier auf den misslichen Umstand angewiesen, sich mit seinem Sohn überwiegend in Hotels treffen zu müssen.

Da die Ehefrau keine konkreten Angaben zur Höhe der Einkünfte des Ehemannes machen konnte, verlangte sie einen Unterhalt, der dem Lebensstandard der Ehepartner in der Wahlheimat entsprach: große Villa, prächtiger parkähnlicher Garten, Swimmingpool, Gärtner, Haushälterin und Kindermädchen. Um den Unterhalt letztlich doch konkret beziffern zu können, hatte der Ehemann im gerichtlichen Verfahren Auskunft über sein Vermögen und seine Einkünfte zu erteilen. Der Familienrichter setzte im Rahmen eines Eilverfahrens einen für die Ansprüche der Ehefrau entschieden zu geringen Unterhalt fest. Da sie damit einen nach ihren Vorstellungen angemessenen Lebensunterhalt nicht bestreiten konnte, musste sie ihr erspartes Vermögen einsetzen und Unterstützungsleistungen ihrer Eltern in Anspruch nehmen.

Allein das Auskunftsverfahren zog sich länger als eineinhalb Jahre (!) hin. Da der Ehemann sich weiterhin weigerte, Auskunft zu erteilen, wurde ein Anwalt aus der Wahlheimat eingeschaltet, um die Durchsetzung der gerichtlichen Entscheidung zu beschleunigen. Ein weiteres halbes Jahr zog ins Land, ohne dass etwas passierte. Inzwischen war auch das Scheidungsverfahren anhängig. Als sich der Ehemann einmal wieder in Deutschland aufhielt, um mit seinem Kind ein Wochenende zu verbringen, erfuhr er von dem Konfliktlösungsmodell der Anwaltsmediation. Kurzfristig wurde ein Termin vereinbart. Schon auf die erste Frage, nämlich ob zuerst der Unterhalt oder die Frage der Betreuung des Kindes durch den Vater zu regeln sei, konnten sich die Eheleute nicht einigen. Die Stimmung war derart feindselig, dass ich sofort ein Einzelgespräch vorschlug. Wie zumeist, so begann auch hier die Ehefrau.

Ich ließ sie ausführlich die Entwicklung schildern, die sie zum fluchtartigen Verlassen ihrer Wahlheimat bewogen hatte. Ebenso gab ich ihr Gelegenheit, ihr jetziges Leben und ihren Lebensentwurf für die weitere Zukunft eingehend zu schildern. Über die letzte Frage war sie äußerst erstaunt und gab zu, sich hierüber eigentlich noch keine großen Gedanken gemacht zu haben, da sie ihre volle Konzentration auf die Bewältigung ihres Alltags gelenkt habe. Wegen der geringen Unterhaltsleistungen habe sie eine berufliche Tätigkeit aufnehmen müssen, komme aber finanziell vorne und hinten nicht zurecht. Und plötzlich war sie selbst sehr erstaunt darüber, dass sie einen Wunsch äußerte, der ihr zuvor so deutlich nicht bewusst gewesen war: Sie wollte wieder zurück in ihre Wahlheimat und dort mit ihrem Jungen leben, auch nach der Scheidung. Sie ergänzte, dass sie wohl diese Lebensperspektive nicht weiterspinnen könne, denn sie befürchte, dass die Rechte ihres Mannes bezogen auf das Kind dort größer seien als in Deutschland und er möglicherweise das Kind schon bei seinem ersten Umgang nicht mehr herausgeben werde. In dem sich anschließenden Gespräch mit dem Ehemann zeigte sich dieser hoch erfreut über die unerwartete Wende des Prozesses und erklärte, er sei bereit, ihr, der Ehefrau, einen Unterhalt zu zahlen, der ihr in dem Heimatland ein angemessenes Auskommen garantiere. Auch die Bedingungen des Umgangs des Ehemanns mit dem Kind in der Wahlheimat wurden mit den dort ansässigen Anwälten zur Zufriedenheit der Ehefrau geregelt.

Die seinerzeitige spontane Rückkehr nach Deutschland und das gerichtliche Geltendmachen des Unterhalts waren für die Ehefrau eine Notlösung gewesen, die sie aus innerer Verzweiflung heraus gewählt hatte. Spätestens als das gerichtliche Verfahren sich zu einer Art Dauerzustand entwickelte, war klar, dass dies nicht ihrem wirklichen und tieferen Willen entsprach. Für ihren Anwalt jedoch war sie nun einmal in Deutschland und wollte Unterhalt. Es gab also keine Veranlassung für ihn, zu fragen oder zu hinterfragen, *ob dies ihr wirklicher Wille sei* und auch ihrer Lebensperspektive entspräche. Diese Fragen gehören nun einmal nicht in das justizielle Verfahren und werden hier folglich auch nicht thematisiert.

Die Mediation ermöglicht das zeitnahe Erkennen und die sorgfältige Überprüfung von Entscheidungen vor allem dann, wenn sie in einem seelischen Ausnahmezustand getroffen worden sind und häufig als nur vorübergehend gewählte Notlösung nicht dem wirklichen, dauerhaften Willen entsprechen. Der Mediator erkennt dies oft früher als die Betroffenen selbst und kann allein durch entsprechende Fragestellungen eine Wende verfahrener Situationen einleiten. Bei diesem Fall kehrte sich die von der Ehefrau angedachte Reihenfolge um. Sie wartete nicht zuerst die Entscheidung des deutschen Gerichts ab, um dann zu sehen, wie es weitergehe, vielmehr machte eine kreative Lösung die Fortsetzung des Prozesses überflüssig.

Fall 7: Das lange Adoptionsverfahren
Während die vorstehenden Fälle im Rahmen der Mediation gelöst wurden, freilich mit Ausnahme des dritten Falles (Kindesentführung), wo die mediativen Gedanken erst nach Abschluss des (verlorenen) Prozesses ihre Wirkung entfalteten, möchte ich jetzt einen Fall schildern, bei dem im herkömmlichen Verfahren eine bitterböse Auseinandersetzung zwischen den Parteien in vollem Gange war, die vom Gericht nur mit einem Entweder-oder-Urteil hätte entschieden werden können.

Die Mutter hatte ihr Kind sofort nach der Geburt zur Adoption freigegeben. Das Adoptionsverfahren zog sich gleichwohl unangemessen in die Länge. Das Kind war in der Zwischenzeit in der Pflegefamilie gut aufgehoben und hatte zu seinen »Geschwistern« ein äußerst liebevolles und herzliches Verhältnis entwickelt. Die Mutter erfuhr jedoch eines Tages, dass die Eltern der Pflegefamilie sich getrennt hatten und deren Scheidung bevorstand. Ihr Anliegen war verständlich. Sie wollte die Adoption ihres Kindes unter diesen veränderten Bedingungen nicht mehr akzeptieren und widerrief daher ihre früher gegebene Zustimmung. Ihre Rechtsposition war stark. Gericht und Jugendamt hatten bereits signalisiert, dass die Pflegemutter den Prozess wohl verlieren würde. Mein Mandat war eindeutig: Ich sollte für ein Verbleiben des Kindes bei ihr kämpfen. Sie sei sich mit ihrem (Noch-)Ehemann einig, dass ihre leiblichen Töchter weiterhin bei ihr wohnen würden und deshalb auch der Bub mit seinen »Geschwistern« bei ihr aufwachsen solle. Sie hatte sich schon darauf eingestellt, alle nur denkbaren schlimmen Dinge bei Gericht vorzutragen, die die Fähigkeit der leiblichen Mutter, für das Kindeswohl zu sorgen, in Frage stellen, wenn nicht sogar widerlegen sollten. Zu diesem Zweck hatte sie zahlreiche, die leibliche Mutter diskreditierende Punkte auf einer Liste notiert, und zwar ergänzend zu jenen Verunglimpfungen, die sie bereits bei Gericht vorgetragen hatte. Ich musste mich also auf ein schwieriges und langfristiges Verfahren einstellen. Mir war aus der Rechtsprechung ein Fall in Erinnerung, der gewisse Parallelen mit dem hiesigen aufzeigte und erst nach sieben Jahren (!) entschieden worden war.

Was tun? Ich führte zunächst ein sehr ausführliches Gespräch mit meiner Mandantin. Allmählich erkannte ich, dass alles, was sie bei Gericht vorgetragen hatte, nicht ihrem ethischen Menschenbild und ihrem eigentlichen Willen entsprach. Sie stand unter dem Zwang, Negatives über die Mutter äußern zu müssen. Sie befürchtete – nicht ohne Grund – andernfalls den Prozess und damit den Jungen zu verlieren. Diese neu gewonnene Erkenntnis hatte mich ein ganzes Wochenende über beschäftigt, schließlich kam ich auf eine für mich selbst überraschende, realistisch erscheinende Lösungsidee. Ich fragte meine Mandantin, ob sie sich folgenden, auf die Zukunft bezogenen Lösungsansatz vorstellen könne: Im Alter von acht bis zehn Jahre des Jungen würde sie ihm in einer ruhigen und vertrauensvollen Atmosphäre eröffnen, dass seine »Lieblingstante«, zu der er ein besonders inniges und seelenvolles Verhältnis habe, seine leibliche Mutter sei. Er möge sich allmählich mit diesem Gedanken vertraut machen und dann sein Herz sprechen lassen. Er könne zu seiner Mutter ziehen, wann immer er wolle. Wie er sich auch entscheide, ihre Liebe zu ihm würde stets erhalten bleiben. Er könne sich gewiss sein, dass er sie nicht verlieren, sondern seine leibliche Mutter hinzugewinnen werde. Seine »Geschwister« könne er ohnehin sehen, so oft er nur wolle.

Meine Mandantin sah mich eher entgeistert als erfreut an: »Soll das bedeuten, dass ich den Jungen mit so viel Liebe aufziehe, um ihn dann zu verlieren? Das können Sie von mir nicht im Ernst verlangen!« Von einem Verlieren könne nicht im Mindesten die Rede sein, entgegnete ich und gab zu bedenken, dass doch noch völlig offen sei, ob der Junge sich eines Tages tatsächlich dafür entscheiden würde, bei seiner leiblichen Mutter zu leben und bei ihr zu bleiben. Wenn es aber seinem Wunsch entspräche, zur Mutter zu ziehen, würde sie sich doch mit dem Gedanken trösten können, dass es dem Buben gut gehe und sie – wenn ihr Verhältnis zu ihm von Liebe und Vertrauen geprägt sei – eine enge Vertrauensperson für ihn bleiben werde.

An den entgleisenden Gesichtszügen meiner Mandantin konnte ich ablesen, dass sie sich mit diesem Gedanken nicht vertraut machen konnte, jedenfalls nicht spontan. In den Fragen, die sie nun an mich richtete, vernahm ich einen Unterton, als wollte sie sagen: »Auf welcher Seite stehen Sie eigentlich?« Und dann platzte es aus ihr heraus: »Wenn ich Sie richtig verstanden habe, soll ich praktisch auf das Kind verzichten und es eines Tages in sein Unglück rennen lassen? Ich kann mir beim besten Willen nicht vorstellen, dass er es woanders besser haben soll als bei mir. Im Moment ist es jedenfalls wider jede Vorstellung, dass der von ihnen vorgeschlagene Weg für mich akzeptabel ist.«

Viele Gespräche fanden in den folgenden Wochen statt und immer wieder kreiste die Frage um denselben kritischen Punkt: Würde sie die psychische und menschliche Kraft haben, ein solches Wagnis einzugehen, ihre ganze Liebe dem Kind zu geben, um es seelisch auf eine Trennung von ihr und zugleich auf seine leibliche Mutter vorzubereiten? Eines Tages war es soweit: Die Pflegemutter erklärte mir, auch wenn es ihr noch so weh tue, sie wolle es versuchen. Ich teilte dieses mit der Pflegemutter nach hartem Ringen erarbeitete Konzept dem Familiengericht mit und bat um Einholung eines entsprechenden psychologischen Gutachtens. Das Gericht erließ den Beweisbeschluss. Das Gutachten wurde im Sinne unseres Konzeptes erstellt.

Bemerkenswert war vor allem ein Satz in diesem Gutachten: »Es erfordert außerordentliche menschliche Kräfte von der Pflegemutter, diesen sehr anspruchsvollen Weg zu gehen.« Entsprechend dem Gutachten fiel auch der richterliche Beschluss aus: Der Bub durfte bei der Pflegemutter bleiben, allerdings sollte der Junge im schulfähigen Alter eine Entscheidung treffen können, ob er zur leiblichen Mutter wolle.

Die folgenden Monate verliefen ganz im Sinne des ungewöhnlichen und gewagten Planes. Die leibliche Mutter wurde als »Tante« behutsam und liebevoll an den Buben herangeführt. Es entstand sogar ein herzliches Verhältnis zwischen den beiden Müttern. Geburtstage und sonstige Feiertage wurden zusammen begangen. Stundenweise holte die leibliche Mutter den Jungen auch zu gemeinsamen Unternehmungen ab. Zwischen ihnen entwickelte sich schließlich das gewünschte liebevolle Verhältnis. Der leiblichen Mutter blieb aber nicht verborgen, wie sehr der Bub sich freute, wenn sie ihn wieder zurückbrachte, wie sehr er letztlich doch seine Geschwisterchen vermisste und wie sehr er ihnen fehlte.

Eines Tages, es war noch nicht einmal ein Jahr vergangen, rief mich die Pflegemutter an. Sie sagte, sie müsse mir etwas Wichtiges mitteilen. Ich war auf das Schlimmste vorbereitet. Doch es kam ganz anders. Denn die leibliche Mutter hatte anlässlich eines gemeinsam verbrachten Weihnachtsfeiertags zur Pflegemutter gesagt, sie – die leibliche Mutter – spüre ganz tief in ihrem Herzen, wie sehr der Bub schon mit der Familie der Pflegemutter verwurzelt sei und dort seine seelische und körperliche Heimat gefunden habe. Sie könne sich nicht mehr vorstellen, dass sie ihrem Buben etwas Besseres bieten könne, als er in der Geborgenheit seiner Pflegefamilie erlebe; genau genommen Pflegerestfamilie, denn die räumliche Trennung von Pflegemutter und Ehemann war inzwischen schon vollzogen. Bestenfalls etwas Gleichwertiges, keinesfalls etwas Besseres. Damit war auch ihre innere Entscheidung getroffen. Sie erklärte, sich ebenso behutsam von dem Buben zu lösen, wie sie anfänglich die Annäherung zu ihm gesucht hatte. Sie wollte dem Glück des Jungen nicht im Wege stehen; ihre Entscheidung stehe fest, sie gebe ihre Einwilligung zur Adoption. Der formale Abschluss des Adoptionsverfahrens ging schnell über die Bühne.

Zunächst waren alle Gedanken der Pflegemutter auf die Entscheidung des Gerichts gerichtet gewesen. Nach den anfangs von beiden Parteien streitig gestellten Anträgen konnte diese nur auf ein Entweder-oder hinauslaufen. Der tiefer liegende Wunsch der Pflegemutter war aber nicht, zu siegen, um den Titel »Adoptivmutter« zu tragen, vielmehr sehnte sie sich danach, dass das Kind bei ihr und den Töchtern blieb. Sie glaubte aber irrtümlicherweise, dies eben nur mit einer Rechtsposition (Adoption) erreichen zu können.

Wird einmal das gerichtliche Raster eines Entweder-oder verlassen, das ja in aller Regel auch mit einem Jetzt und Hier verbunden ist, eröffnen sich Lösungsmöglichkeiten, die zu erarbeiten der herkömmliche Jurist nicht das Handwerkszeug hat. Ihm würden solche Lösungsansätze deshalb nicht einmal im Traume einfallen. Eine kühne Behauptung, gewiss, sie entspricht aber meiner Erfahrung.

Fall 8: Anna oder »Wie sag ich's meiner Mutter«

Anlässlich eines Einzelgesprächs im Rahmen der Mediation wurde die Ehefrau von ihrer sechsjährigen Tochter begleitet. Kurz bevor sich beide verabschiedeten, fragte das Mädchen seine Mutter scheinbar völlig zusammenhanglos, wann sie sich endlich die Haare kurz schneiden lassen dürfe. Der Mutter schien die Frage fehl am Platze und sie antwortete, dass sie dies jetzt nicht mit ihr besprechen werde. Die Tochter ließ aber nicht locker, sodass sich folgendes Gespräch entwickelte:

MUTTER: Ich habe dir schon oft genug gesagt, dass ich es viel zu schade fände, wenn du die Haare kurz trägst. Ich verstehe nicht, warum du dir deine wunderschönen langen Haare kurz schneiden lassen willst.

ANNA: Weil ich es will!

MUTTER: Schau mal, was für tolle Frisuren wir mit deinem langen Haar machen können.

ANNA: Aber ich will kurze Haare.

MUTTER: Die schönen Zöpfe könntest du dir mit kurzen Haaren aber nicht mehr machen!

ANNA (nun mit einem etwas bockigem Ton): Is' mir egal.

So ging es noch eine Weile hin und her, sodass ich die Mutter fragte, ob ich einmal mit ihrer Tochter sprechen dürfe, was sie mit »selbstverständlich« bejahte. Die wichtigsten Passagen dieses Gesprächs im Originalton:

Mediator: Anna, ich habe gehört, dass du kurze Haare haben möchtest, stimmt das?

Anna: Jaaaaaaaaa!

Mediator: Vielleicht hat deine beste Freundin auch so kurze Haare? Und du möchtest so aussehen wie sie?

Anna: Nein.

Mediator: Vielleicht gibt es im Fernsehen ein Kind, das kurze Haare hat, und dir gefällt diese Frisur so gut?

Anna: Nein.

Mediator Dann gibt es bestimmt einen ganz besonderen Grund, warum du deine Haare kurz schneiden möchtest, aber das ist dein Geheimnis, stimmt's?

Anna: Jaaaaaaaaa!

Mediator: Lass mich doch einmal raten. Du schwitzt im Sommer mit deinen langen Haaren, und deshalb willst du sie kurz haben?

Anna: Nö, das macht mir nix aus!

Mediator: Dann fallen dir die langen Haare vielleicht oft ins Gesicht, und du kannst dann kaum noch etwas sehen.

Anna: Hab ja Spangen!

Mediator: Dann gefällt dir auch sicherlich nicht Rapunzel, denn die hat ja die Haare noch viel länger als du.

Anna: Das Märchen gefällt mir, aber ihre Haare finde ich viel zu lang.

Mediator: Ich mag Geheimnisse und Rätsel. Aber das Rätsel, warum du kurze Haare möchtest, ist für mich viel zu schwer zu lösen. Ich glaube es ist das schwerste Rätsel auf der ganzen Welt.

Anna: Ich weiß nicht. Eigentlich ist es ja gar nicht schwer.

Mediator: Aber Geheimnisse darf man nicht weitererzählen, stimmt's?

Anna: Manchmal erzähle ich sie aber schon weiter.

Mediator: Ich glaube, dass ich das Rätsel nie lösen kann. Aber vielleicht möchtest du mir helfen, es zu lösen.

Anna: Also gut, ich sag's dir, aber Mama muss rausgehen.

Die Mutter geht mit den Worten raus: »Na gut, wenn du es unbedingt willst«. Anna geht zur Tür und schaut, ob sie auch richtig geschlossen ist. Dann geht sie zum Mediator zurück und flüstert ihm ins Ohr:

»Weißt du, wenn Mama mir die Haare macht, tut es immer so furchtbar weh, und manchmal muss ich richtig weinen. Mama sagt aber immer, das tut gar nicht weh. Aber das stimmt nicht.«

Anna hatte es aufgegeben, ihrer Mutter klarmachen zu wollen, dass es ihr wirklich weh tat, wenn ihre Mutter versuchte, sie zu frisieren. Sie suchte jetzt nach einer Lösung, um die Schmerzen zu vermeiden. Dies wollte sie ihrer Mutter vermitteln, ohne ihr aber einen Vorwurf zu machen. Stellen wir uns einmal vor, die Mutter hätte mich in dieser Frage als Juristen zu Rate gezogen. Das Einzige, was ich ihr hätte antworten können, wäre gewesen, dass sie als Sorgeberechtigte selbstverständlich das Recht habe zu entscheiden, welche Frisur ihre Tochter trage. Gegebenenfalls hätte ich noch hinzufügen mögen, dass ich einmal die Rechtsprechung durchforsten wolle, um herauszufinden, ab welchem Alter einem Kind ein Mitspracherecht bei der Gestaltung seiner Frisur eingeräumt werde, inwieweit also die Rechtsprechung den Konflikt einer Kollision zwischen Artikel 2 des Grundgesetzes (Recht auf Entfaltung der freien Persönlichkeit) und Fragen der lokalen Ausgestaltung des Sorgerechts zu lösen gedenkt. Und dies alles nur wegen des Fehlens einer weichen Haarbürste! Gelingt es uns nicht, mit unseren sprachlichen Mitteln bei einem Partner (oder bei anderen uns nahe stehenden Menschen) etwas zu erreichen, besteht die Gefahr, Notlösungen in Kauf zu nehmen, die dem anderen zu vermitteln uns zwar leichter fällt, bei denen jedoch das Opfer manchmal unverhältnismäßig groß ist. Anders ausgedrückt: Bisweilen fehlt die Kraft, Wünsche und Vorstellungen mit sprachlichen Mitteln weiter zu verfolgen. Dies kann zu einer resignierenden Haltung und zu der Gefahr führen, Notlösungen zu akzeptieren, die womöglich dem anfänglich Gewollten diametral gegenüberstehen.

Fall 9: Der Rentner-Fall oder »Wie sag ich's meinem Kinde?«
Ein Ehemann suchte mich in meiner Kanzlei auf und erklärte, er wolle sich scheiden lassen. Das mit seiner Frau sei nicht mehr das Wahre, obwohl er schon dreiunddreißig Jahre mit ihr verheiratet sei. Dass die Ehe nicht mehr stimme, fühle er ganz besonders immer am Ende eines jeden Wochenendes, weil er sich dann auf den Beginn des Arbeitstages mehr freue als darauf, weitere Zeit mit seiner Frau zu verbringen bzw. verbringen zu müssen. Er sehne regelrecht den Montag herbei. Es sei zwar schlimm, dass er dies sagen müsse, aber allein der Gedanke, längere Zeit mit seiner Frau zu verbringen als bisher, sei für ihn unerträglich. Nun stehe er kurz vor seinem Ruhestand und er könne sich natürlich vorstellen, was ihn da erwarte, nämlich, dass seine Frau von früh bis spät um ihn herum sei. Allein diese Vorstellung verursache bei ihm schon ein großes Unbehagen.

Ich stutzte, denn nur wenige Tage zuvor hatte ich nahezu dasselbe, allerdings mit umgekehrtem Vorzeichen von einer Mandantin gehört. Sie hatte erklärt, sie sehe mit Graus dem bevorstehenden Ruhestand ihres Ehemannes entgegen. Weil die Ehefrau einen Doppelnamen führte und sie (möglicherweise) im Vorgriff auf eine Scheidung den Namen ihres Mannes bereits weggelassen hatte, war bei der Terminabsprache mit dem Ehemann zunächst nicht erkennbar, dass es sich hier um ein und dasselbe Ehepaar handelte!

Ich war nun in einer Zwickmühle. Einerseits durfte ich dem Ehemann nicht mitteilen, dass ich bereits seine Ehefrau vertrete (Schweigepflicht!), andererseits konnte ich aber den Ehemann nicht beraten (Interessenkonflikt!). Elegant konnte ich aus dieser Zwickmühle nur deshalb kommen, weil ich dem Ehemann zu überlegen gab, ob nicht das Mediationsverfahren das Richtige für ihn sei. Ich erläuterte ihm ausführlich die Anwaltsmediation, ohne in eine Rechtsberatung einzutreten. Zufrieden verließ er die Kanzlei. Ich konnte ihm das Mediationsverfahren, ohne die Existenz der Mandatserteilung seitens seiner Ehefrau zu enthüllen, ohne Weiteres aus folgendem Grund empfehlen: Würde er nämlich mit seiner Frau dieses Verfahren wählen, wäre mein mandantschaftliches Verhältnis mit der Ehefrau beendet bzw. es würde für die Zeit der Mediationsdauer ruhen. Wir erinnern uns: Eine Mediation mit dem Ehepaar kam für mich nicht mehr in Frage, denn ich hatte ja bereits die Ehefrau im Rahmen des herkömmlichen Verfahrens beraten!

Noch bevor der Ehemann mit seiner Frau über die Mediation hat sprechen können, erreichte mich ein Briefentwurf meiner Mandantin, dessen Inhalt ich bei dem ersten Termin mit ihr abgestimmt hatte. Er lautete:

»Lieber …,

wir sind lange genug verheiratet, sodass ich das, was ich jetzt auf dem Herzen habe, Dir eigentlich persönlich sagen müsste. Ich habe aber die Briefform gewählt, weil ich mir sorgfältigere Gedanken machen muss, als dies in einem Gespräch möglich wäre. Es geht um Folgendes: Du stehst kurz vor Deinem Ruhestand, den Du Dir, so fleißig Du in Deinem Leben immer warst, wirklich verdient hast. Nun kenne ich Dich ja lange genug, um zu wissen, dass Du nicht ein Mensch bist, der zuhause sitzt und Däumchen dreht. Und so denke ich mir, dass Du Dich jetzt intensiver um Deine Hobbys kümmern kannst. Ich selbst habe ja auch einen bestimmten Tagesrhythmus und -ablauf, sodass ich Dir nicht böse bin, wenn die Zeit, die wir miteinander verbringen, eigentlich auch nicht größer ist, als wenn Du weiter zur Arbeit gehen würdest. Außerdem habe ich schon lange den Wunsch, Bridge spielen zu lernen, und so habe ich mich für einen solchen Kurs angemeldet, der zwei Mal in der Woche stattfindet. Wenn mir dieses Spiel so viel Freude macht, wie ich es mir vorstelle, werde ich wohl noch öfter aus dem Haus sein. Lass uns doch einmal drüber reden. Wir sind nun schon so lange verheiratet, und ich glaube, wir werden für den neuen Lebensabschnitt, der mit Beginn Deines Ruhestandes eingeleitet wird, sicher einen guten Weg für uns beide finden, dass wir uns beide nicht allzu sehr »auf die Pelle rücken«. Es ist ja leider so, dass wir nicht genügend gemeinsame Hobbys haben. Wir können trotzdem unser Leben in Deinem Ruhestand so gestalten, dass sich in unserem Tagesablauf eigentlich gar nicht viel ändert, nur dass Du anstatt zu arbeiten, eben Deinen Hobbys und sonstigen Beschäftigungen nachgehst. Liebe Grüße. …«

Ich konnte meiner Mandantin mit gutem Gewissen raten, den Brief abzuschicken. Zu Beginn des Ruhestands der Ehepartner ist es zumeist nur eine Frage der Zeit, bis sie sich an die neuen Lebensumstände gewöhnt bzw. sich hierauf eingerichtet haben. Es entspricht auch meiner Erfahrung, dass bei Ehen von derart langer Dauer ein Abwägen aller Für und Wider zumeist nicht zu einer Trennung, geschweige denn zu einer Ehescheidung führt.

Der wirkliche Wille beider Ehepartner ging dahin, nicht mehr Zeit als bisher mit dem anderen zu verbringen. Sie glaubten beide zunächst, dass dies nur mit einer Trennung bzw. Scheidung möglich sei. Ihr eigentliches Anliegen war aber, von Beginn des Ruhestandes an eine neue zeitliche Struktur ihres Zusammenlebens zu etablieren. Das Problem reduzierte sich letztlich auf die Frage: Wie sage ich es meinem »Kinde«?

Die vermeintliche Unfähigkeit der Ehepartner, ihre Wünsche und Vorstellungen so zu äußern, dass sie den anderen nicht verletzen (oder aber, weil sonst unliebsame und fruchtlose Diskussionen befürchtet werden), führt nicht selten zu Entscheidungen, die eigentlich nicht gewollt sind.

Statt ein mit relativ geringen Irritationen verbundenes Bedürfnis nach Umgestaltung des Ehealltags dem anderen Ehepartner auf verständnisvolle Weise zu vermitteln, werden Entscheidungen getroffen, die zu völlig veränderten, eigentlich nicht gewollten Lebenssituationen und -umständen führen.

Ich möchte auch an diesem Beispiel den Unterschied zwischen dem herkömmlichen Verfahren und der Mediation deutlich machen: In dem Ratschlag, den ich der Ehefrau erteilt hatte, nämlich einen Brief an ihren Ehemann zu schreiben, nachdem sie ein Gespräch mit ihrem Mann über das Problem als nicht Erfolg versprechend ansah, lag bereits ein gewisses mediatives Element. Die Anwaltsmediation hätte jedoch im konkreten Fall das Problem für beide Ehepartner noch verständlicher herausgearbeitet und sie bei der Lösungsfindung aktiv unterstützt. In diesem Fall war gleichwohl zu erwarten, dass der mit dem Brief eingeleitete Impuls ausreichen würde, gemeinsam und ohne eine weitere Hilfe von Dritten eine eigene Lösung zu finden. Dafür sprach auch, dass sie sich schon dreiunddreißig Jahre in ihrer Ehe zusammengerauft und sicher schon schwierigere Probleme gemeistert hatten.

Hätte demgegenüber einem Anwalt im herkömmlichen Sinn ein Vorwurf gemacht werden können, wenn er den Wunsch seiner Mandantin, sich von ihrem Ehemann zu trennen, für bare Münze genommen und diesen Wunsch durch seinen rechtlichen Rat gefestigt hätte, wie die Trennung juristisch wirksam zu vollziehen sei? Möglicherweise nicht. Der Anwaltsmediator hingegen weiß, in welcher häufig kaum vorstellbaren unsicheren Situation sich der Mandant befindet und dass dieser oft nicht den Mut hat oder in der Lage ist, dies einzugestehen. Ausgeprägtes Einfühlungsvermögen hilft zu erkennen, wie oft Ehepartner sich bemühen, die beschriebene innere Unsicherheit (wie es weitergehen soll) mit einem entschiedenen oder gar resoluten Auftreten nach außen hin auszugleichen.

Während die Reihenfolge der Beispiele relativ willkürlich gewählt ist, habe ich Fall 8 (Anna-Fall) bewusst dem Fall 9 (Rentner-Fall) vorangestellt. Dies deshalb, weil die Verhaltensweise des Kindes in einer Konfliktsituation große Parallelen zeigt zu der Art und Weise, wie Menschen sich verhalten, die lebenslange Erfahrungen im Umgang mit zwischenmenschlichen Problemen gemacht haben. Die beiden Fälle lassen sich aus diesem Grund gut vergleichen, auch wenn bei dem Anna-Fall die körperliche Beeinträchtigung bereits eingetreten war, als sie Zuflucht zu einer Notlösung nahm, während dem Rentner die befürchtete seelische Belastung erst noch bevorstand und er, um diese zu vermeiden, einen Ausweg erwogen hat, der ebenfalls nicht seinem wirklichen Willen entsprach. Dem instinktiv geäußerten Wunsch von Anna, kurze Haare haben zu wollen, entsprach der im Grunde genommen ebenfalls nicht gewollte Auftrag des Rentners, »sein« Anwalt möge die Scheidung einleiten.

Nun könnte man leicht auf den Gedanken kommen, alte Menschen ähnelten in ihrem Verhalten nun einmal Kindern. Ich wollte jedoch zeigen, dass Menschen gleich welchen Alters Verhaltensmuster zeigen, die uns wohl als eine Art Überlebensgen von der Natur mitgegeben worden sind. Übrigens spielen auch der Intellekt und die Bildung keine entscheidende Rolle bei diesem Phänomen. Das heißt, Menschen aller Alters- und Bildungsstufen suchen nach Notlösungen, weil es für sie – ohne Beistand und Unterstützung – ein zu großes Hindernis darstellt, die Konflikte an der Wurzel zu packen. Der Mediator weiß aus seiner Erfahrung, dass es nur allzu natürlich ist, sich auf diese Weise aus einer Zwangslage befreien zu wollen. Er findet gemeinsam mit den Mediationspartnern auf dem direkten Weg die Lösung aus dem Konflikt, ohne mühselige Umwege und ohne zweifelhafte Auswege. Das herkömmliche Verfahren setzt demgegenüber bei seinen Lösungsbemühungen des Konfliktes nicht dort an, wo er entstanden ist. So wirkt er untergründig weiter, einem zunächst unentdeckten und dann plötzlich ausbrechenden Schwelbrand vergleichbar, dem nur noch über den Notausgang zu entrinnen ist. Dem Mediator ist hinreichend bekannt, dass ein guter Ausgang des Falles selten über den Notausgang erreicht werden kann.

Die Leser kennen mich inzwischen so gut, dass sie zu Recht ein Beispiel aus der Literatur erwarten dürfen, das den geschilderten Konflikt zu illustrieren vermag. So erzählt Rainer Maria Rilke in der Novelle »Ewald Tragy«, wie ein junger Dichter, der ein Zimmer angemietet hat, sich dort nicht mehr so recht wohl fühlt und sich schließlich dazu durchringt auszuziehen. Wie Rilke die erfolglosen Bemühungen unseres jungen Helden in wenigen Sätzen fasst, muss wörtlich wiedergegeben werden: »Ewald denkt nicht etwa darüber nach, ob er ausziehen soll. Das ist natürlich. Er überlegt nur, wie er das sagen wird: ›Es tut mir leid, Frau Schuster‹, oder: ›Ich bin wirklich zufrieden gewesen bei Ihnen, aber …‹ Und er baut und baut an diesem armseligen Satz. Und mit Morgen ist er überzeugt, daß man nicht daran denken kann, zu kündigen, weil sich das überhaupt in keiner Art ausdrücken läßt. Man bleibt also. Man muss sich eben einrichten.«[2]

Fall 10: Die Geliebte des Rentners

Die Ehefrau erklärte, sie befinde sich genauso wie ihr Mann schon seit längerer Zeit im Ruhestand. Er habe sich einer wesentlich jüngeren Frau zugewandt, sodass sie seit einem Jahr von ihm getrennt lebe. Obwohl sie und ihre gemeinsamen Kinder das Verhalten des Ehemannes und des Vaters als empörend empfinden, wolle sie gleichwohl nicht geschieden sein – noch nicht. Sie habe bereits zuvor einen anderen Anwalt konsultiert und ihm erklärt, sie sei nur daran interessiert, dass sie den ihr zustehenden Teil des gemeinsamen während der Ehezeit gebildeten Vermögens (den sog. Zugewinn) erhalte. Ihr Anwalt habe ihr erklärt, dass dies zur Zeit nicht möglich sei, weil keine der zahlreichen Fallgestaltungen vorläge, bei denen der Zugewinnausgleich vor Einleitung des Scheidungsverfahrens hätte geltend gemacht werden könne (wie etwa bei einer dreijährigen Trennung der Parteien oder einer erheblichen Gefährdung der künftigen Ausgleichsforderung). Da der Ehemann mit einer Zugewinnauseinandersetzung zum gegenwärtigen Zeitpunkt aber nicht einverstanden sei, bliebe ihr keine andere Wahl, als das Scheidungsverfahren einzuleiten. In diesem könne sie ihre Rechte verfolgen.

Die Ehefrau erkundigte sich bei mir, ob im Rahmen der Anwaltsmediation nicht doch eine Möglichkeit bestehe, ihr Ziel zu erreichen. Ich erklärte ihr, dass Chancen möglicherweise dann bestehen könnten, wenn es ihr gelänge, ihren Ehemann für das Mediationsverfahren zu gewinnen. Die Bemühungen der Ehefrau waren erfolgreich, und schon in der ersten Mediationsstunde wurden die beiden entgegengesetzten Positionen deutlich. Der Ehemann wandte ein, dass die Erfassung des Zugewinns äußerst schwierig sei, da er einen großen Teil seines Vermögens erbweise erlangt habe. Ohne die Einholung einer Vielzahl von Sachverständigengutachten, die einen hohen Kostenaufwand verursachen würden, sei eine realistische Erfassung der Werte seines Vermögens überhaupt nicht möglich. Außerdem verfüge er über keinerlei liquide Mittel, sodass ein Ausgleich ohnehin nur in Form einer Übertragung eines Teils seines Immobilienvermögens denkbar wäre. Den Verkauf von Immobilien hielt er wiederum angesichts der schwachen Marktlage für reine Geldverschwendung.

Wir tasteten uns an eine Lösung heran. Zu unserer völligen Verwunderung erklärte die Ehefrau, sie sei eigentlich an dem Erwerb von Immobilien gar nicht interessiert, genau genommen auch nicht einmal unbedingt an den Mieteinkünften. Sie wolle ganz ehrlich sein, sie befürchte, dass ihr Mann wesentliche Teile seines Vermögens auf seine Geliebte übertrage und ihre Kinder eines Tages leer ausgingen. Der Ehemann erklärte ebenso zur Überraschung der Ehefrau, er habe keinerlei Probleme zu beweisen, dass er sein Vermögen nicht seiner neuen Partnerin übertragen oder vererben wolle, sondern alles den Kindern zukommen solle. Er sei daher durchaus bereit, seinen Kindern schon jetzt wesentliche Teile seines Vermögens zu übertragen. Er habe sich ohnehin schon aus steuerlicher Sicht mit diesen Fragen beschäftigt.

Der Fortgang und die Lösung des Falles sind schnell berichtet. Die Ehepartner einigten sich innerhalb relativ kurzer Zeit sowohl über den Wert der Immobilien als auch über den Ausgleichsanspruch der Ehefrau, der nach dem Willen beider Parteien in Form von Immobilienvermögen direkt auf die Kinder übertragen wurde. Sie selbst erhielt den Nießbrauch, d. h. im konkreten Fall die Mieteinkünfte.

Weil das Anliegen der Ehefrau, wie sie es dem ersten von ihr konsultierten Anwalt mitgeteilt hatte, eindeutig formuliert war, wäre ihr eigentlich nichts anderes übrig geblieben, als das Scheidungsverfahren einzuleiten, was sie gerade zu diesem Zeitpunkt nicht wollte. Hätte die Ehefrau dem Anwalt gegenüber ihre in der Mediation geäußerte Befürchtung (die Geliebte erhalte alles) mitgeteilt, hätte er geantwortet, dass mangels hinreichender Anhaltspunkte einer Benachteiligungsabsicht ein juristisches Vorgehen nicht möglich sei. Aber zum einen war das Gesprächsklima nicht geeignet, die Mutmaßung zu äußern, zum anderen war nicht einmal sicher, ob der Ehefrau zu jenem Zeitpunkt überhaupt klar genug war, dass ihr Anliegen nicht dahin ging, ihren Zugewinnausgleich zu erhalten, sondern dahin, zu vermeiden, dass die Geliebte das Vermögen ihres Ehemannes erhält.

Erkennen des Unterschieds zwischen dem juristisch vermeintlich Gebotenen und dem außergerichtlich tatsächlich Gewollten: Es gibt keine bessere Möglichkeit diesen Unterschied herauszuarbeiten als gerade in der Mediation.

Wir haben an den zahlreichen Beispielen gesehen, dass die Lösung von Konflikten auf rein rechtlicher Ebene, wie dies im herkömmlichen Verfahren praktiziert wird, deren Dynamik nicht ansatzweise gerecht wird. Nicht nur die ganzheitliche Betrachtungsweise ist erforderlich, d. h. zu sehen, was sich alles auch außerhalb des unmittelbar rechtlichen Kerns an Problemen entwickelt hat, sondern auch die Berücksichtigung künftiger Entwicklungen. Erst dann können zufriedenstellende Lösungen erarbeitet werden, die auch in der Zukunft Bestand haben.

Wie schwer es für Juristen ist, diesem Denkansatz zu folgen, habe ich versucht, in den entsprechenden Zusammenfassungen der jeweiligen Fälle darzustellen. Hätte mir jemand zu Beginn meines Jurastudiums prophezeit, ich werde eines Tages in meiner anwaltlichen, genauer gesagt, mediativ-anwaltlichen Praxis *die Frage, wer Recht hat, nicht für absolut erstrangig betrachten*, ich hätte ihn wohl gefragt, ob er noch recht bei Trost sei. Der herkömmliche Anwalt, der mit dem Mediationsverfahren nicht vertraut ist, betrachtet es gegenüber dem herkömmlichen Weg der Rechtsfindung als etwas weniger Wertvolles, eben weil Wissenschaftlichkeit für ihn oberste Priorität hat. Doch selbst in der Fachliteratur ist erkannt worden, dass die reine Wissenschaftlichkeit bisweilen eben nicht zur Lösung der Probleme führt.

Dem Vorurteil von im alten Denkschema verhafteten Juristen, Mediation sei rechtlich nicht anspruchsvoll, gibt die Mediationsliteratur selbst leider Nahrung, vor allem dann, wenn immer wieder davon die Rede ist, dass die Verhandlungen in der Mediation im Schatten des Rechts stattfinden (»in the shadow of the law«). Tatsächlich ist aber nach meinen Erfahrungen das Recht, so wie es in der Mediation praktiziert wird, ein Recht, das auf der Sonnenseite angesiedelt ist. Es wird von den Parteien selbst gestaltet, aktuell den Bedürfnissen der Beteiligten angepasst, maßgeschneidert und ist somit für alle Beteiligten verständlich – taghell, sonnenklar! Genau genommen wirft dieses Recht, das in der Mediation kreiert wird und sich nicht sklavisch an Paragrafen oder an Entscheidungen längst vergangener Jahrhunderte orientieren muss, einen bezeichnenden Schatten auf das herkömmliche Recht. Mit anderen Worten: Es ist das Recht der Mediation, welches das herkömmliche Recht in den Schatten stellt. Dies darzustellen, war das Anliegen dieses Kapitels. Der Mediator fragt nicht wie der gewöhnliche Jurist, welche Rechtsform, welcher Paragraf, welche Rechtsprechung den Mandanten zufriedenstellen kann, sondern er orientiert sich in erster Linie an den tatsächlichen, dem jeweiligen Konflikt zugrunde liegenden Notwendigkeiten.

Es ist immer wieder mit Erstaunen festzustellen, auf wie wenige Bedürfnisse die menschlichen Konflikte zurückzuführen sind. Nach den existenziellen Bedürfnissen wie Gesundheit, Nahrung, Kleidung, Wohnung u. Ä. rangieren die weiteren Notwendigkeiten je nach individueller Veranlagung; zu nennen sind Anerkennung und Zuwendung im sozialen und im zwischenmenschlichen, im familiären und beruflichen Bereich, finanzielle Sicherheit, Dankbarkeit, Respekt, Freiheit, Harmonie, Identität. Welche dieser Bedürfnisse einen Konflikt jeweils begründen, kann nur dann wirklich beurteilt werden, wenn die gegenwärtigen Lebensumstände so vollständig und sorgfältig wie möglich erkannt und erfasst worden sind.

Die vorstehende Aufzählung nennt durchweg positive, ethische und sozialverträgliche Belange des Menschen. Nicht zu verschweigen ist natürlich, dass gerade Konfliktsituationen durch negative Bedürfnisse wie Macht, Neid und seine verschiedenen Erscheinungen wie Eifersucht, Geiz, Besitzstreben u. Ä. ausgelöst werden. Die besondere Brisanz, die aus diesen Situationen entstehen kann, wird in dem Kapitel »Wie Mediation Tragödien vermeidet« behandelt.

Es soll an dieser Stelle noch ein Sonderfall des menschlichen Bedürfnisses angesprochen werden. Die Rede ist vom lieben Geld. Bisweilen wird in der Mediationsliteratur auch gefragt, warum und zu welchem Zweck denn ein Beteiligter Geldforderungen stelle, d. h. warum er Geld benötige. So könne es durchaus schwierig sein, finanzielle Forderungen durchzusetzen, und zugleich auf anderem Weg wesentlich leichter, das Gewünschte zu erlangen. Auch an diesem Beispiel wird einmal mehr der Unterschied beider Verfahren deutlich. Für den herkömmlichen Juristen ist Geld, jedenfalls dann, wenn es mittels einer Rechtsgrundlage bei dem Gegner mit Erfolg beansprucht werden kann, ein Rechtsgut schlechthin, das von einem Gegner einzufordern nicht im Mindesten in Frage zu stellen ist. Ebenso konsequent ist der herkömmliche Jurist, der schon im ersten Semester seines Studiums auf die Frage, was denn sei, wenn der Gegner nun tatsächlich kein Geld habe, lapidar zu antworten weiß, dass im herkömmlichen Verfahren der Grundsatz herrsche: »Geld hat man zu haben.«

Anmerkungen

1 Udo Di Fabio: Die Kultur der Freiheit. München 2005, S. 250.

2 Rainer Maria Rilke: Ewald Tragy. Wiesbaden 1959, S. 33f.

Ich habe meinen Papa schon über ein halbes Jahr nicht gesehen, aber als der dann kam, der Medi-, der Medi-t-ator, konnte ich schon zwei Tage später zu ihm.
Stefan, zehn Jahre

Dass meine Eltern sich haben scheiden lassen, ist schlimm. Aber wie sie es gemacht haben, fand ich ok.
Ramona, dreizehn Jahre

Kinder in der Mediation

Scheidungskonflikte, in die die Kinder mit einbezogen sind – im Jahr 2012 verzeichnete die Statistik rund 143.000 Scheidungskinder –, werden in der Mediation ungleich besser gelöst als im herkömmlichen Verfahren. Doch gilt auch hier: Vielen Eheleuten ist der Begriff »Mediation« bekannt, ein Großteil von ihnen weiß auch, was sich dahinter verbirgt, aber nur sehr wenige machen von der Mediation Gebrauch. Dies ist auch der Grund, warum es Jahr für Jahr zu vielen Tausend gerichtlichen Auseinandersetzungen kommt, in denen verbittert um das Kind gekämpft wird.

Immerhin könnte man sagen, hier handeln streitbare Eltern (zumeist sind es die Väter), die sich von den Widrigkeiten und Hindernissen, die mit Trennung und Scheidung einhergehen, nicht davon abhalten lassen wollen, weiterhin ihre Kinder zu betreuen, zu erziehen und für sie Verantwortung zu tragen. Ein solch kämpfender Elternteil sei doch immerhin demjenigen vorzuziehen, der sich nach der Trennung von seinem Partner kaum noch um seine Kinder kümmert oder gar jeden Kontakt zu ihnen abbricht. In diesem

Fall wird das Kind nämlich »Halbwaise«, obwohl der andere Elternteil noch lebt. Dies dürfte für Kinder zu den grausamsten Erfahrungen ihrer Kindheit zählen. Meist üben die damit verbundenen seelischen Beeinträchtigungen einen verheerenden Einfluss auf ihre weitere Entwicklung aus, oft sogar lebenslang.

Untersuchungen belegen, »daß Kinder die Scheidung ihrer Eltern umso eher ohne Störung verarbeiten und sich besser und schneller an die Nachscheidungssituation anpassen, je besser die geschiedenen Eltern sich miteinander abstimmen und kooperieren.«[1] Beides also – die gerichtliche Auseinandersetzung um das Kind und das sich Abwenden von ihm vor oder nach einem gerichtlichen Streit – gilt es zu vermeiden. Dazu beizutragen, ist das Anliegen dieses Kapitels. Es will Eltern ermutigen, auch bei schier unüberwindlich erscheinenden Schwierigkeiten nicht ihr Heil bzw. ihr Recht im Gerichtsprozess zu suchen oder zu resignieren, sondern stattdessen den für ihre Kinder und auch den für sie selbst bestmöglichen Weg zu wählen – den der Mediation.

Bis Ende des vergangenen Jahrhunderts haben Institutionen und Fachleute, die sich mit den vielfältigen familienrechtlichen Konflikten bei Trennung und Scheidung beschäftigt haben, mehr oder weniger achselzuckend hingenommen, dass eine hohe Anzahl von Vätern im Lauf des Scheidungsgeschehens den Kontakt zu ihren Kindern abbricht. Es herrschte das Vorurteil, Ehefrauen seien generell eher bereit, bei Konflikten professionelle Hilfe in Anspruch zu nehmen, während den Vätern unterstellt wurde, sie seien in der Regel beratungsresistent.

Höchst erstaunt war die Fachwelt deshalb, als im Jahre 2002 die sogenannte Bremer Studie (vom Institut für Geschlechter- und Generationenforschung der Universität

Bremen) vorgelegt wurde. Sie belegte nämlich, dass 90,4 Prozent der insgesamt befragten 2100 Ehemänner während der Trennungsphase im Freundes- und Bekanntenkreis Rat suchten, um die Probleme ihrer Trennungskrise zu bewältigen. Hier erhielten sie Zuspruch und wurden ermutigt, professionelle Hilfe in Anspruch zu nehmen, wozu sich tatsächlich zwei Drittel von ihnen auch entschließen konnte. Sehr bemerkenswert war zu erfahren, dass sich bei der Auswahl aus den vielfältigen zur Verfügung stehenden Hilfsangeboten rund 30 Prozent zuerst für einen Psychotherapeuten oder Psychologen entschieden und sich nur rund 26 Prozent an Rechtsanwälte wandten. Aber auch die im Übrigen in Anspruch genommenen Institutionen lagen mit 37 Prozent außerhalb des Bereichs von Rechtsberatungen. So wurden rund 17 Prozent bei Familienberatungsstellen, rund 12 Prozent bei Jugendämtern und rund 8 Prozent bei Vätervereinen vorstellig.

Betrachtet man diese Zahlen kritisch, so ist zu fragen, was gleichwohl falsch läuft, wenn derart viele Scheidungsväter Jahr für Jahr die Gerichte bemühen oder keinen Kontakt mehr zu ihren Kindern haben.

Die menschlichen Tragödien, die sich dahinter verbergen, sind für die Medien in aller Regel von geringem Interesse. Sie berichten zumeist nur von finanziellen Einbußen in mehrstelliger Millionenhöhe, die die Jugendämter wegen der Unterhaltsvorschusszahlungen an die Mütter minderjähriger Kinder zu beklagen haben, und davon, mit welch geringem Erfolg diese Leistungen von den säumigen Vätern wieder eingetrieben werden können. Dabei liegt auf der Hand, dass sich die Anzahl der Scheidungsväter, die nach Trennung und Scheidung ihren Kindern endgültig den Rücken zuwenden, keineswegs nur auf diejenigen Väter beschränkt, die keine Unterhaltszahlungen an ihre Kinder erbringen. Bedenklich hoch dürfte auch die Dunkelziffer derer sein, die jeden Monat »brav« den Unterhalt für ihre Kinder zahlen, diese aber gleichwohl eine Zukunft als »Halbwaisen« erleben und erleiden lassen.

Wo also liegen die Gründe dafür, dass die Hilfsangebote so viele Väter gar nicht erst erreichen oder dafür, dass diese Hilfe einfach verpufft?

Der wesentliche Grund dürfte darin zu sehen sein, dass diejenigen, die Hilfe anbieten – Psychotherapeuten, Psychologen, Familienberatungsstellen, Jugendämter u. Ä. – in ihren Kompetenzen und folglich in ihrer Handlungsfähigkeit zu stark eingeschränkt sind. Sie alle dürfen wegen des Rechtsberatungsgesetzes kaum eine rechtliche Beratung durchführen, jedenfalls zumeist keine zufriedenstellende. Damit erfolgt zwangsläufig die Verweisung an einen Rechtsanwalt. Bisweilen ist es eine Zurückverweisung, denn nicht selten wird der Vater mit einem Schreiben des Rechtsanwalts seiner Ehefrau bei den erwähnten Institutionen hilfesuchend vorstellig.

Demgegenüber macht sich die Mediation den unbestreitbaren Vorteil der genannten Hilfsangebote zunutze, der darin besteht, dass dort die Betroffenen in Ruhe ihre Sorgen und Nöte vortragen und Gespräche mit einem fachlich geschulten, einfühlsamen Gegenüber führen können. In der Mediation ist ein ebenso emphatischer menschlicher Beistand gewährleistet, zugleich muss auf die Erörterung mitunter schwieriger rechtlicher Gesichtspunkte nicht verzichtet werden. Dem Anwaltsmediator ist das Recht, wie es von den Familiengerichten praktiziert wird, hinreichend bekannt. Der wesentliche Unterschied besteht darin, dass in der Mediation nicht in der unpersönlichen, oft sogar seelenlos-kalt anmutenden Art und Weise der Gerichte vorgegangen wird, sondern hier rechtliche Aspekte unter Berücksichtigung der individuellen sozialen und psychologischen Umstände des einzelnen Betroffenen sowie der ganzen Familie mit Behutsamkeit und Umsicht beleuchtet werden.

Ich möchte dies an einem Beispiel illustrieren: Ein Ehepaar ist im Begriff, sich räumlich voneinander zu trennen. Die Frage, wer von ihnen aus der Ehewohnung auszieht, ist noch offen. Beide Elternteile wollen in der Wohnung bleiben und erst dann ausziehen, wenn eine jeweils für sie selbst zufriedenstellende Regelung bezüglich des Umgangs mit ihren beiden Kindern (sieben und neun Jahre) getroffen worden ist. Art und Umfang dieses Umgangs sind jedoch – wie es im juristischen Jargon heißt – hochstreitig. Die Ehefrau beruft sich, nachdem sie sich durch die Lektüre einschlägiger Fachliteratur kundig gemacht hat, auf die überwiegende Praxis der Justiz, wonach der Vater berechtigt ist, die Kinder alle vierzehn Tage über das Wochenende zu betreuen, während der Vater, nachdem er sich im Internet schlau gemacht hat, auf dem Standpunkt steht, ihm stünde das Recht zu, seine Kinder im gleichen zeitlichen Umfang zu betreuen wie die Ehefrau. Die Ehefrau ist vor allem deshalb strikt dagegen, weil es für sie völlig unvorstellbar ist, dass der Ehemann ihre Kinder über einen längeren Zeitraum hinweg betreut als ein Wochenende. Der Ehemann wiederum hat – wie gesagt – von Gerichtsentscheidungen gehört, bei denen Vätern ein wesentlich umfangreicheres Umgangsrecht eingeräumt wird als der typische 14-Tage-Rhythmus, nämlich bis hin zum sogenannten Wechselmodell (auch Paritätsmodell genannt), wonach beide Elternteile die Kinder im Wechsel über einen jeweils gleich langen Zeitraum hinweg betreuen.

In der Mediation wurden ausführlich und einfühlsam die Ängste und Bedenken beider Elternteile, die Kinder für längere Zeit entbehren zu müssen, erörtert. Zugleich wurde aber auch den rechtlichen Aspekten hinreichend Beachtung geschenkt. Für die Ehefrau war es mehr als überraschend zu erfahren, dass dem Vater nicht nur die von ihr akzeptierte vierzehntägige Wochenendbetreuung zusteht, sondern auch das Recht, die Kinder während der Hälfte der Schulferien und Feiertage bei sich zu haben.

Darüber hinaus wurde auch die zunehmende Tendenz der Familiengerichte erörtert, Abschied von einem über Jahrzehnte vertretenen Konzept zu nehmen, wonach die Kinder nur *einen* »Lebensmittelpunkt« haben dürften. Die Begründung der Gerichte geht dahin, dass die Vorteile einer zeitlich gleichberechtigten Betreuung der Kinder durch beide Elternteile gegenüber dem herkömmlichen vierzehntägigen Betreuungsturnus unübersehbar seien. Nur einige seien hier genannt:

- Die Kinder erleben bei beiden Elternteilen einen gleichwertigen Kontakt, sowohl im Alltag als auch an den Wochenenden.
- Beide Elternteile tragen eine gleichwertige Verantwortung.
- Beide Elternteile erfahren eine Entlastung in der Zeit, in der die Kinder bei dem anderen Elternteil sind. Diese wirkt sich vor allem dann positiv aus, wenn beide Elternteile in Vollzeit berufstätig sind.
- Die Gefahr, dass die Kinder beide Elternteile gegeneinander ausspielen, wird verringert.
- Die Gefahr, ein Elternteil zu überfordern, wird verringert.

Durch die gleichzeitige Berücksichtigung sowohl menschlicher Aspekte und Bedürfnisse als auch juristischer Fragen, gerade auch im Hinblick auf das genannte Wechselmodell, konnte mit den Eltern innerhalb kurzer Zeit eine für beide Seiten akzeptable Umgangsregelung vereinbart werden.

In den nachstehenden Ausführungen soll aufgezeigt werden, wie viel unschätzbar Positives die Mediation für die Kinder und deren Eltern zu bewirken vermag. Beispiele aus der Praxis sollen deutlich machen, dass die Mediation, gerade bezogen auf Konflikte, in denen die Kinder die hilflos Betroffenen sind, nicht etwa nur als *eine* Alternative zu dem juristischen Weg verstanden werden darf, sondern dass dieses Modell derartig viele beeindruckende Vorteile aufzuweisen hat, dass es als schlechthin alternativlos gelten kann.

Im Folgenden werden am Beispiel repräsentativer Fälle in unterschiedlichen Fallgruppen typische Verhaltensmuster von Eltern in bestimmten Konfliktsituationen dargestellt, die oft Gesetzmäßigkeiten erkennen lassen, an denen Mediation ansetzt, um Konflikten vorzubeugen oder sie einer Lösung zuzuführen. Es soll gezeigt werden, wie es gelingen kann, fatalen Entwicklungen entgegenzuwirken und gerichtliche Prozesse sowie ein endgültiges Sichabwenden der Väter von ihren Kindern schon im Vorfeld gerichtlicher Auseinandersetzungen zu vermeiden.

1. Fallgruppe: PAS

Wenden wir uns der wichtigsten und der wohl auch am häufigsten anzutreffenden Fallgruppe zu, nämlich den Konflikten, die mit der Abkürzung PAS umschrieben werden. Es handelt sich hierbei um das sogenannte Parental Alienation Syndrom – zu Deutsch: elterliches Entfremdungssyndrom oder Eltern-Kind-Entfremdung (EKE). Dieses PAS beschreibt die rational bisweilen nur schwer begründbare Abwendung des Kindes von dem getrennt lebenden Elternteil, verbunden mit dem Drang, diesen abzuwerten, zu verunglimpfen, zu kränken und zu verletzen. Solches Verhalten wird gefördert durch bewusste, aber oft auch unbewusste negative Beeinflussung des Kindes durch den mit ihm zusammenlebenden Elternteil.

Zur Verdeutlichung dieses Entfremdungsphänomens soll von folgendem Trennungsfall ausgegangen werden:

Fall 1:
Nach fünfzehnjähriger Ehe verlässt der Ehemann seine Ehefrau und wendet sich einer anderen Frau, seiner Sekretärin, zu. Die Ehefrau ist entsetzt, empört und verletzt. Der gemeinsame achtjährige Sohn Tim reagiert irritiert, doch will er weiterhin seinen Papa sehen, mit ihm Freizeit verbringen und auch bei ihm übernachten. Ganz anders die vierzehnjährige Tochter Annika. Sie erlebt den »Liebesverrat« des Vaters fast so intensiv wie ihre Mutter. Sie erfährt die bisher größte Erschütterung ihres Lebens. »Der Papa«, der doch der liebste auf der ganzen Welt gewesen sei, habe ihre Mutter, ihren Bruder und sie verlassen. Ungläubigkeit, Bestürzung und Trauer erfassen das Kind und werfen es aus seiner bislang heilen Welt ins bodenlose Unglück. Sie schließt sich in ihr Zimmer ein und weint tagelang. Doch dann setzt bei ihr eine Entwicklung ein, die wie fremdgesteuert wirkt. Als Tochter und innige Vertraute ihrer Mutter ist es für sie eine Selbstverständlichkeit, sich auf deren Seite zu schlagen. Es gilt zunächst, ihren Vater zu bestrafen und der »armen Mama« Beistand zu leisten, aber bei ihr auch gleichzeitig Trost und Linderung der eigenen Schmerzen zu finden. Die Mutter ist nicht stark genug, das Unterstützungsangebot ihrer Tochter einfühlsam abzuwenden. Wie auch, da sie sich selbst als das heulende Elend erlebt. Es geschieht – wie meistens in vergleichbaren Situationen – das Gegenteil. Durch die eindeutige Annahme der Hilfe wird Annika darin bestä-

tigt, sich richtig verhalten zu haben. Die Mutter ist felsenfest davon überzeugt, dass ihre Tochter sich ein eigenständiges Bild von ihrem »charakterlosen« Vater gemacht hat und sieht daher auch keine Veranlassung, Annikas Feindbild ihm gegenüber zu korrigieren.

Die seelische Situation bei Annika und ihrer Mutter verschlimmert sich, nachdem der Ehemann und Vater jede Form einer Eheberatung ablehnt. Der letzte Rest an Hoffnung, dass sich alles zum Guten wenden kann, verglimmt. Der Hoffnungslosigkeit folgen sowohl bei der Mutter als auch bei der Tochter psychische Blockaden. Die Seele braucht Zeit, um sich an das Ungeheure, das Unfassbare zu gewöhnen. Vorwürfe gegenüber dem verlassenden Partner und Vater verbinden sich mit Selbstvorwürfen. Hinzu tritt Zukunftsangst. Alles verdichtet sich zu einem emotionalen Knäuel, an dessen Ende Ehefrau und Tochter sich schließlich hilflos, ratlos und ohnmächtig erleben. Um den Verlust verkraften zu können, greift ihre Seele jetzt zu einem zweiten Hilfsmittel. Als erträglich wird der Verlust nur dann erlebt, wenn sie sich die Schattenseiten des Ehemannes und Vaters vergegenwärtigen und diese überdimensional groß erscheinen lassen. Nichts Positives bleibt mehr zurück. Der Ehemann und Vater wird als verantwortungslos, gemein, niederträchtig angesehen. Deshalb ist es nur allzu konsequent, dass die Ehefrau ihn mit bösen Beschimpfungen überhäuft, auch wenn sie dies selten in Gegenwart von Annika tut, die sich strikt weigert, mit ihrem Vater zu sprechen, geschweige denn ihn zu sehen. Von den Briefen, die er anfangs fast täglich an seine Tochter schreibt, liest sie nur einige. Alle anderen bleiben eine Weile ungeöffnet liegen und landen schließlich in der Mülltonne. Dasselbe geschieht mit vereinzelt eintreffenden Paketen und Päckchen. Allmählich werden die Briefe seltener.

Die feindselige Haltung ihrer Mutter gegen ihren Vater nimmt Annika teils direkt, teils indirekt, teils bewusst, teils unbewusst wahr. Der Ehemann sieht sich daraufhin genötigt, sich zu rechtfertigen. Er spürt natürlich, dass er für sein Verhalten, nämlich die Ehe »ohne Vorwarnung« für beendet erklärt zu haben, gewichtige Gründe ins Feld führen muss, zumal er einen Familientorso mit zwei Kindern zurücklässt. Das tut er dann auch. Die Ehefrau wird nun ihrerseits entwertet. Nichts von dem, was sie als Ehepartnerin, als Mutter, als Hausfrau getan und geleistet hat, wird mehr geachtet, gewürdigt, geschätzt. Die Ehefrau wendet sich in ihrer großen Not mit ersten Hilferufen an ihre Eltern und an ihre beste Freundin – oft ein »gefundenes Fressen« für die Eltern, die ihrer Tochter ins Gedächtnis rufen, dass sie ihre (der Eltern) seinerzeitigen Warnungen und düsteren Prognosen, bezogen auf den zukünftigen Schwiegersohn, einfach in den Wind geschlagen habe.

Die beste Freundin versucht zu trösten. Sie glaubt, dies gelinge ihr am besten, wenn sie die Vorwürfe der Leidgeplagten gegenüber ihrem Ehemann nicht nur bestätigt, sondern sogar noch verstärkt. Die Ehefrau erhält dadurch zwar kurzfristigen Trost von Eltern und Freundin, aber eine echte Hilfe ist ihr dieser nicht, geschweige denn eine von Dauer. In der Fachliteratur ist die Rede davon, dass der verletzte Ehepartner und seine Verwandtschaft sich zu »Komplizen in einem destruktiven Prozess« gegen den anderen Ehepartner verbinden. Die Dichtung belässt es bei einer Empfehlung. So heißt es in Mascha Kalékos Gedicht »Ausverkauf in gutem Rat«: »Denn Rat erspart oft Taten. / Befolgt der Freunde Un-Rat nicht! / Dann seid ihr wohl beraten!«[2]

Die Schwierigkeit für die verlassene Ehefrau besteht darin, der anfänglich tröstenden Hilfe vonseiten ihrer Verwandtschaft und ihrer Freundin im weiteren Verlauf der Krise eine Grenze zu setzen. Sie bringt es nicht über das Herz, die Tröstenden wissen zu lassen, dass deren Hilfe nun nicht mehr hilfreich ist und professioneller Beistand den familiären und freundschaftlichen Zuspruch eigentlich ablösen müsste. Die Ehefrau will auf die Unterstützung ihrer Eltern und der Freundin in der Folgezeit ohnehin nicht gänzlich verzichten, auch deshalb nicht, weil sie erneut des Trostes bedarf, denn die therapeutische Unterstützung zeigt nicht so schnell Erfolge, wie sie gehofft hat. Und es kommt noch schlimmer. In einem Beratungsgespräch beim Jugendamt wird in der für sie auch so schon unerträglichen Situation etwas verlangt, was ihre psychischen Kräfte vollends überfordert: Sie soll aus vernünftiger Erkenntnis heraus handeln. Sie soll verstehen, dass ihre ehemalige partnerschaftliche Beziehung zu ihrem Ehemann – die Paarebene – etwas völlig anderes ist als die Elternebene, das heißt, das Verhältnis der Kinder zu ihren Eltern. Auch wenn ihre Ehe als irreparabel angesehen werden müsse, sei sie, nach gewiss verständlichen anfänglichen Verunsicherungen, nun aber der Tochter gegenüber dringend verpflichtet, alles ihr – der Mutter – Zumutbare dafür zu tun, dass sich das Verhältnis zwischen Annika und ihrem Vater wieder normalisiere, sie ihn zukünftig sehen, bei ihm übernachten und die hälftige Zeit der Schulferien mit ihm verleben könne. Im Übrigen zeige sich doch, dass der Mutter dies bei Tim gelungen sei, der ja doch recht unbefangen mit seinem Vater regelmäßig alle vierzehn Tage das Wochenende verbringe.

Die Mutter setzt die ihr noch verbliebene Kraft ein und bemüht sich, Annika zu vermitteln, dass sie ihren Vater durch die Trennung nicht verlieren werde, dass sie ihn weiterhin lieb haben dürfe und, verglichen mit der jetzigen Situation, der einzige Unterschied für sie bis zum endgültigen Auszug ihres Vaters eigentlich nur darin bestehe, dass er nicht mehr zu Hause übernachte. Doch es gelingt ihr nicht, ihre Tochter zu überzeugen. Annikas negatives Bild von ihrem Vater verstärkt sich sogar jedes Mal, wenn Tim am Ende des Wochenendes vom ihm zurückkehrt und manchmal sogar freudestrahlend erzählt, wie toll es beim Papa gewesen sei. Die Mutter erlebt Annika weiterhin als sehr anlehnungsbedürftig und unverändert traurig.

Annika ihrerseits hat zu oft erlebt, dass ihre Mutter die Tränen nicht zurückhalten konnte. Mutter und Tochter verbindet nun ein Gefühl des endgültigen Verlassenseins. Sie geben sich als Leidensgemeinschaft gegenseitig Halt und Linderung. Sie fühlen, dass sie die größte Stärkung erfahren, wenn sie zusammenhalten, wenn sie sich ihre eigene kleine »heile Welt« schaffen, in der sie seelische Geborgenheit und Schutz finden. Wenn nun Annika zu der Mutter sagt, sie wolle den Papa nie mehr wieder sehen, weil sie ihn hasse, kann die Mutter nicht mehr unterscheiden, ob Annikas ablehnende Haltung sich eigenständig entwickelt hat, oder ob sie durch ihre eigene – der Mutter – ablehnende Haltung gegenüber ihrem Vater entscheidend mit beeinflusst wurde.

Gut vorstellbar, wie ohnmächtig die Ehefrau sich erlebt, als sie – einmal mehr unerwartet – einen Brief vom Anwalt ihres Ehemannes vorfindet, in dem in kaum verständlicher Sprache, aber mit eindeutiger Fristsetzung und Androhung eines Gerichtsverfahrens, der Umgang mit Annika eingefordert wird.

Als wenn das alles nicht schon die Grenzen ihrer Belastbarkeit überschreiten würde, erinnert sie sich immer wieder an die kürzlich geäußerten Worte ihres Chefs, er bringe zwar großes Verständnis für ihre schwierige familiäre Situation auf, doch seine Geduld sei, bezogen auf ihre schwachen beruflichen Leistungen in der letzten Zeit, nicht unbegrenzt.

Es gibt überhaupt keine Zweifel. Die Ehefrau muss eingestehen, dass sie mit der Gesamtsituation völlig überfordert ist, zumal sie aus dem unruhigen und immer wieder unterbrochenen Schlaf keine hinreichende Kraft mehr schöpfen kann, um tagsüber allen Anforderungen gerecht zu werden. Wenn jetzt in einem weiteren Anwaltsschriftsatz »namens des Ehemannes« vorgetragen wird, dass sie in absehbarer Zeit einer Tätigkeit in Vollzeit nachzugehen habe, weil die vom Ehemann bisher geleisteten Unterhaltszahlungen nach rechtlichen Gesichtspunkten entschieden zu hoch gewesen seien, wird die Mutter vollkommen am Boden zerstört sein. Unmöglich, sich vorzustellen, sie könne Annika motivieren, ihrem Vater zu verzeihen, um ihn wiederzusehen.

Aber was ist der Ehefrau nun zu raten? Das Jugendamt konnte nicht helfen. Vielleicht hilft der beste Anwalt. Damit wäre aber eine Kampfscheidung vorprogrammiert, womöglich bis hin zum Rosenkrieg. Wer könnte jetzt noch Zweifel daran hegen, dass ein Mediationsanwalt die in dieser Konstellation für die Ehefrau bestmögliche Alternative ist? Er wird die Ehefrau davon überzeugen können, dass sie ihren Ehemann motiviert, sich von dem herkömmlichen Verfahren und seinem Anwalt zu verabschieden und gemeinsam einen Anwaltsmediator einzuschalten.

Und welche Möglichkeiten bleiben dem Vater, außerhalb eines gerichtlichen Verfahrens Annikas Herz zurückzugewinnen? Häufig versuchen die Väter in einer solchen Situation, bei der Ehefrau nahestehenden Personen um Verständnis für ihre – der Väter – Situation zu werben. Bisweilen haben die Eltern der Verlassenen ein offenes Ohr, manchmal aber auch deren beste Freundin. Diese hören sich dann den Leidensweg des Vaters an.

Der Ehemann und Vater erklärte also seinen Schwiegereltern, dem Ende der Ehe sei eine lange Entwicklungsphase vorausgegangen. So habe er schon nach der Geburt des ersten Kindes nur noch eine nebensächliche Rolle für seine Frau gespielt. Ihm sei bis heute genau erinnerlich, wie er im Krankenhaus Annika habe in seinen Arm nehmen wollen und seine Ehefrau ihm zu verstehen gegeben habe, dass er sich dabei sicher zu tollpatschig anstellen werde.

Ganz schlimm sei es nach der Geburt des zweiten Kindes geworden. So habe er seiner Ehefrau bei der Pflege und Ernährung auch von Tim helfen wollen, doch habe sie seine Hilfe strikt mit dem Hinweis abgelehnt, dies sei Muttersache. Er habe von Jahr zu Jahr zunehmend den Eindruck gewonnen, dass er ihr nichts habe recht machen können. Und überhaupt, ein Lob habe er in den letzten Jahren nicht mehr von ihr gehört, sich stattdessen buchstäblich als »Kuh« gefühlt, die nur noch zu melken sei. Er habe einen knochenharten Job und müsse im Berufsleben seinen vollen Einsatz bringen. Wenn er dann müde und gestresst nach Hause gekommen sei, habe er kein liebes Wort von seiner Frau gehört. Gemeinsames Abendessen wollte sie mit ihm auch nicht mehr einnehmen, so verwies sie ihn meistens darauf, dass das Essen in der Küche stehe und er es sich nur warm zu machen brauche. Genau genommen habe er seiner Frau überhaupt nichts mehr recht machen können. Auch sei der eheliche Verkehr nach dem zweiten Kind praktisch zum Erliegen gekommen. So habe sich seine Frau ihm bei jedem seiner Versuche, zärtlich zu ihr zu sein, entzogen, teils versteckt, teils direkt, indem sie meistens schon schlafen gegangen sei, wenn er noch ferngesehen habe. Sie habe ihm sogar einmal offen eingestanden, dass ihr die körperliche Beziehung zu ihm nichts bedeute und man ja schließlich wichtigere Dinge zu tun habe.

Die Kontakte zu seinen Freunden habe sie außerdem immer weniger gutgeheißen, sie seien ihr doch ein wenig zu primitiv erschienen. Er habe sich lange, aber erfolglos bemüht, mit seiner Frau ein gemeinsames Hobby zu finden, nachdem er als Familienvater zunehmend das Gefühl entwickelte, ausgegrenzt zu werden. Wenn er von den Kindern Selbstverständlichkeiten wie die rechtzeitige Erledigung der Hausaufgaben oder auch sonst elementare soziale Verhaltensweisen verlangt habe, habe seine Frau ihm widersprochen. Schließlich habe er den Eindruck gewinnen müssen, dass sie mit den Kindern eine eigenständige familiäre Einheit anstrebe und er gerade noch gut genug sei, das hierfür monatlich erforderliche Geld heranzuschaffen.

Auch wenn der Ehemann bei den Angesprochenen Verständnis für seine Situation wecken konnte, stieß seine Darstellung auf wenig Gegenliebe bei der Ehefrau, da diese den Verlauf der Ehe eben ganz und gar anders erlebt hatte.

Nachdem beide Elternteile den Weg der Anwaltsmediation eingeschlagen hatten, wurde zuallererst die Frage diskutiert, wie das Verhältnis zwischen dem Vater und Annika wieder normalisiert werden könnte. Erörtert wurde eine vorsichtige und behutsame Kontaktaufnahme des Vaters mit Personen, zu denen Annika ein besonders vertrautes Verhältnis hatte, wie beispielsweise zu der Klassenlehrerin (immerhin ist der Vater weiterhin sorgeberechtigt). Erwogen wurde auch eine Vermittlung durch die Lieblingsoma.

In dieser eigentlich optimistischen Phase erklärte die Ehefrau jedoch schon nach der ersten Mediationssitzung, sie wolle sich über diesen Weg doch noch einmal ausführlich mit ihrem Anwalt, der für sie bisher tätig gewesen sei, verständigen. Bei diesem haben sie aber erst in etwa vierzehn Tagen einen Termin. Der Ehemann nutzte diese Zeit mit weiteren Versuchen, Annika zu sehen und zu sprechen. So wartete er auf sie mit einem kleinen Blumenstrauß in der Hand gegenüber der Schule, ohne sie jedoch beim Verlassen des Schulgebäudes anzusprechen. Ob sie ihn an den ersten Tagen seiner Bemühungen überhaupt wahrgenommen hat, konnte er nicht sagen. Bisweilen hatte er den Eindruck, dass sie ihn entdeckt und einen verstohlenen Blick zu ihm hinübergeworfen hatte, ohne jedoch das Gespräch mit ihren Schulfreundinnen zu unterbrechen. Er habe nicht gezählt, wie oft er so vor der Schule gestanden habe, doch eines Tages sei ein Wunder geschehen. Annika sei zu ihm hinüber gelaufen, habe ihm das Sträußchen behutsam aus der Hand genommen, hastig Danke geflüstert und sei dann eilig davon gelaufen. Von diesem Tag an habe sie auch auf seine Briefe geantwortet, anfänglich ganz scheu, wortkarg und noch immer verängstigt.

Doch das Eis war gebrochen. Als zu jener Zeit die Lieblings-Rockgruppe von Annika in einer benachbarten Stadt gastierte, übersandte er ihr zwei Tickets mit dem Hinweis, dass sie doch mit ihrer besten Freundin dieses Konzert besuchen könne und er überglücklich wäre, wenn er sie von zu Hause abholen, zum Konzert hin- und anschließend wieder zurückfahren dürfte. Annika antwortet: »Ist doch klar Papa, dass nur wir beide da gemeinsam hingehen.«

Wohl aufgrund dieser Entwicklung entschied die Ehefrau sich endgültig für die Mediation, die zur Zufriedenheit beider Eltern und auch Annikas zum Abschluss gebracht werden konnte.

Wie die Fälle in Konstellationen wie der geschilderten sich weiterentwickeln, hängt maßgeblich von der Frage ab, welche Anwälte beide Seiten in Anspruch nehmen. Wir wollen zwei Möglichkeiten in Betracht ziehen:

a) Unterstellen wir zunächst einmal, dass der Ehemann sich an einen herkömmlichen Anwalt wendet, für den Mediation keine nennenswerte Bedeutung hat. Dann wird dieser dem Vater ein Gerichtsverfahren empfehlen. In Verbindung mit dem Antrag, ein psychologisches Sachverständigengutachten einzuholen, wird der Anwalt darauf drängen, dass sich das Vater-Tochter-Verhältnis mit Blick auf eine Umgangsregelung normalisiere.

Was bei einem solchen Verfahren herauskommen kann, sollen zwei Auszüge aus einer Gerichtsakte demonstrieren. Der für die Tochter (genannt Eva) vom Gericht eingeschaltete Verfahrenspfleger führt in seinem Bericht aus:

»Das Gespräch fand im Beisein der Kindesmutter statt. Eva berichtete, wie belastend für sie dieser Gesprächstermin sei. Seit gestern habe sie Magen-Darm-Probleme und Schlafstörungen. Ähnliche Symptome hatte sie auch vor dem Gespräch mit dem Jugendamt. Eine mögliche Anhörung vor dem Familiengericht belaste sie bereits jetzt, da sie befürchten muss, ihren Vater dort zu treffen.

Die Kindesmutter und das Kind begegneten dem Verfahrensbeistand mit erheblichem Misstrauen, welches sie auch dem Familiengericht gegenüber hegen.

Eva sagte unmissverständlich, dass sie keinen Kontakt zu ihrem Vater möchte, weder per Brief noch persönlich. Wenn sie erwachsen sei, könne sie immer noch, falls sie möchte, Kontakt zu ihrem Vater aufnehmen.

Stellungnahme:

Das Kind Eva ist bereits vierzehn Jahre alt. Nach gängiger Rechtssprechung wird bei einem Kind in diesem Alter der Kindeswille besonders berücksichtigt. Der Kindeswille ist zielgerichtet und konstant. Inwieweit er unabhängig vom Einfluss der Kindesmutter ist, kann ich nicht beurteilen. Unabhängig von den gegenseitigen Anschuldigungen ist aus meiner Sicht dem Kindeswillen Folge zu leisten.

Eine Anhörung des Kindes ist aus meiner Sicht nicht erforderlich und würde dem Kind eine weitere Belastung zumuten.

Eva zeigte sich im Gespräch mit mir sehr belastet von der gerichtlichen Auseinandersetzung. Aus meiner Sicht ist die therapeutische Hilfe, die Eva bisher erhalten hat, nicht ausreichend. Es sollten geeignete Hilfen für das Kind erwogen werden, um ggf. die traumatischen Erfahrungen bewältigen zu können.«

In die gleiche Richtung geht auch der Bericht des Jugendamtes:

»Zusammenfassende sozialpädagogische Stellungnahme:

Wie aus den Schilderungen hervorgeht, bestehen nach wie vor bei allen Beteiligten massive und ausschließlich negative Einschätzungen gegeneinander. Eine Basis für einen Beziehungsaufbau, der ein Minimum an Achtung, Wertschätzung und Toleranz benötigen würde und der in einen geregelten Umgangskontakt münden könnte, ist an keiner Stelle erkennbar.

Eva befindet sich – mit Unterbrechungen – seit Jahren in Psychotherapie. Das aktuelle Umgangsverfahren löst bei ihr dennoch und noch immer erhebliche psychosomatische Reaktionen aus. Dies weist deutlich darauf hin, dass eine Traumatisierung in der frühen Kindheit stattgefunden hat und dass jedes weitere Verfahren zur Retraumatisierung führt.

Im Interesse des Kindeswohls empfehlen wir daher, den Umgangsantrag des Kindesvaters abschlägig zu bescheiden.«

Fazit:
Der Ehemann verliert den Prozess und resigniert. Er wird seine Tochter wohl sein Leben lang nicht mehr wiedersehen.

In vergleichbaren Fällen, in denen das Kind nicht so schwer psychisch erkrankt wie Eva, wird der Vater sicherlich schon noch von ihm hören, nämlich dann, wenn es sein Studium beginnt und ihn – selbstverständlich mit dem Brief eines Rechtsanwalts – auffordert, einen höheren Unterhaltsbeitrag für sein Studium zu leisten. Möglicherweise wird der Vater den Prozess gewinnen, und zwar mit der Begründung, dass sein Kind ihn als bloße Zahlstelle degradieren wolle, und dass es trotz seiner intensiven jahrelangen Bemühungen seit über fünf Jahren jeden Kontakt zu ihm verweigere. Letztmalig wird das Kind von seinem Vater etwas hören, wenn das Nachlassgericht ihm mitteilt, dass der Vater verstorben und es enterbt worden sei. Für das Kind ist dies Grund zu der bitteren Feststellung, dass es eigentlich ja schon immer gewusst habe, dass sein Vater ein Schwein gewesen sei. Dieses Vaterbild trug es bisher in seinem Herzen und wird es sein Leben lang in seiner so sehr verkümmerten Seele tragen.

Bei Scheidungskindern besteht im Vergleich mit Nichtscheidungskindern eine zweieinhalbfach erhöhte Gefahr, dass sie ihrerseits in ihren Ehen scheitern. Eine schlimme Hypothek, die gewiss durch behutsames Vorgehen bei Trennung und Scheidung ihrer Eltern in Grenzen gehalten werden kann.

b) Wollen wir den optimistischen Fall annehmen, dass der Ehemann einen Familienrechtler als Anwalt auswählt, der nicht nur von der Mediation Kenntnis hat, sondern mediative Elemente auch im Rahmen seiner Aufgabe als einseitig für den Vater tätigen Anwalt anwendet. Dieser Familienrechtler wird in seinen Schriftsätzen geduldig versuchen, die Ehefrau über deren Anwalt für den Weg der Mediation zu gewinnen. Sooft der Vater seinen Anwalt nach dessen vielen ergebnislosen Versuchen auch auffordern mag, nun endlich gerichtlich vorzugehen, weil er keine andere Möglichkeit mehr sehe, sooft wird der Anwalt ihm verdeutlichen, dass weder ihm – dem Vater – noch der Mutter noch der Tochter mit einem solchen Weg gedient ist. Er wird ihn weiterhin davon zu überzeugen suchen, in seinen Bemühungen um seine Tochter jenseits des gerichtlichen Weges nicht aufzugeben.

Selbst wenn dieses Engagement keinen Erfolg zeigt, kann der Anwalt des Vaters noch immer viel bewirken. Spätestens beim Scheidungstermin werden sich beide Elternteile begegnen. Der Anwalt des Ehemannes wird dem Kollegen, der die Ehefrau vertritt, bitten, die Frage des Umgangsrechts kurz mit dessen Mandantin erörtern zu dürfen, sei es vor der Gerichtsverhandlung oder unmittelbar danach. Zumeist wird das von den Kollegen zugestanden. Er wird der Ehefrau in wenigen, aber sehr sorgfältig gewählten Worten vermitteln, dass sein Mandant, der Ehemann, sie in ihrer äußerst schwierigen Situation verstehe. Er wird auch eingestehen, dass sie sich durchaus bemüht haben mag, positiv auf ihre Tochter einzuwirken, um diese von ihrer ablehnenden Haltung dem Vater gegenüber abzubringen. Kurzum, er muss ihr zunächst einmal das Gefühl vermitteln, dass sie verstanden wird. Natürlich darf er umgekehrt nicht auf sofortiges Verständnis und ein offenes Ohr hoffen, doch sollen seine Worte der Ehefrau verdeutlichen, dass sich der Ehemann und Vater zu großen Zugeständnissen bereit erklärt, um ein gerichtliches Prozessieren zu vermeiden und auf einem vernünftigen Weg Zugang zu seiner Tochter zu finden.

Bisweilen wird der Anwalt sogar während der Gerichtsverhandlung, auch wenn nur die Scheidung auf der Tagesordnung steht, den Richter oder die Richterin bitten, ein vermittelndes Wort an die Mutter zu richten, da der Vater seine Tochter seit einem unerträglich langen Zeitraum von nun schon einem Jahr nicht mehr gesehen habe. Auch wenn sich das Gericht darauf berufen wird, dass dies nicht das Thema der Gerichtsverhandlung sei, gehen die Erfahrungen von in dieser Weise mediativ vorgehenden Anwälten doch dahin, dass das Gericht sich »erweichen lässt« und die Mutter zumindest auf die Rechtslage verweist. Derzufolge gehört es zu den wesentlichsten Pflichten der Mutter, alle Maßnahmen – einschließlich einer Therapie – zu ergreifen, um ihrer Tochter zur Rückkehr zu einem normalen Umgang mit ihrem Vater zu verhelfen. Je nachhaltiger und zwingender das Gericht dies tut, desto größer ist die Chance, dass diese Worte auf fruchtbaren Boden fallen. Bereits in meinem Aufsatz »Der Scheidungsanwalt« habe ich auf die Notwendigkeit hingewiesen, auch in schwierigen Fällen einen langen Atem zu behalten: »Selbst wenn die Gegenseite eine harte und unnachgiebige Position signalisiert, wird der erfahrene und geduldige Scheidungsanwalt insgeheim dieser Haltung getrost ein ›zur Zeit‹ hinzufügen.«[3]

Da Kinder sehr intensiv und auch langfristig darunter leiden, wenn die eigene Familie zerbricht, gilt es, ihnen das größte Gehör zu schenken. Zu welchem Zeitpunkt die Kinder in die Mediation eingebunden werden, wird sehr sorgfältig und behutsam zwischen beiden Elternteilen und dem Mediator abgestimmt.

Nehmen wir eine Variante des Ausgangsfalls: Nach dem Auszug des Vaters aus der Ehewohnung reagiert seine ebenfalls vierzehnjährige Tochter, Daniela, ebenso ablehnend dem Vater gegenüber wie dies Annika anfangs getan hat. Mit den Eltern wird vereinbart, dass die Mutter gemeinsam mit der Tochter zum Mediator fährt und dieser mit Daniela zunächst ein Gespräch unter vier Augen führt.

Das Gespräch verlief wie folgt:

MEDIATOR: Grüß Dich Daniela, ist es okay für dich, wenn ich »du« zu dir sage?

DANIELA: Ja klar!

MEDIATOR: Ich freue mich, dass du hergekommen bist, Daniela. Wahrscheinlich weißt du von deiner Mutter, dass ich Mediator bin. Ich erkläre dir kurz, was ein Mediator ist. Sollte dir etwas unklar sein, oder solltest du während des Gesprächs irgendwelche Fragen haben, dann darfst du mich jederzeit unterbrechen. Okay?

DANIELA: Ja, okay.

MEDIATOR: Als Mediator bemühe ich mich, die verschiedenen Auffassungen und Sichtweisen jeder Seite, also die von dir, von deiner Mutter und von deinem Vater zu verstehen und nachzuempfinden. Auch wenn deine Eltern sich getrennt haben, bleibt die Familie trotzdem erhalten, sie existiert nur in einer anderen Form weiter. Und ich begleite sie auf diesem Weg. Der erste Schritt hierzu ist ja gemacht. Deine Eltern haben sich für die Mediation entschieden. Damit haben sie etwas ganz Tolles zum Ausdruck gebracht, sie sind nämlich bereit, über all das in Ruhe zu sprechen, was ihnen auf dem Herzen liegt, und alle Fragen fair und gerecht zu klären. Ich bin ihnen dabei behilflich und unterstütze sie so gut ich kann. Das wichtigste Anliegen deiner Eltern, das haben sie mir ausdrücklich ans Herz gelegt, bist nun einmal du. Deine Mutter und dein Vater wünschen sich beide, dass du wieder das lebensfrohe, unbefangene, optimistische Mädel wirst, das du vor dem Auszug deines Papas warst. Wie fühlt sich das für dich an?

Daniela: Na ja, theoretisch klingt das ja ganz gut, aber genau genommen ist doch alles scheiße. Schließlich hat der Papa uns verlassen und damit hat er doch gezeigt, dass wir ihm völlig egal sind.

Mediator: Ich sehe, es macht dich richtig wütend, über deinen Vater zu sprechen. Daran kann ich auch erkennen, dass er dir doch ziemlich wichtig ist, denn sonst würdest du dich sicher nicht so verletzt fühlen. Es ist bestimmt nicht einfach für dich, zu akzeptieren, dass deine Eltern getrennt leben, aber vielleicht können wir gemeinsam einen Weg finden, damit du damit besser umgehen kannst. Hast du dir schon einmal Gedanken darüber gemacht, wie dein Leben mit deinen Eltern, auch wenn sie nicht mehr zusammenleben, zukünftig aussehen kann?

Daniela: Manchmal denke ich, es wird schon gehen, und dass Mama und ich alles alleine hinbekommen, aber dann spüre ich wieder so eine Enttäuschung und Wut und könnte die ganze Zeit nur heulen. Zu Hause tue ich das ja auch, aber in der Schule muss ich mich immer verstellen, dass die nicht merken, dass ich eine Heulsuse bin. Aber dann sage ich mitten im Unterricht zur Lehrerin, dass ich auf die Toilette muss und dann flenne ich mich dort aus. Wenn ich dann zurückkomme sehen mir aber alle an, dass ich verheult aussehe und dann schäme ich mich.

(Daniela fängt auch jetzt wieder zu weinen an. Bevor sie ein Taschentuch aus ihrer Hosentasche ziehen kann, hat ihr der Mediator eins gereicht und zu ihr gesagt: »Ich hole mal etwas zu trinken«. Dies geschieht, um Daniela genügend Zeit zu lassen, sich wieder zu fassen. Als er mit den Getränken zurückkommt, natürlich ist auch eine Cola dabei, sieht man kaum noch Tränen.)

Mediator: Glaube mir bitte, Daniela, es tut mir unendlich leid zu sehen, was du jetzt für eine schlimme Zeit durchmachst. Sag mir ruhig, wenn du jetzt gehen möchtest, dann ist es okay für mich und wir können uns ja auch noch ein zweites Mal treffen.

DANIELA: Geht schon.

MEDIATOR: Welche Gefühle und Gedanken begleiten dich, wenn du weinen musst?

DANIELA: Ich weiß ja, dass Papa nicht mehr zurückkommt und da habe ich einfach Angst, dass keiner mehr da ist, der zu Mama und mir hält. Ich fühle mich einfach so im Stich gelassen. So ist es doch jetzt auch. Außerdem habe ich auch immer ein so blödes Gefühl, dass ich alles falsch gemacht habe. Papa hat sich ja oft darüber geärgert, weil ich Mama nicht genug im Haushalt geholfen habe und in der Schule war ich auch nicht so gut. Ich wäre ja auch beinahe sitzen geblieben. Und jetzt werde ich auch wieder schlechter, weil mir die Schule überhaupt keinen Spaß mehr macht und ich mich auch nicht mehr konzentrieren kann.

MEDIATOR: Ich finde es ganz toll, dass du so offen über deine Gefühle sprichst. Deinen Worten entnehme ich, dass du doch ziemliche Sehnsucht nach deinem Papa hast und die Geborgenheit vermisst, die er dir gegeben hat. Ist es nicht so, dass du dir doch wünschst, dass er dich in deinem zukünftigen Leben weiterhin begleitet, dass du jemanden an deiner Seite hast, der zu dir steht und der dich lieb hat?

DANIELA: Ja, ich glaube schon, aber der Papa hat ja gezeigt, dass er mich nicht mehr lieb hat, sonst wäre er ja auch nicht gegangen.

MEDIATOR: Außerdem hört sich das, was du bezogen auf deine Mitarbeit im Haushalt gesagt hast, ein wenig so an, als ob du dich schuldig fühlst, dass dein Papa ausgezogen ist.

DANIELA: Ich weiß nicht, vielleicht ja, ja schon.

Mediator: Also was ich bis jetzt herausgehört habe, ist, dass du dich nach wie vor unendlich verletzt fühlst, dass du vor allem immer noch darunter leidest, dass dein Papa, ohne mit dir vorher darüber gesprochen zu haben, ausgezogen ist. Du fühlst dich verlassen und hilflos, aber auch noch ziemlich wütend. Auch empfindest du immer wieder so etwas wie eine Schuld, dass dein Papa gegangen ist. Du hast eine so heftige seelische Erschütterung erlebt und fühlst eine starke innere Sperre, deinen Papa bald oder sogar überhaupt noch wiederzusehen. Andererseits hast du aber doch ein großes Bedürfnis, dass dein Verhältnis zu deinem Papa wieder so unbefangen, vertrauens- und liebevoll wird, wie es vor seinem Auszug war. Sehe ich das so richtig?

Daniela: Ja, so ungefähr ist es schon.

Mediator: Möchtest du hören, was dein Papa zu mir gesagt hat?

Daniela: Ist mir egal, ja und, was hat er gesagt?

Mediator: Also ich habe deinen Papa sehr traurig erlebt. Er hat immer wieder gesagt, wie leid ihm alles tut. Er hat mir gegenüber offen zugegeben, dass er mit seinem wortlosen Auszug einen schlimmen Fehler gemacht hat. Dich zurückzulassen fiel ihm wirklich schwer, aber er wusste einfach nicht, wie er es dir hätte sagen sollen. Er vermisst es so sehr, dich um sich zu haben und er erzählte mir, dass ihr beide ein gemeinsames Frühstücksritual habt, und jeden Morgen wird ihm das Herz schwer, wenn du nicht mit ihm an seinem Tisch sitzt. Alles was er möchte – und er sagte mir, das sei ihm das Wichtigste auf der Welt – wäre es, dir das alles persönlich zu sagen und sich zu entschuldigen. Ich bin sicher, er wäre der glücklichste Mensch, wenn du seine Entschuldigung annehmen könntest. Ich glaube, er hat mit seinen vielen Briefen versucht, dir das alles zu sagen, was ich dir jetzt anvertraut habe. Immer wenn er abends von der Arbeit kam, hat er in den Briefkasten geschaut, um zu sehen, ob du ihm geantwortet hast. Aber auch über Handy und E-Mail hat er alles versucht. Wie hast du dich gefühlt, wie fühlst du dich noch immer, wenn dein Papa sich so sehr um dich bemüht?

DANIELA: Ich denke, dass es richtig ist, wenn ich mich so verhalte, denn damit kann ich ihm am besten zeigen, wie sehr ich ihm immer noch böse bin.

MEDIATOR: Hast du so zwischendrin nicht auch mal das Gefühl, dass es dir etwas besser gehen würde, wenn du mit ihm mal sprichst und du ihm persönlich gegenüber dein Herz ausschütten kannst?

DANIELA: Ja, manchmal schon.

MEDIATOR: Darf ich dir mal aus meiner Erfahrung schildern, wie sich Ehepartner bei der Trennung so im Allgemeinen verhalten?

DANIELA: Ja und?

MEDIATOR: Also die schwerste Frage in einer solchen Konfliktsituation, das heißt, wenn ein Ehepartner die Ehe nicht mehr fortsetzen kann, nicht mehr fortsetzen möchte, besteht darin, wann und wie man es dem anderen sagt. Wir lernen so etwas ja nicht, weder in der Schule noch später im Leben. Es gibt sogar ein Buch, das sich vor allem mit dieser Frage beschäftigt. Der Titel heißt: »Ich verlasse dich«.[4] Selbst wenn dein Papa das Buch gelesen hätte, ich bin mir nicht sicher, ob er dann für dich und deine Mama die richtigen Worte gefunden hätte. Auf jeden Fall ist in diesem Buch immer wieder die Rede davon, dass es am besten in einer solch verfahrenen und verzwickten Situation ist, sich in einer Mediation mal so richtig persönlich auszusprechen.

Mache dir doch mal Gedanken darüber, es muss ja nicht heute oder morgen sein, ob es nicht doch eine Erleichterung, eine Linderung deiner Schmerzen sein könnte, deinen Papa wiederzusehen. Entweder hier in der Mediation oder woanders, wo immer du eben möchtest. Schau mal, deine Mama war ja am Anfang auch ganz dagegen, und in dem Gespräch mit ihr habe ich herausgehört, dass sie auch möchte, dass du deinen Papa wiedersiehst. Was meinst du?

DANIELA: Ich weiß nicht.

MEDIATOR: Weißt du, Daniela, deinem Vater ist es bestimmt auch nicht leicht gefallen diese Entscheidung zu treffen. Aber manchmal ist es einfach so im Leben, dass sich zwei Menschen nicht mehr verstehen, auch wenn sie sich vorgenommen haben, ein Leben lang zusammenzubleiben. Um nicht ständig streiten zu müssen, gehen sie lieber auseinander. Sicher hast du von deinen Freunden und Bekannten schon davon gehört.

DANIELA: Ja, aber wenn man ein Kind hat, macht man doch so was nicht.

MEDIATOR: Ja, da hast du vollkommen recht, das macht die Sache natürlich viel schwieriger. Das kann ich gut nachempfinden. Aber ich sehe auch, du verstehst schon ganz schön viel. Das klingt alles sehr vernünftig, was du da sagst. Weil du doch schon ziemlich viel verstehst, würde ich dir gerne etwas über Partnerschaften allgemein erklären, darf ich?

DANIELA: Ja, ist schon okay.

(Der Mediator zeichnet auf einem Blatt Papier einen Kreis und bringt direkt an den Rand eine Vielzahl von Punkten an, von denen ebenso viele Sprechblasen ausgehen. Jede Sprechblase bezeichnet er abwechselnd mit Buchstaben C für Claudia, Ehefrau, und H für Heiko, Ehemann).

MEDIATOR: Schau mal, Daniela. Ich gehe mal ganz willkürlich zu der Sprechblase eines Elternteils. Mit wem wollen wir anfangen, mit der Mutter oder dem Vater?

Daniela: Ist mir egal.

Mediator: Okay, fangen wir mit der Mutter an:

1. Sprechblase C: »Also es ist doch klar, dass ich enttäuscht bin, wenn Heiko mir überhaupt keine liebe Geste mehr zeigt.

1. Sprechblase H: »Wenn Claudia die ganze Zeit mit mir meckert, kann ich einfach nicht mehr nett und freundlich zu ihr sein.«

2. Sprechblase C: »Wenn Heiko abends nach Hause kommt, bin ich schon stocksauer, weil ich weiß, dass er vorher in der Wirtschaft war und Bier getrunken hat.«

2. Sprechblase H: »Ich kann es zu Hause kaum aushalten, so schlecht ist da immer die Stimmung. Ich brauche nach der Arbeit ein bisschen Ruhe und kann die schlechte Laune von Claudia am besten ertragen, wenn ich davor ein bis zwei Bierchen getrunken habe.«

Mediator: Ich könnte so den ganzen Kreis mit Sprechblasen füllen. Weißt du, Daniela, ich will dir mit diesem Beispiel etwas aufzeigen. Heute wissen wir, dass der Konflikt von Ehepartnern nicht einfach damit zu erklären ist: »Weil du das gemacht hast, habe ich darauf so reagiert, und weil du darauf so reagierst hast, habe ich das getan« usw. Diese Schlussfolgerung führt in die Irre. Es ist in einer Partnerschaft letztlich kein Anfang und kein Ende auszumachen, welches Verhalten dafür ursächlich war, dass sie in die Brüche gegangen ist. Wir haben im Eherecht seit 1977 nicht mehr das Schuldprinzip. Und das aus gutem Grund. Entscheidend ist doch aber immer nur, wie fair die Partner letztlich in der Trennung und Scheidung miteinander umgehen.

Dass dein Vater sich bei seinem Auszug nicht gerade vorbildlich verhalten hat, kann ja niemand bezweifeln. Aber er ist weiterhin bereit, für die Familie zu sorgen und euch gegenüber fürsorglich zu sein. Deshalb hat er sich für den Weg der Mediation entschieden.

Deine Eltern wollen nicht über deinen Kopf hinweg entscheiden und hier, wo wir uns bemühen zu vermitteln, hast auch du die Möglichkeit zu überlegen und mitzugestalten, welche neue Form die Familie annehmen kann. Wie klingt das für dich?

DANIELA: Weiß ich noch nicht. Mal sehen.

MEDIATOR: Wie sieht es denn mit deiner Freizeit aus? Kannst du dich da ein bisschen ablenken?

DANIELA: Na ja, die Jessi ist meine beste Freundin, die ist schon mal sitzen geblieben und ein Jahr älter, aber ich sehe sie jetzt immer weniger, weil sie einen Freund hat und ich bei ihr jetzt sowieso nur die zweite Geige spiele, das finde ich richtig ätzend. Jetzt komm ich auch kaum zum Reiten, weil die Bus- und Bahnverbindung dahin so schlecht ist und meine Mutter kaum Zeit hat, mich hinzufahren. Immer kommt was dazwischen, was wichtiger ist. Und ich sitz dann zu Hause rum.

MEDIATOR: Was hältst du davon, wenn wir erst mal die Frage klären, wie du wieder regelmäßig Reiten gehen kannst? Für mich ist wichtig, dass du hier in der Mediation erfährst, dass wir, auch wenn es nur kleine Schritte sind, versuchen, einen Weg zu finden, mit dem alle einigermaßen in der jetzigen Situation zurechtkommen.

DANIELA: Ja, das wäre natürlich gut.

MEDIATOR: Okay, hast du noch eine Frage oder etwas das du mir sagen möchtest?

DANIELA: Nö, eigentlich nicht.

MEDIATOR: Okay, aber wenn dir später noch was einfällt oder wenn dich auch sonst etwas bedrückt, was du mit der Mama und natürlich auch mit dem Papa nicht besprechen möchtest, gebe ich dir mal meine Telefonnummer. Du kannst mich jederzeit anrufen, oder mir eine SMS schicken.

DANIELA: Okay.

(Sie zieht ihr Handy aus der Tasche und speichert die Telefonnummer des Mediators.)

MEDIATOR: Also tschüss, Daniela. Auf jeden Fall bin ich dir sehr dankbar, dass du überhaupt hierher mitgekommen bist und dass du ganz offen mit mir gesprochen hast. Das finde ich wirklich super. Du bist ein tapferes Mädel.

DANIELA: Tschüss.

Nachdem Daniela nach dem Gespräch im Wartezimmer Platz genommen hatte, erörterte der Mediator mit der Mutter das soeben mit Daniela geführte Gespräch. Er bestätigte den ihm schon zuvor von der Mutter geschilderten Zustand Danielas. Er erläuterte der Mutter, dass die Verletzung ihrer Tochter sehr tief sitze und sie in dem ersten Gespräch erst mal ihr Herz habe ausschütten sollen. Danielas aktueller Wunsch sei, wieder regelmäßig zum Reiten gefahren zu werden. Es wurde vereinbart, dass Mutter und Vater diese Frage beim nächsten Treffen mit dem Mediator vorrangig behandeln würden. Bei diesem Treffen, an dem Daniela nicht teilnahm, wurden dann zahlreiche Möglichkeiten eines »Reit-Fahrdienstes« erörtert. Anschließend erzählte die Mutter Daniela, wie dieses Gespräch verlaufen war und dass die Atmosphäre zwischen ihr und dem Papa ziemlich entspannt und fast schon herzlich gewesen sei. Man habe schließlich ein Probemodell erwogen, wonach Vater und Mutter sie abwechselnd zum Reiten fahren und abholen würden. An den »Vater-Tagen« sollte sie nach dem Reiten mit ihrem Papa noch ins Reiterstübchen einkehren, um eine Erfrischung zu sich zu nehmen. Für Daniela war wichtig zu erfahren, dass ihre Mutter sich mit ihrem Vater wieder an einen Tisch gesetzt hatte, um sich gemeinsam mit ihm Gedanken über ihre Tochter zu machen. Mit der Klärung einer Nebenfrage – dem Reiten – war ein Anfang gemacht. Daniela willigte nach anfänglichem Zögern ein. Den Vater quasi als ihren »Privatchauffeur« zu erleben, war mit Danielas Stolz, ihrem sich selbst gegebenen Versprechen, den Vater so schnell nicht mehr wiedersehen zu wollen, gerade noch vereinbar.

Diese Regelung wurde ein paar Wochen lang praktiziert, aber mehr als eine förmlich-höfliche Beziehung wollte sich zwischen Vater und Tochter nicht entwickeln. Daraufhin wurden noch zwei Einzelgespräche zwischen Daniela und dem Mediator durchgeführt.

Als sich auch hier keine nennenswerten Anzeichen einer Annäherungsbereitschaft der Tochter dem Vater gegenüber einstellen wollten, wurde ein letztes Treffen zwischen den Eltern, Daniela und dem Mediator – eine Art Abschlussbesprechung – vereinbart. In dieser wurden mehrere Lösungsmöglichkeiten erwogen, u. a. auch eine Therapie für Daniela, der das Mädchen aber eindeutig ablehnend gegenüberstand. Schließlich erklärte sie sich damit einverstanden, wenn auch noch immer etwas widerwillig, beim nächsten Wochenende zusammen mit ihrem Vater einen Wanderausflug zu machen.

Nur sehr zäh und ganz allmählich entwickelt sich schließlich ein besseres Verständnis zwischen Tochter und Vater. Der größte Anteil daran war dem Umstand zuzuschreiben, dass in der Mediation alle wichtigen Fragen der Eltern hinsichtlich der Trennung fair geregelt werden konnten. Daniela erkannte, dass dies nur in Gesprächen zwischen ihrer Mutter und ihrem Vater hatte erreicht werden können. Schließlich wollte Daniela nach der letztlich versöhnlichen Lösung des Konfliktes ihrer Eltern nicht im Abseits stehen.

Fall 2:
Ein zweites Beispiel, bei dem das PAS eine einschneidende Rolle gespielt hat:

Die Eltern haben sich getrennt, die gemeinsame Tochter Tina ist fünf Jahre alt. Der Anfang, d. h. etwa die ersten fünf Begegnungen, zu denen der Vater die Tochter abgeholt hat, um mit ihr den Samstagnachmittag zu verbringen, hat ganz gut funktioniert. Als Tina aber von einem solchen Nachmittag zurückkehrt und ihrer Mutter erzählt, dass sie die Brigitte, Papas neue Freundin, kennengelernt habe und die auch richtig lieb zu ihr gewesen sei, wendet sich das Blatt. Tinas Bekenntnis löst bei der Mutter eine starke emotionale Erschütterung aus. Dass der Ehemann eine neue Partnerin hat, ist ihr bekannt, aber dass Tina schon jetzt von dieser für sie wildfremden Person (mit-)betreut, ja sogar (mit-)erzogen werden soll, und das alles hinter ihrem – der Ehefrau – Rücken, löst bei ihr eine heftige Abwehrhaltung aus. »Nein, nein und nochmals nein; das werde ich nicht dulden!« Diese Entscheidung teilt sie unmissverständlich dem Vater mit. Am nächsten Wochenende und auch an den darauffolgenden darf der Vater Tina nicht mehr abholen. Die Begründungen sind jeweils unterschiedlich: Einmal ist sie angeblich erkältet, ein anderes Mal wird eine Magenverstimmung angeführt. Schließlich erklärt die Mutter, dass Tina überhaupt nicht mehr zu ihrem Vater wolle.

Tina erlebt ihre Mutter in den darauffolgenden Wochen in einer schlechten Gemütsverfassung. Sie fühlt, dass ihre Mutter enttäuscht und wütend ist. Die Mutter stellt ihrerseits fest, dass Tina traurig und verängstigt wirkt. Als die Mutter Tina fragt, ob sie das nächste Wochenende zum Papa wolle, reagiert die Tochter nur achselzuckend. Nach Monaten lässt sich die Ehefrau von ihren Eltern, die nach wie vor eine gute Beziehung zu ihrem Schwiegersohn haben, überreden, den Umgang des Vaters mit Tina wieder zu erlauben. Als der Vater Tina abholen möchte, reagiert diese ablehnend. Die Mutter redet ihr gut zu, nimmt sie an die Hand und geht hinaus zum Vater, der vor seinem Auto auf Tina wartet. Tina begrüßt ihren Vater nicht, sondern versucht ihre Mutter – noch immer an der Hand haltend – mit den Worten »Ich will nicht!« ins Haus zurückzuziehen. Nach längerem gutem Zureden steigt Tina schließlich doch ins Auto, weinend und ihrer Mutter einen hilflosen Blick zuwerfend.

Hier setzte Tage später die Mediation ein.

Der Vater schilderte das Verhalten von Tina so, dass sie zwar zunächst im Auto geweint und ihm erklärt habe, dass sie traurig sei, weil sie mit ihrer Mutter nicht habe weiterspielen können. Doch noch bevor sie seine etwa zwanzig Autominuten entfernte Wohnung erreicht hatten, habe sich Tina bereits beruhigt und sogar mit ihm gescherzt. Er zeigte Fotos, die Tina lachend und unbeschwert bei zahlreichen mit dem Vater erlebten Aktivitäten zeigten. Die Mutter hatte jedoch den Abschied ihrer weinenden Tochter als so schmerzhaft erlebt, dass sie die Befürchtung hegte, Tina könne beim nächsten Umgang mit dem Vater wieder so abweisend reagieren. Sie bestand darauf, dass Tinas Traurigkeit echt und keinesfalls gespielt gewesen sei, ebenso ihre Tränen.

Die entscheidende Frage war nun, ob es – so die Einschätzung der Mutter – für Tina besser sei, den Umgang mit dem Vater noch so lange auszusetzen, bis sie wieder von sich aus den Wunsch äußere, ihn zu sehen, oder ob dem Vorschlag des Vaters entsprochen werden sollte, schon am nächsten Wochenende ein Treffen von Vater und Tochter zu vereinbaren.

Während dieser Erörterungen wiederholte die Ehefrau ihre Sorgen und Befürchtungen, der Vater werde seine neue Lebenspartnerin in die Betreuung des Kindes einbeziehen. Sie machte auch keinen Hehl daraus, dass Eifersucht eine gewisse Rolle spiele. Auf jeden Fall erlebe sie den Umgang Tinas mit der neuen Partnerin ihres Ehemannes als äußerst schmerzhaft. Der Vater bekundete recht offenherzig, dass er sich eigentlich keine großen Gedanken gemacht habe, als er Tina seiner Lebenspartnerin vorstellte. Er könne aber angesichts der Betroffenheit seiner Ehefrau nachvollziehen, dass er sie möglicherweise hätte vorher informieren sollen. Die Mutter äußerte den dringenden Wunsch, dass der Vater, zumindest noch für einen gewissen Zeitraum, d. h. ein bis zwei Monate, den Umgang mit Tina alleine ausübe. Der Ehemann erklärte sich hiermit, wenn auch etwas widerstrebend, einverstanden.

Unabhängig von dieser Absprache wollten beide Elternteile wissen, wie die Rechtslage bei einer solchen Konstellation sei. Sie erfuhren, dass die Familiengerichte bei Sachverhalten der geschilderten Art ganz überwiegend dazu tendieren, der Mutter die Einbeziehung der neuen Partnerin bei der Umgangsregelung zuzumuten. Anschließend wurde erörtert, ob der Schilderung des Vaters Glauben zu schenken sei, der zufolge Tina ihre in Anwesenheit der Mutter gezeigte traurige Haltung aufgegeben habe, als sie mit dem Vater allein war. Es wurde überlegt, ob es gut sei, beim nächsten Treffen von Vater und Tochter eine Vertrauensperson der Ehefrau hinzuzuziehen. Weiter wurde in Erwägung gezogen, dass der Vater mit einer Videokamera kurz nach der Übergabe Aufnahmen mache, die Tinas Stimmungswechsel bezeugen könnten. Schließlich einigte man sich auf eine dritte Möglichkeit: Der Vater sollte Tina nicht mit dem Auto abholen, sondern beide sollten gemeinsam mit dem Zug zum Vater fahren. Die Mutter fuhr mit Tina zum Bahnhof. Vater und Tochter stiegen wie verabredet in den Zug, die Mutter winkte ihrer (jetzt wieder etwas weinerlich wirkenden) Tochter zum Abschied zu. Der weiteren Absprache folgend, stieg nun auch die Mutter, von Tina unbemerkt, in den Zug, und beobachtete, nachdem der Zug losgefahren war, von einer verdeckten Position aus Vater und Tochter. Schon nach einer von zwei Stationen stieg sie wieder aus, weil allein diese kurze Zeit ausgereicht hatte, sie davon zu überzeugen, dass Tina sich mit ihrem Papa unbeschwert und lachend unterhielt.

2. Fallgruppe: Finanzielle Fragen

Fall 1:
Nach der Trennung der Eheleute durch den Auszug des Vaters blieb der zehnjährige Sohn Stefan bei der Mutter. Der Unterhalt war während des Scheidungsverfahrens gerichtlich verhandelt worden. Auf Drängen des Richters wurde eine Vereinbarung über den nachehelichen Unterhalt und den Unterhalt für Stefan getroffen. Der Ehemann stand nicht hinter diesem Vergleich. Er fühlte sich zu dieser Regelung buchstäblich genötigt. Die Worte des Richters hatte er noch im Ohr: »Wenn Sie jetzt nicht zustimmen, dann gibt es ein Urteil, und das sieht für Sie wesentlich schlechter aus. Außerdem hätten Sie dann auch noch die kompletten Kosten des Verfahrens zu tragen.«

In den folgenden Monaten zahlte der Vater widerwillig und unregelmäßig. Als dann völlig unerwartet eine saftige Steuernachzahlung auf ihn zukam und ebenso unerwartet die Tantiemenzahlungen ausblieben, kürzte er unangekündigt die Unterhaltszahlungen für die folgenden Monate drastisch. Die Mutter reagierte stocksauer. Trotz fest vereinbarter Betreuungszeiten durfte der Vater Stefan in den folgenden Wochen nicht wie verabredet sehen. Die lapidare Begründung der Mutter: »Er will einfach nicht und ich kann ihn ja schließlich auch nicht dazu zwingen.«

So sehr die Frage des Umgangsrechts einerseits und die der Unterhaltszahlungen andererseits – jedenfalls juristisch gesehen – zwei völlig verschiedene Paar Stiefel sind, gibt es auf der menschlichen Ebene kaum ein Paar Stiefel, das besser zusammenpasst als regelmäßige Unterhaltszahlungen des Vaters und regelmäßiger Umgang des Kindes mit ihm. Oder umgekehrt: Störung bei Unterhaltszahlungen und gestörter Umgangsrhythmus. Der Streit der Eltern eskalierte. Geplant war, dass Stefan die gerade bevorstehenden ersten drei Wochen der Sommerferien bei seinem Vater verbringt. Die Mutter erklärte, sie habe große Zweifel, ob sie Stefan zu diesem Urlaub werde motivieren können.

Hier setzte die Mediation ein. Sie dauerte nur zwei Stunden und schloss mit dem Ergebnis, dass wechselseitig Verständnis für die jeweilige finanzielle Situation geweckt und auch der Unterhalt den veränderten Umständen angepasst werden konnte. Nachdem die Eltern diese Vereinbarung freiwillig und ohne jeden Zwang getroffen hatten, war es nur noch ein kleiner Schritt, die ursprüngliche Umgangsregelung mit Stefan wieder aufleben zu lassen.

In juristischen Kategorien gedacht, hätte die Mutter aufgrund der gerichtlichen Vereinbarung auch über das Gericht veranlassen können, dass das Gehalt des Vaters gepfändet wird, der Vater hätte sich seinerseits mit den entsprechenden Rechtsmitteln dagegen wehren können. Die Eskalation hätte ihren Lauf genommen.

Die besondere Anforderung bei dieser Mediation bestand darin, den Vater aus einer Art Blockade-Situation zu befreien. Natürlich wusste er, dass er mit anwaltlicher Hilfe eine Reduzierung der gerichtlich vereinbarten Unterhaltshöhe erreichen konnte, doch hatte er, wie er in der Mediation unbefangen bekundete, »die Schnauze von Gerichten und Anwälten gestrichen voll«. Hätte er anwaltliche Hilfe in Anspruch genommen, hätte sein Anwalt in seinem ersten Schriftsatz an die Mutter darauf verwiesen, dass der Unterhalt überhaupt nichts mit der Frage des Umgangs zu tun habe und sie deshalb keinesfalls berechtigt sei, die Umgangsregelung zu relativieren, geschweige denn den Umgang zu vereiteln. Der von der Mutter eingeschaltete Anwalt hätte seiner Mandantin geraten, über den Gerichtsweg eine Pfändung des Einkommens des Vaters zu erreichen. Weil ein solches Vorgehen wiederum mit Kosten und erheblichem Zeitaufwand verbunden gewesen wäre, griff die Mutter kurzerhand zum Mittel der »erpresserischen« Verweigerung des väterlichen Umgangsrechts. *Das ist der unjuristische Alltag!*

Fall 2:
Ein wesentlicher Grund, warum Tausende von Vätern sich jedes Jahr von ihren Kindern abwenden, besteht darin, dass die Gerichte bei der Berechnung des Kindes- und Ehegattenunterhalts und später des nachehelichen Unterhalts nach Schablonen und Richtsätzen vorgehen und somit nicht in ausreichendem Maße den individuellen Lebensbedingungen des unterhaltspflichtigen Ehemannes und Vaters Rechnung tragen. Erkennt der Vater, dass ihm nach Abzug der juristisch festgesetzten Unterhaltsbeträge nicht genug Geld bleibt, die Kosten zu tragen, die er selbst als Minimum seines monatlichen Bedarfs errechnet hat, reagiert er zuerst ungläubig und empört. Dies geschieht besonders häufig dann, wenn Unterhaltsverpflichtungen in einer

Phase an ihn herangetragen werden, in der er noch mit der maßlosen Enttäuschung über das Ende seiner Ehe zu kämpfen hat. Wenn dazu auch noch der »Schuldige« für das Scheitern der Ehe in einem neuen Partner der Ehefrau ausgemacht wird, erscheint die Situation ausweglos finster. Dass sich aus einer solchen Konstellation im Extremfall Tragödien entwickeln können, wird weiter unten gezeigt.

Der Verlassene wähnt sich nun als »Sponsor« der neuen Partnerschaft missbraucht. Die Unterhaltsforderungen, die für die Ehefrau und das Kind geltend gemacht werden, hält er für maßlos und völlig überzogen. Sie stellen für ihn oft eine unüberwindbare Hürde dar. Hinzu kommt, dass zu diesem Zeitpunkt noch nicht einmal prognostiziert werden kann, wie lange er auf diese Weise »ausgenommen« werden soll. Sein Anwalt wird ihm keinen Mut machen können. Dessen Auskunft wird lauten, dass dies von vielen Umständen abhänge (Dauer der Ehe, Art und Intensität der berufsbedingten Nachteile, die die Ehefrau erlitten hat, ihre Chancen, auf dem Arbeitsmarkt wieder Fuß zu fassen, die Höhe ihrer Einkünfte u. Ä.), doch solle er sich schon einmal auf eine viele Jahre dauernde Unterhaltsverpflichtung einstellen. Wenn der Vater sich jetzt ausmalt, dass sein verbleibendes Einkommen nicht einmal ausreicht, seinem Kind, selbst wenn es nur alle vierzehn Tage das Wochenende bei ihm verbringt, kleine alltägliche Wünsche zu erfüllen, führen Verärgerung und Wut mit Resignation und dem Wunsch, alles hinzuwerfen, einen verzweifelten Kampf. Man bedenke, dass ein Kinobesuch und ein gemeinsames Essen im Restaurant schon ein kleines Vermögen kosten. Zwar bittet der Vater bisweilen die Mutter, Unterhalt in einer für ihn verträglichen Unterhaltshöhe leisten zu dürfen, und erklärt sich bereit, den Differenzbetrag zur juristischen Messlatte (der gesetzlichen Unterhaltshöhe) durch zusätzliche Ausgaben für das Kind auszugleichen. Doch bleiben diese Bemühungen oft leider ohne Erfolg. Der Vater fühlt sich schäbig und geizig, wenn sein Kind mit ihm Einkäufe machen möchte und er dessen Wunsch nicht erfüllen kann, ihm dieses oder jenes Kleidungsstück zu kaufen, weil es doch gerade so »in« sei und weil der Papa ihn doch damit so glücklich machen würde.

Es sollen hier keine Missverständnisse aufkommen. Keinesfalls ist damit gemeint, dass der Vater sich gegen Unterhaltszahlungen sträubt, weil er sich die Sympathie seines Kindes durch den Erwerb luxuriöser Markenartikel erkaufen möchte. Man darf jedoch nicht vergessen, dass der Regelfall bei einer Trennung und Scheidung der Eltern die Aufrechterhaltung der gemeinsamen elterlichen Sorge bedeutet und die strikte Zuteilung des Barunterhalts an die Mutter mit ihrer alleinigen Entscheidung, wie dieses Geld zu verwenden sei, nicht mehr dem Verständnis entspricht, wie die Kinder ihre Eltern wahrnehmen möchten. Sie möchten sich nämlich auch mit ihren Konsumbedürfnissen sowohl an Mama als auch an Papa wenden können. Wenn es in dieser Situation auch noch zu Störungen des Umgangs mit dem Kind seitens der Mutter kommt, die aus der Sicht des Vaters als willkürlich oder gar bösartig erlebt werden, gibt er auf. Oft sind für seine endgültige Resignation auch Schwierigkeiten mit seinem Chef ausschlaggebend, der zum wiederholten Male die nachlassende Leistung des Vaters am Arbeitsplatz kritisiert und sogar mit einer Kündigung droht.

In der Mediation gelingt es fast immer, einen Konsens auch in einer solch verzwickten und doch häufig vorkommenden Konstellation zu finden. Die Ehefrau erkennt hier, wann die absolute Schmerzgrenze des Ehemannes und Vaters erreicht ist. Sie verzichtet im Zweifel vorerst auf einen Teil des von ihr gewünschten juristisch (auch vom Mediationsanwalt) ermittelten Unterhalts. Sie kann jedoch darauf vertrauen, dass dieses Entgegenkommen im Rahmen eines Gesamtpakets der Mediationsvereinbarung fair und ausgewogen ausgeglichen wird.

3. Fallgruppe: Wegzug der Mutter

Fall 1:
Das Ehepaar ist geschieden, alle Folgesachen wie Unterhalt, Vermögen, Hausrat u. Ä. sind zur Zufriedenheit beider Seiten geregelt worden. Auch die Umgangsregelung (der vierzehntägige Wochenendturnus) klappt gut. Die Mutter lernt später einen neuen Partner kennen, der in Hamburg, also 600 Kilometer von ihrem jetzigen Wohnort entfernt, wohnt. Sie will mit den Kindern zu ihm ziehen. Gut vorstellbar, dass der Vater unverzüglich einen Juristen aufsucht, der sich mit folgendem (oder ähnlichem) Wortlaut an die Mutter wendet:

»Ihre meinem Mandanten gegenüber geäußerte Absicht, nach Hamburg zu ziehen, kann keinesfalls akzeptiert werden. Mein Mandant wäre gezwungen, 600 Kilometer zu Ihrem Wohnort zu fahren, die Kinder abzuholen, sodann 600 Kilometer wieder zu seinem Wohnort zurückzufahren, um dort nur eine kurze Zeit mit den Kindern verbringen zu können. Anschließend wäre die gleiche Tortur beim Zurückbringen der Kinder zu beklagen. Dies ist schlechterdings für meinen Mandanten unzumutbar. Mein Mandant bittet daher darum, dass Sie Ihren Entschluss zu diesem Wegzug noch einmal sehr kritisch überdenken, notfalls er sich gezwungen sähe, gerichtliche Schritte in Anspruch zu nehmen.«

Der Anwalt der Ehefrau wird erwidern, dass die Entscheidung seiner Mandantin endgültig sei.

Eine außergerichtliche Einigung scheitert bei diesem Sachverhalt zumeist, weil für den durch den drohenden Wegzug seiner Exfrau geschockten Vater quasi reflexartig nur die von seinem Anwalt geschilderte Horrorvision vorstellbar ist. Die eingeschalteten Gerichte tendieren ganz überwiegend dahin, die Entscheidung der Mutter zu akzeptieren. Ohne die unschätzbaren Vorteile und Lösungsmöglichkeiten eines Mediationsverfahrens führt der Wegzug der Mutter oftmals zu einem völligen Bruch des Kontakts zwischen dem Vater und dem Kind.

In der Mediation gelingt es häufig, durch konstruktive Lösungen eine kontinuierliche Betreuung des Kindes durch den Vater auch nach dem Wegzug der Mutter sicherzustellen. Die Mutter zeigt in diesem Verfahren zumeist eine große Bereitschaft, dem Vater bei der Überwindung der großen Distanz zwischen den beiden Wohnorten in des Wortes doppelter Bedeutung »entgegenzukommen«. Hier werden zahlreiche kreative Modelle entwickelt. Bewährt haben sich Absprachen der Eltern, die sich nicht an dem starren vierzehntägigen Rhythmus orientieren, sondern etwa einen Drei-Wochen-Rhythmus wählen. Als Ausgleich halten die Kinder sich länger als die Hälfte der Schulferien bei dem betreuenden Elternteil auf. Bei den vielfältigen Einigungsmöglichkeiten sind der Fantasie keine Grenzen gesetzt. So kann beispielsweise auch unter Einbeziehung von Begleitpersonen während der Fahrt oder des Fluges die räumliche Distanz erträglich gestaltet werden, insbesondere dann, wenn die Mutter sich überdies bereit erklärt, sich an den Kosten der sorgfältig gewählten Sondertarife öffentlicher Verkehrsmittel angemessen zu beteiligen.

Überraschenderweise werden von den Eltern in der Mediation sogar erfrischend-unkomplizierte Vereinbarungen getroffen. Wenn zum Beispiel andere als partnerschaftliche Aspekte für den Wegzug der Mutter ausschlaggebend waren, einigen sich die Eltern bisweilen darauf, dass die Kinder in der Wohnung der Mutter während des vereinbarten Zeitraums vom Vater betreut werden, während die Mutter in der Zeit bei Freunden oder in einer preislich akzeptablen Pension übernachtet. Dies freilich nach getroffener Absprache, wie die dadurch entstehenden Kosten anteilig getragen werden. Gar nicht so selten übernachtet der Vater auch in Anwesenheit der Mutter in deren Wohnung, und zwar im Kinderzimmer, zusammen mit den Kindern, um tagsüber mit ihnen die gemeinsame Papa-Zeit zu verbringen, auch hier – erstaunlicherweise – mitunter sogar zusammen mit der Mutter. Schließlich werden auch Regelungen getroffen, bei denen umgekehrt die Mutter die Fahrt von ihrem Wohnort zur Wohnung des Vaters auf sich nimmt und auch hier die genannten Varianten praktiziert werden.

Diese wenigen Beispiele zeigen, dass bei einem *guten* Willen beider Elternteile – zugegeben muss es mitunter auch der *beste* auf beiden Seiten sein – der Papa den Kindern »erhalten« bleibt. Die idealen Voraussetzungen hierfür schafft die Mediation.

Fall 2:
In einer Mediation hatten die Eltern alle mit der Trennung verbundenen Fragen einvernehmlich geregelt, Ausnahme war die Umgangsregelung mit dem Kind. Der von der Ehefrau verlassene Vater war zutiefst gekränkt und trachtete danach, sich an der Mutter zu rächen, indem er das Kind quasi als Werkzeug missbrauchte. Als die Mutter in eine Stadt zog, die rund 150 Kilometer von ihrem bisherigen Wohnort entfernt war, weigerte der Vater sich strikt, das Kind abzuholen und auch wieder zurückzubringen.

Hier setzte die Mediation ein.

Im Rahmen eines Einzelgesprächs mit der Mutter wurde verdeutlicht, welche Blockaden sich beim Vater entwickelt hatten und dass diese sich nur in dem Maße würden lösen lassen, in dem er den Schmerz der verlorenen Partnerschaft verkraften und aufarbeiten könnte. Entgegen der Rechtslage, derzufolge das Kind vom Vater abzuholen und auch zurückzubringen war, konnte die Mutter, zunächst für einen Zeitraum von einem Monat, motiviert werden, das Kind zum Vater zu fahren und von dort auch wieder abzuholen. Diese Vereinbarung wurde von Monat zu Monat verlängert. Nach fünf Monaten hatte der Vater sich an die neue Situation einigermaßen gewöhnen können, sodass er zunächst bereit war, der Mutter die halbe Strecke entgegenzufahren. Schließlich nahm er auch die gesamte Strecke, Hin- und Rückfahrt, auf sich.

Dieses Beispiel – als eine Variante des vorigen Beispielfalls – zeigt, dass viele Konflikte nur dadurch gelöst werden können, dass nicht auf einer Rechtsposition beharrt wird. Für die Mutter war der Kontakt zwischen dem Kind und dem Vater so wichtig, dass sie sich nicht an den rechtlichen Gegebenheiten orientierte, sondern darauf vertraute, dass ihr Verständnis und ihr entsprechendes Verhalten auf fruchtbarem Boden fallen werde. Zu Recht!

In der Fachliteratur werden die zeitlich begrenzten Regelungen als schwache Lösungen bezeichnet. Bei objektiver Betrachtung könnten sie auch als starke wahrgenommen werden; stark deshalb, weil sie die in der jeweiligen Situation besten aller denkbaren Lösungen sind. Als schwach hingegen könnte sich ein – sich häufig nur in den Grenzen des Faches bewegendes – Denken erweisen, das allein die sofortige Realisierbarkeit des Gewünschten im Auge hat und Provisorien um jeden Preis meidet: »Und ein Fachmann ist ein Mensch, der seiner Phantasie nur Vorstellungen erlaubt, die sein Verstand in Wirklichkeit verwandeln kann. Also wird nur noch das Allermöglichste gedacht. Das Nicht-sofort-Mögliche ist das Unmögliche. Und das Unmögliche zu denken, ist dem Fachmann lächerlich.«[5]

Fall 3:
Wie behutsam selbst Anwälte im herkömmlichen Verfahren vorgehen sollten, zeigt ein Fall, dessen Ausgangspunkt vielen anderen ähnelt: Eine geschiedene Ehefrau und Mutter lernt nach langen Jahren der Entbehrung einen neuen Lebenspartner kennen und lieben. Freude, Glück und Hoffnung kehren in ihr Leben zurück. Der Freund wohnt in Norddeutschland auf einem Bauernhof. Die Mutter beabsicht, mit ihren beiden Kindern, eine Tochter aus ihrer geschiedenen und ein Sohn aus der vorangegangenen Ehe, zu ihrem neuen Partner zu ziehen. In Gedanken mag sie sich vorgestellt haben, wie liebevoll und zärtlich ihre Kinder mit den Tieren auf dem Bauernhof spielen, sie streicheln und mit ihnen umhertollen, wie sie die Kinder abends zum Abendessen hereinruft und diese ihr überschwänglich erzählen, was sie alles an wunderbaren Dingen erlebt haben. Der geschiedene Mann erfährt von dem Plan der Mutter, geht vor Gericht und erreicht im Wege eines einstweiligen Anordnungsverfahrens, dass die Mutter mit den Kindern nicht wegziehen darf, weil andernfalls, so die Begründung des Gerichts, die Kontinuität der Betreuung durch den Vater gefährdet sei.

Die Anwälte, die diesen Prozess geführt haben, werden sich nicht annähernd vorgestellt haben können, welche schier unglaubliche Enttäuschung, aber auch welche Macht und Gewalt selbst eine solche nur vorläufige Regelung bei der Mutter auszulösen vermochte. Für die verzweifelte Mutter war diese Regelung nicht vorläufig, sondern ein

Dokument einer nicht zu überbietenden Herz- und Lieblosigkeit. Die Entscheidung des Gerichts raubte ihr jede Lebenskraft und Lebensperspektive. Ihrem Freund schickte sie eine SMS-Botschaft: »Ich bin an einem Ort, an dem mich niemand findet. Sucht nicht nach mir.« In der Presse heißt es: Stunden später vergiftete sie sich selbst, ihren Sohn und ihre Tochter.

Natürlich müssen viele unglückliche Umstände zusammentreffen, damit sich eine solche Tragödie entwickelt. Dazu gehört auch, dass der Kurzschlussreaktion der Mutter eine sehr hohe Erwartung vorausgegangen sein musste, sie werde den Prozess gewinnen. In der Mediation ist ein solcher Ausgang völlig unvorstellbar. Unter Abwägung aller menschlichen Aspekte auf beiden Seiten und unter Ausschöpfung sämtlicher Ressourcen, die in der Mediation aktiviert werden können, käme kein Elternteil auf die Idee, sein Glück im »Glücksspiel« eines Gerichtsprozesses zu suchen, dessen Ausgang man, dem Bonmot eines bekannten deutschen Juristen zufolge, ebenso gut erwürfeln kann.[6]

Viele Familienrichter wissen, dass ihr juristisches Rüstzeug gerade in Scheidungs- und Sorgerechtsangelegenheiten nicht hinreicht. Sie können »nicht einmal ansatzweise Gerechtigkeit schaffen, sondern nur Konflikte mit einem Machtwort beenden.«[7] Oft hören Anwälte und ihre Parteien im Gerichtssaal denn auch Worte des Familienrichters wie etwa diese: »Das, was Sie wollen, erhalten Sie hier nicht. Begreifen Sie doch in Gottes Namen, dass Sie all das, was Sie den Kindern durch den gerichtlichen Rechtsstreit antun, nicht mehr gutmachen können. Das, was Sie von mir erhalten, ist ein Beschluss, nicht mehr und nicht weniger. Ich habe große Zweifel, dass er beide Seiten zufriedenstellen wird.«

Als Antwort hört man oft von beiden Elternteilen gleichermaßen: »Ja, und was hätte ich tun sollen, bitte schön, wenn doch der andere Elternteil völlig uneinsichtig war und ist? Es blieb mir doch gar nichts anderes übrig, als zum Gericht zu gehen, um das Kind zu schützen, weil es sich in der Obhut des anderen Elternteils in Gefahr – womöglich sogar für Leib und Leben – befunden hat.«

Einer solchen Haltung sind zumeist Entwicklungen vorausgegangen, bei denen aufseiten beider Elternteile viele Versäumnisse und Fehleinschätzungen zu beklagen waren. Vor allem wird keine hinreichende Kommunikation zwischen den Eltern mehr möglich gewesen sein.

Fall 4:
So dürfte der Hinweis von großem Interesse sein, dass zwischenzeitlich ein Oberlandesgericht recht konsequent verfahren ist, weil die Eltern nicht in der Lage waren, eine außergerichtliche Vereinbarungen zum Wohl ihrer Kinder zu treffen (13 UF 41/09 OLG Brandenburg).

Der Fall in Stichworten: Die Parteien sind Eltern des im April 2002 geborenen gemeinsamen Sohns D.; Trennung 2007, seither Streit um das Aufenthaltsbestimmungsrecht. D. besucht seit September 2008 die Grundschule. Er wird im wöchentlichen Wechsel von Vater und Mutter versorgt. In der Folgezeit sind beide Elternteile der Auffassung, dass diese Regelung dem Sohn nicht förderlich sei. Jeder Elternteil stellt einen Antrag auf das Aufenthaltsbestimmungsrecht für den Sohn, d. h. jeder Elternteil möchte alleine für sich bestimmen, wann und wie oft D. vom jeweils anderen Elternteil betreut werden darf; Einholung eines Sachverständigengutachtens gemäß Gerichtsbeschluss vom 23.9.2008; Erstattung des Gutachtens am 8.4.2009.[8]

Ergebnis 1. Instanz: Dem Vater wird das Aufenthaltsbestimmungsrecht allein übertragen. Begründung: Gravierende Kommunikationsprobleme zwischen den Eltern. Diese seien nur in der Mediation in der Lage, im Interesse des Kindes zu handeln. Wechselseitige Blockaden aufgrund individueller Egoismen, teilweise auch nur aus Trotz. Der Kindesvater habe eine größere Bindungstoleranz (d. h. er akzeptiere mehr als die Mutter, dass D. auch von ihr betreut werde) und er habe sich in der Mediation nachgiebiger und kompromissbereiter gezeigt.

Hiergegen Beschwerde der Mutter beim Oberlandesgericht. In dessen Entscheidung heißt es, ebenfalls in Stichworten: »Abgabe der Sache seitens des Gerichts an die Mediationsabteilung innerhalb des Gerichts …«

Scheitern der Mediation. Nach dem Bericht der Verfahrenspflegerin sei es ausdrücklicher Wunsch von D., bei beiden Eltern künftig gleich häufig (im vierzehntägigen Wechsel) zu sein und nicht mehr wie derzeit vier Tage bei der Mutter und neun Tage beim Vater. Er wolle in Zukunft bei beiden Eltern vierzehn Tage im Wechsel wohnen.

Das Kind appelliert an die Eltern, sich auf Dauer zu einigen. Der Vater ist mit dem vierzehntägigen Wechselmodell nicht einverstanden. Es folgt das höchst überraschende Urteil des Oberlandesgerichts, aus dem hier auszugsweise zitiert werden soll:

»Eine Gefährdung des Wohls des Kindes D. liegt darin, dass die Kindeseltern auf Grund ihres immer noch auf der Trennungsebene ausgetragenen Streites die Bedürfnisse ihres Kindes nicht zu erkennen vermögen. […] Bereits der Sachverständige Dr. S. […] hat ausgeführt, dass die Kindeseltern nur unter Mediation in der Lage seien, einvernehmlich zu handeln und dies letztlich deshalb nicht zum Erfolg führe, weil beide Eltern eine weitere Mediation ablehnten.

Die Elternteile seien beide derart streitverhangen, dass sie nur wenig zwischen Paar- und Elternebene trennen könnten. Den Eltern gelängen viele Handlungen zum Wohle von D. nicht, weil sie noch negative Bindungen aneinander hätten. Die Eltern hätten nicht die Einsicht, dass sie eine gemeinschaftliche Elternschaft ausüben müssten, die sie gemeinschaftlich zum Wohle D.s auszuüben hätten. Erzieherisch sei am Wichtigsten, dass beide zu einem halbwegs kongruenten Verhalten in Bezug auf die Ge- und Verbote von D. kämen, so dass dieser beide Eltern nicht mehr gegeneinander ausspielen könne. [...]

Die Eltern sind auch gegenwärtig [...] nicht in der Lage, sich über den Aufenthalt des Kindes D. zu einigen. Insbesondere vermögen sie nicht zu erkennen, dass der von dem Kind D. gegenüber der Verfahrenspflegerin geäußerte Wille ernst zu nehmen ist, denn er entspricht einer langen Willensbildung des Kindes. [...]

[...] die Unfähigkeit der Eltern, sich im Interesse und zum Wohl ihres Kindes D. dauerhaft zu einigen, gebietet es, einem neutralen Dritten – dem Jugendamt – die Entscheidung zum Aufenthalt des Kindes zu überlassen, um den zu erwartenden Streit im Rahmen der Ausübung des Umgangsrechts zu vermeiden und für D. endlich eine dauerhafte Lösung zu finden, die seinem eindeutig geäußerten Willen entspricht.«

Der Schlusssatz dieser Entscheidung lautet wie folgt:

»Da beide Eltern ihren Sohn lieben und das Beste für ihn wollen, kann angenommen werden, dass sie nunmehr in der Lage sind, an den erforderlichen Maßnahmen mitzuwirken, mit der Folge, dass der Entzug der elterlichen Sorge für den Teilbereich Aufenthaltsbestimmung dem Senat als ausreichend erscheint. Das Jugendamt, das zum Pfleger bestimmt wird, wird im engen Kontakt mit den Eltern zu entscheiden haben, in welchem Rhythmus sich das Kind D. im jeweiligen Haushalt der Kindesmutter bzw. des Kindesvaters aufzuhalten hat.«[9]

Was für eine schallende Ohrfeige für beide Elternteile! Sie wurden bezüglich der Frage, bei welchem Elternteil sich ihr Kind wie lange aufhält, buchstäblich entmündigt. Welch eine Schande! Aber das Oberlandesgericht hatte – salopp gesagt – die »Faxen der Eltern dicke«.

Was bedeutet diese Entscheidung für Eltern in einer vergleichbaren Situation? Sie haben sich zu einigen, sie müssen sich einigen, und zwar bestmöglich, außergerichtlich, über die Mediation.

4. Fallgruppe: Die Rechte des Vaters werden verkannt

Ein weiterer Grund, warum viele Kinder nach der Scheidung keinen Kontakt mehr zu ihrem Vater haben, besteht darin, dass die Mütter den absoluten Vorrang des väterlichen Umgangsrechts gegenüber sonstigen Aktivitäten der Kinder verkennen. Hierzu ein der Presse entnommenes Beispiel:

Ausgangspunkt war eine Scheidung der Eltern mit einer vereinbarten Umgangsregelung. In einem Zeitungsbericht hieß es dazu: »Zunächst klappte alles ganz gut, aber am 3. November sträubten sich meine Mädchen, sie wollten lieber am nächsten Tag zum Laternenfest in den Kindergarten.« Der Vater reagierte derart gekränkt, dass er die Kinder kurzerhand entführte und die Behörden sie erst viele Monate später im Ausland ausfindig machen konnten. Diese völlig unangemessene Reaktion des Vaters lässt den Rückschluss zu, dass er bei der Trennung/Scheidung vieles nicht verarbeitet hatte und er das ihm jetzt drohende Unrecht (Laternenfest wird wichtiger genommen als der Vaterkontakt) als das letzte Glied einer Kette ihm zugefügter Ungerechtigkeiten empfunden haben musste. Der berühmte Tropfen also, der das Fass zum Überlaufen gebracht hat. Nur so ist diese »Rambo-Selbstjustiz« überhaupt erklärbar. So extrem das genannte Beispiel auch ist, zeigt es doch eine häufige Quelle von Konflikten bei Umgangsregelungen.

Schauen wir uns einmal den typischen Verlauf an, wenn ein Kind, Lena, an einem »Papa-Wochenende« etwas anderes vorhat, als zum Vater zu gehen:

Lena fragt ihre Mutter, ob sie der Geburtstagseinladung von Tanja für den kommenden Samstag zusagen dürfe. Die Mutter erwidert, wohl wissend, dass sie keine Entscheidung über diese Frage treffen darf, Lena möge doch ihren Vater fragen. Die Reaktion der Mutter ist zunächst verständlich, denn wenn der Vater Lenas Wunsch erfüllt, scheint ja alles klar zu sein. So ist es aber oft gerade nicht. Bei dieser Vorgehensweise der Mutter wird dem Vater, sollte er mit dem Wunsch des Kindes nicht einverstanden sein, der »Schwarze Peter« zugeschoben. Sagt er nein, selbst wenn er seine Absage etwa damit begründet, dass er schon für diese Zeit etwas mit seiner Tochter geplant habe, so ist er aus der Sicht der Tochter kein lieber Papa mehr. Wenn er jedoch zusagt und – was häufig vorkommt – aber gleichzeitig damit die Bitte um einen Ersatz für die verlorene Zeit verbindet, dann ist es eben nicht mit einem kurzen Telefonat zwischen Tochter und Vater getan.

Folgende Vorgehensweise hat sich hingegen bewährt: Lena richtet die Frage an die Mutter, ob sie der Einladung zustimmen könne. Die Mutter setzt sich mit dem Vater in Verbindung und erklärt die Situation. Der Normalfall sieht so aus, dass der Vater dem zustimmt, allerdings – wie gesagt – oft nur unter der Bedingung, dass ihm auch gleichzeitig ein Ersatz für die ausfallende Zeit zugesagt wird. Das heißt, die Verantwortung der Mutter für die Einhaltung und Modifizierung der Umgangsregelung darf sich nicht auf ein »Frag' doch den Vater« beschränken. Es ist gut vorstellbar, dass die Tragödie im »Laternen-Fall« hätte vermieden werden können, wenn die Mutter sich wie ausgeführt verhalten hätte.

Die zahlreichen Konflikte dieser Art liegen darin begründet, dass bei dem Elternteil, bei dem das Kind dauerhaft lebt, und folgerichtig auch beim Kind selbst nicht das Bewusstsein verankert ist, dass eine Abweichung von der Umgangsregelung nur eine eher seltene Ausnahme sein darf. Die starke Rechtsposition des Vaters leitet sich aus Artikel 6 des Grundgesetzes ab, in dem der Schutz der Familie normiert ist. Das Recht des Vaters hat also Verfassungsrang. Ein höheres Recht gibt es nicht. In der Mediation ist immer wieder festzustellen, dass dies den Elternteilen nicht bewusst ist. Wird diese Erkenntnis hier vermittelt, können Konflikte schon im Vorfeld vermieden werden. Das Gespräch zwischen der Tochter und der Mutter hätte nach Erhalt der Einladung also etwa so verlaufen müssen:

»Mama, ich habe eine Einladung von Tanja zu ihrem Geburtstag am kommenden Samstag erhalten. Ich weiß, dass der Papa traurig ist, wenn ich nicht zu ihm gehe, aber ich möchte doch so gerne zu dem Geburtstag gehen.«

Die Mutter könnte antworten: »Lena, nur dann, wenn dir diese Einladung wirklich ganz wichtig ist, wollen wir den Papa fragen, und gleichzeitig möchte ich mich mit dir aber schon jetzt abstimmen, welchen Tag wir dem Papa als Ersatz anbieten können. Und wenn wir uns darüber geeinigt haben, werde ich ihn fragen, wie wir es am geschicktesten machen, dass wir alle drei zufrieden sind.«

In diese Kategorie fällt auch die leider häufig versäumte Rücksprache mit dem Vater bei der Anmeldung zum Kindergarten, bei der Schulanmeldung, beim Schulwechsel u. Ä. Hier wird der Vater oft vor vollendete Tatsachen gestellt. Ihm bleibt so gut wie gar nichts anderes übrig, als diese bedauernd hinzunehmen. Dabei hält er die Entscheidung der Mutter in der Sache meistens für richtig. Er muss es aber als verletzend empfinden, bei so wichtigen Entscheidungen des Kindes einfach übergangen zu werden und ein so bedeutendes Ereignis für das Kind nicht miterleben zu dürfen.

5. Fallgruppe: Der Vater lehnt den Kontakt zum Kind ab

Fall 1:
Die Mutter möchte, dass der Vater regelmäßig Umgang mit dem Kind hat. Der Vater, eine bekannte Persönlichkeit des öffentlichen Lebens, lehnt dies ab. Der Fall ging, da es sich um einen Prominenten handelte, seinerzeit durch die Presse. Die Mutter klagte die Verpflichtung des Vaters, das gemeinsame Kind regelmäßig zu sehen, bei Gericht ein. Zwar kennen wir den Wortlaut der Antragsschrift der Mutter an das Gericht nicht, aber er dürfte etwa wie folgt formuliert gewesen sein:

»Die Mutter hat den Vater wiederholt aufgefordert, mit dem Kind einen kindgerechten Umgang zu pflegen. Der Vater hat zwar der Kindesmutter immer wieder bekundet, dass er dies tun wolle, doch hat er sich abredewidrig hieran nicht gehalten.«

Nachdem nunmehr durch die Eherechtsreform der Vater nicht nur berechtigt, sondern sogar verpflichtet ist, den Umgang mit dem Kinde zu pflegen, ist die Mutter somit auch berechtigt, den Umgang des Vaters mit dem Kind gerichtlich geltend zu machen. Insoweit sei der Wortlaut des § 1626 BGB zitiert:

»Die Eltern haben die Pflicht und das Recht, für das minderjährige Kind zu sorgen.«

Dieser Pflicht wird der Vater zum Wohle des Kindes und nach Vorstellung der Mutter dadurch am besten gerecht, dass ihm vom Gericht aufgegeben wird, das Kind alle 14 Tage, von Freitag, 17:00 Uhr, bis Sonntag, 17:00 Uhr, zu betreuen und mit ihm altersgerechte Aktivitäten zu verbringen.

Der Vater hat, folgt man dem Pressebericht, erwidert, er verbringe mit dem Kind sehr wohl ausreichend Zeit. Eine feste zeitliche Struktur sei ihm aufgrund beruflicher und sonstiger billigenswerter Gründe nicht zuzumuten.

Die spätere Rechtsprechung hat zwar die Verpflichtung des Vaters ausgesprochen, doch wurde schließlich von höchstrichterlicher Seite entschieden, dass ein Zwangsgeld gegen den Vater nicht festgesetzt werden kann, falls er dem Beschluss zuwiderhandelt.

Ganz anders der mediative Ansatz: Was im juristischen Verfahren unter Zwang nur höchst selten gelingt, wenn überhaupt, und mit einem hohen Zeit- und Kostenaufwand verbunden ist, schafft die Mediation zumeist in wenigen Stunden. Hier würde der Vater auf einer Ebene erreicht werden, die ihm die Bedürfnisse des Kindes nicht nur verdeutlicht, sondern sie auch fühlen und nachempfinden lässt. Bewährt hat sich vor allem, dass dem Vater nach Rückkehr des Kindes zur Mutter mitgeteilt wird, wie positiv das Kind die Zeit beim Vater erlebt hat.

Nicht selten erfolgt eine Motivation des Vaters, mit seinem Kind Umgang zu pflegen, auch dadurch, dass die Mutter sich in die Situation ihres Kindes hineinversetzt und sich mit den imaginierten Worten des Kindes an den Vater wendet. So im folgenden Fall.

Fall 2:
Eine ablehnende Haltung des Vaters, sein Kind überhaupt kennenzulernen, ist fast nur bei nichtehelichen Partnerschaften zu beobachten. Schon während der Partnerschaft hat der zukünftige Vater signalisiert, dass er das Kind nicht wünsche und er nach dessen Geburt keinen Kontakt zu ihm haben werde. Ist die Partnerschaft schon vor der Geburt beendet, wird der Vater erst wieder etwas von dem Kind erfahren, wenn er zu Unterhaltsleistungen aufgefordert wird. In diesen Fällen beschränkt sich der Kontakt zwischen den Eltern lediglich auf die Frage der Unterhaltszahlung.

Häufig nehmen die werdenden Mütter und auch die Mütter unmittelbar nach der Geburt des Kindes die ablehnende Haltung des Vaters resignierend zur Kenntnis, bisweilen kämpfen sie aber auch wie Löwinnen darum, dass der Vater seine ablehnende Haltung gegenüber dem Kind noch einmal überdenkt.

So hat sich eine Mutter, nachdem sie schon mit vielen Versuchen, den Vater für das Kind zu interessieren, gescheitert war, schließlich mit folgendem Brief an ihn gewendet:

»Lieber Papa,

nun bin ich schon zwei Wochen alt und möchte Dir das erste kleine Lebenszeichen von mir geben. Die ziemliche Aufregung bei der Geburt ist nun abgeklungen und ich habe mich in dieser Welt schon ganz schön gemütlich eingerichtet. Jetzt bin ich natürlich gespannt und neugierig, was so alles passiert. Und wie wir Kinder nun einmal sind, haben sie – kaum, dass wir das Licht der Welt erblicken – schon ganz schön viele Wünsche. Aber mein größter Wunsch ist, dass Du mich kennenlernst und mich vielleicht auch ein ganz klitzekleines bisschen lieb hast. Ich weiß, wenn ich Dich kennenlerne, dass ich Dich auch ganz doll lieb habe. Ich kenne nämlich den Grund, warum Du mich noch nicht in deine Arme genommen hast. Du hast Dich mit Mama ganz schön verkracht, stimmt's? Wenn ich schon ein bisschen größer wäre, würde ich Dich und Mama an die Hand nehmen und Ihr müsstet mit mir ›Engele, Engele flieg!‹ spielen. Wenn Ihr dann seht, wie ich vor Freude lache und quietsche, dann macht Euch das auch sicher ganz viel Spaß. Und mich so richtig in die Luft werfen und wieder auffangen, das können Papas eben doch viel besser als Mamas, weil sie ja tausendmal stärker sind als sie, und weil Du sicher auch ganz schön stark bist, kannst Du mich bestimmt auch genauso gut beschützen wie Mama. Weißt Du, worauf ich mich schon freue? Auf meine Taufe. Obwohl ich auch ein bisschen Angst davor habe. Das Wasser soll ja ganz schön kalt sein und die meisten Kinder sollen dabei weinen. Aber wenn Du dabei wärst, könntest Du mit deiner großen starken Hand mein Köpfchen wärmen, und ich wüsste, dass ich den besten Papa auf der ganzen Welt habe. Ich würde Dir nämlich aus Dankbarkeit und Freude meine Lieblingspuppe geben, damit Du mit ihr den ganzen Tag spielen kannst. Diese Puppe, sie musste natürlich ein Junge sein, heißt genauso wie Du. Und wenn Du mich mal besuchst, dann zeige ich Dir mein tolles Kinderzimmer. Klar ist natürlich, dass ich Dir auch Mamas Kinderzimmer und das Gäste-Kinderzimmer zeige. Und wenn ich dann später in die Schule komme, möchte ich mit Dir meine Schultüte basteln. Ich weiß schon jetzt, wie sie aussehen wird. Fast so groß wie ich und mit blau und grün und rot und gelb und rosa Punkten. Denn das sind meine Lieblingsfarben. Und lauter Sterne muss die Tüte haben! Und wenn ich dann so dastehe mit den anderen Schulkindern, dann stupse ich meine Freundin an und zeige mit dem Finger auf Dich und sage ganz stolz: »Das da ist mein Papa, den werde ich mal heiraten!« Und wenn ich alle Süßigkeiten aus der Tüte aufgegessen habe, dann setze ich mir die auf den Kopf und habe plötzlich einen Zauberhut. Wenn ich mein erstes Zeugnis kriege, laufe ich ganz schnell zu Dir und kriege als Belohnung, was ich mir schon lange gewünscht habe. Nämlich einen Ziehkoffer von Lilifee. Wenn ich den dann gepackt habe, fahre ich mit Dir in den Urlaub. Mit Dir ganz alleine. Wenn Du mich dann abholst, laufe ich Dir mit offenen Armen ganz schnell entgegen. Du fängst mich auf und drehst mich dann wie ein Karussell. Mindestens hundertmal. Und wenn ich dann schon ein bisschen älter bin, und Mama mal so richtig doof ist, nur weil ich ein bisschen die Schule geschwänzt habe, dann tröstest Du mich und sagst zu mir, dass das doch gar nicht so schlimm ist. Vielleicht flüsterst Du mir dann ins Ohr, dass Du, als Du ein Kind warst, auch schon mal die Schule geschwänzt hast, und das ist dann natürlich unser großes Geheimnis! Wenn ich mal Teenager bin und meine Traurigkeit überwunden habe, dass ich Dich nicht heiraten kann, dann musst Du natürlich den ersten Freund für mich aussuchen. Also er muss genau so sein wie Du und genau so toll aussehen wie Du. Und wenn Du mal so richtig Sorgen hast, und ich dann schon eine Frau bin, dann kann ich Dir vielleicht helfen und wir können die Probleme gemeinsam lösen. Und wenn Du – so in frühestens 100 Jahren – ein Opi bist, einer mit grauen Haaren und vielen Falten, dann sitze ich gerne bei Dir und höre den tollen Geschichten zu, die Du erzählen kannst. Ich helfe Dir beim Gehen und stütze Dich mit ganz viel Liebe und Geduld – so wie Du das bei mir gemacht hast, als ich Laufen gelernt habe. Und wenn Du nicht mehr so gut siehst, dann lese ich Dir vor, oder erzähle Dir Geschichten und Du darfst entscheiden, ob sie spannend oder lustig sein sollen. Und wenn du Dich mal alleine fühlst, dann darfst Du mich jederzeit anrufen, denn Du bist mir ganz arg wichtig.

So lieber Papa, jetzt danke ich Dir, dass Du alles so geduldig gelesen hast. Und Mama danke ich dafür, dass sie sich eine solche Liebe zwischen uns beiden so sehr wünscht und auch gar nicht böse ist, dass ich Dir diesen Brief geschrieben habe.«

Dieser Weg, der im geschilderten Fall zumindest vorübergehend Erfolg hatte, ist nur ein Beispiel dafür, dass auch die Mütter von nichtehelichen Kindern, statt zu resignieren die Hoffnung bewahren sollten, dass eines Tages beim Vater ein Gesinnungswandel eintreten wird. Hier sind jedoch Beharrlichkeit sowie Ideen- und Einfallsreichtum gefragt. Dieser Weg ist zweifellos steinig, doch steht das Wohl des Kindes im Vordergrund. Mittlerweile ist durch zahlreiche Untersuchungen gut belegt, dass insbesondere die frühe Abwesenheit des Vaters das Risiko der Kinder für psychosomatische Erkrankungen, für Depression, Angsterkrankungen, Beziehungsstörungen und sogar für Kriminalität deutlich erhöht.[10]

6. Fallgruppe: Störungen im Umgang mit dem Kind

In dieser Fallgruppe werden Gründe genannt, die zu Störungen im Umgang des Kindes mit dem umgangsberechtigten Elternteil führen können. Jeder einzelne der nachstehenden Gründe kann für sich allein zu heftigen Zerwürfnissen zwischen den Eltern führen, bis hin zu einem völligen Verweigern des Umgangs. Je häufiger die einzelnen Störfaktoren zu beklagen sind, desto stärker ist die Gefahr eines totalen Abbruchs des Umgangs zwischen Vater und Kind.

Wir wollen beim Betrachten dieser einzelnen Situationen weiterhin von dem überwiegenden Fall ausgehen, dass das Kind bei der Mutter lebt und der Umgang von dem Vater ausgeübt wird.

1. Das Kind trifft auf eine neue Lebenspartnerin des Vaters
Der Vater übt den Umgang mit dem ehegemeinsamen Kind unter Einbindung seiner neuen Partnerin aus, jedoch ohne Rücksprache mit der Mutter. Diese Konstellation ist schon in der Fallgruppe 1 (PAS) angesprochen worden.

Der Vater versichert glaubhaft, dass das Kind seiner neuen Freundin ohne Scheu begegnet und ein ungezwungener Kontakt mit ihr zustande gekommen sei. Im Übrigen habe er besonders darauf geachtet, dass seine Freundin dem Kind keine Geschenke mache und auch keine Süßigkeiten kaufe. Man habe einen Teil der Zeit auf dem Spielplatz zugebracht, den anderen Teil zu Hause mit Lieblingsspielen wie »Memory« u. a. Das Kind hätte sogar, was ihn selbst überrascht habe, beim Schaukeln auf dem Spielplatz seine Freundin gebeten mit anzuschieben.

Solche Berichte lösen bei der Mutter des Kindes schmerzhafte Empfindungen aus. In der Mediation kann beim Vater fast immer Verständnis für diese Gefühle geweckt werden. Auch wenn er es als ungerecht empfindet, so ist er letztlich bereit, für einen begrenzten Zeitraum dem Wunsch der Mutter zu entsprechen und den Umgang mit dem Kind zu gestalten, ohne seine Partnerin einzubeziehen.

Umgekehrt gilt es, Verständnis für die verletzten Gefühle des Partners zu wecken, wenn – was ebenso häufig der Fall ist – die Mutter sich einem neuen Partner zugewandt hat und dieser als Mitglied in die neue Familie der Mutter eingebunden wird. Dass dies vom Vater als sehr kränkend erlebt wird, liegt auf der Hand. Verläuft der Umgang zwischen Vater und Kind jedoch störungsfrei, so gewöhnt sich der Vater langsam an die neue Situation. Falls jedoch Störfaktoren beim Umgang auftreten und diese von der Mutter dem Vater zugeschrieben werden, wächst die Gefahr, dass der neue Partner in die Rolle des Vaters schlüpft. Der Standardsatz der Mütter lautet (als wenn sich alle bei einer solchen Konstellation untereinander abgesprochen hätten): »Die Kinder lieben meinen neuen Partner geradezu abgöttisch.«

2. Zu viel Fernsehen, Gameboy u. a.
Die Mutter beklagt sich beim Vater über einen entschieden zu häufigen Medienkonsum des Kindes, vor allem zu einer Zeit, in der das Kind eigentlich schon schlafen sollte. Der Vater antwortet, er könne diese Vorhalte nicht verstehen. Es habe, als die Familie noch intakt gewesen sei, immer wieder, vor allem an den Wochenenden, Ausnahmen gegeben und die Kinder hätten etwa wegen einer besonders spannenden Sendung länger aufbleiben dürfen. Den Grundsatz, die Kinder rechtzeitig ins Bett zu schicken, halte er nach wie vor ein.

3. Schlafbedingungen
Die Mutter beklagt insbesondere in den ersten Wochen nach dem Auszug des Vaters, dass dem Kind keine kindgerechte Schlafmöglichkeit geboten werde. Hierzu meint der Vater, es sei zwar richtig, dass das Bett für das Kind noch nicht geliefert worden sei und sie noch gemeinsam auf einer Matratze schliefen, doch habe er keinesfalls den Eindruck gewonnen, dass das Kind damit Probleme habe. Das Kind habe im Gegenteil diese vorläufige Schlafgelegenheit fröhlich als Trampolin ausprobiert.

4. Ernährung

Hier geht der Vorwurf der Mutter dahin, dass das Kind zu viel Pizza und Fast Food zu essen bekomme. Viele Väter räumen ein, dass dies ein Schwachpunkt sei, insbesondere dann, wenn nach dem Einzug in die neue Wohnung die Küchengeräte noch nicht vollständig geliefert sind. Vorübergehend habe man sich, mehr als es einem selbst lieb gewesen sei, mit Hamburgern u. Ä. begnügt.

5. Betreuung der Kinder/Fremdbetreuung

Dieser Vorwurf knüpft an den im ersten Beispiel genannten Vorwurf an, allerdings geht es hier darum, dass die Partnerin oder andere Personen das Kind betreuen. Hier weist die Mutter häufig darauf hin, dass sie dem Vater immer wieder zu verstehen gegeben habe, dass sie die erste Ansprechperson sei, wenn er das Kind nicht betreuen könne. Sie habe auch kein Verständnis dafür, wenn das Kind häufig von einer anderen Person zur Schule gebracht und von dort abgeholt werde.

Der Ehemann wendet ein, diese Art von Betreuung halte sich zeitlich absolut in Grenzen. Im Übrigen könne er nicht einsehen, dass es sich um eine Fremdbetreuung handele, wenn das Kind von seiner Partnerin zur Schule gefahren oder von dort abgeholt werde. Ihm sei auch daran gelegen, dass das Kind ab und zu bei seinen Eltern übernachte. Dies sei auch während der intakten Ehe der Fall gewesen. Diese Tradition wolle er fortsetzen, weil zwischen Oma, Opa und dem Kind ein herzliches Verhältnis bestehe.

6. *Einhaltung der Zeiten beim Abholen und Zurückbringen des Kindes*
Immer wieder beklagen Mütter die Nichteinhaltung der verabredeten Termine beim Abholen und Zurückbringen der Kinder. Zwar wird überwiegend der Zeitpunkt der Abholung eingehalten, aber beim Zurückbringen sind häufig längere Zeitverzögerungen festzustellen.

Die Väter wenden hier oft ein, die Mutter möge das nicht so engherzig sehen. Man habe nun einmal gespielt und das letzte Spiel habe sich länger hingezogen als gedacht. Dem Kind wäre sicherlich keinen Gefallen getan worden, wenn das Spiel abrupt hätte beendet werden müssen.

Das »Platzen« vereinbarter Termine ist ein Gefahrenpunkt, der schnell zu einer schweren Störung der Umgangsregelung führen kann.

7. *Kleidung*
Häufig beklagt die Mutter, dass der Vater das Kind nicht wettergemäß kleide und ihm nicht alle Kleidungsstücke wieder mitgebe. In der Regel wird der erste Vorwurf vom Vater als unbegründet zurückgewiesen, zum zweiten Vorwurf fällt ihm meistens keine Ausrede ein.

Auf den ersten Blick erscheint der zweite Vorwurf als weniger schwerwiegend, ja kaum erwähnenswert. Aber ein solches Versäumnis kann durchaus bedeutende Störungen hervorrufen: Wenn nach der Rückkehr des Kindes Kleidungsstücke fehlen, die ihm von der Mutter mitgegeben wurden, wird die Mutter ihr Kind nach deren Verbleib fragen. Das Kind wird mit den Schultern zucken. Wer weiß, wie viele Mütter jetzt lobenswerterweise nichts sagen und später die Sache mit dem Vater besprechen? Aber wie viele Mütter mögen es sein, die jetzt wie ein »Rohrspatz« über den Vater schimpfen, umso mehr, wenn dies wiederholt vorkommt! Keine gute Situation für das Kind, das den Vater als zuverlässig erleben soll.

8. Kindersitz
Häufig beklagt die Mutter, der Vater habe noch immer keine Kindersitze für sein Auto gekauft. Sie sei nicht mehr bereit, dem Vater ihre Sitze zur Verfügung zu stellen. Der Einwand des Ehemanns lautet in den meisten Fällen, er sei total im Stress und einfach nicht dazu gekommen, neue zu kaufen. Die Ehefrau zeigt dafür kein Verständnis. Sie gibt ihre Kindersitze nicht mehr heraus, sodass der Vater beim Abholen und Zurückbringen auf öffentliche Verkehrsmittel angewiesen ist.

Die aufgeführten Störungen treten oft nur einzeln auf und scheinen für sich gesehen zumeist harmlos und banal zu sein, dennoch werden gerade diese kleinen Konflikte in der Mediation sehr ernst genommen und so lange sorgfältig erörtert, bis eine Einigung erzielt werden kann. Dies gelingt oft rasch, wenn deutlich gemacht werden kann, dass es sich beispielsweise um Probleme auf Zeit handelt, die schon bald beseitigt sein werden (wie das fehlende Kinderbett), oder um Ausnahmen, die die Regel nicht tangieren (wie Fast Food oder Fernsehkonsum). Tritt jedoch zu einem Störfaktor ein weiterer, kommt es leicht zur Eskalation des Konflikts und es entsteht oft ein kaum noch entwirrbares Knäuel von Vorwürfen und Gegenvorwürfen.

Ein Brief eines Vaters an seine geschiedene Ehefrau mag die Konsequenzen einer solchen Eskalation verdeutlichen:

»Hallo Elke,

Du hast nun erreicht, was Du erreichen wolltest. Nicht nur, dass Du jede Entscheidung, die unsere gemeinsamen Kinder betrifft, alleine beschließt, sondern Du hast durch

Dein gesponnenes Lügennetz letztendlich dafür gesorgt, dass meine eigenen Kinder mich – ihren leiblichen Vater – nicht mehr sehen wollen und mich für einen Lügner halten. Diesen Eindruck entkräftest Du nicht, ja Du bestärkst ihn noch. Dabei ist es eine Tatsache, dass Du beispielsweise Tobias zur Schule angemeldet hast, ohne mich davon in Kenntnis zu setzen. Oder dass Du Manuela eine Sprachreise hast machen lassen, ohne mir Bescheid zu geben. Nicht nur, dass ich diese Reise bezahle – nein, viel wichtiger ist, dass es sich hier nicht um einen Ausflug in die Nachbarstadt gehandelt hat und ich Manuela vor Antritt einer solch weiten Reise gerne verabschiedet und ihr viel Spaß und viele neue Eindrücke gewünscht hätte. Aber was schreibe ich Dir das! Es hilft ja nichts. Es ist nun fast ein Jahr her, dass ich die Kinder das letzte Mal gesehen habe. Die Zeiten, die ich davor die Kinder habe sehen können, habe ich gerichtlich einklagen müssen.

Du wirst nie begreifen wollen oder können, dass ich als Vater immer eine wichtige Person im Leben unserer Kinder sein möchte und unsere Kinder auch zu mir einen lebenslang wichtigen Bezug haben sollen. Und wenn Du es vielleicht doch inzwischen begriffen hast und mir gerade deswegen immer wieder den Kontakt zu den Kindern vereitelst und ich wieder gerichtlich gegen Dich vorgehen müsste, spricht das nur für Deinen abgründigen Charakter. Um Dich tut es mir nun wirklich nicht mehr leid, aber um meine Kinder. Kannst Du Dir nicht vorstellen, welche seelischen Schäden Du ihnen damit antust? Ihnen vorzumachen, ihr leiblicher Vater wäre nicht interessiert an ihnen? Ein Vater wäre ersetzbar? Ich verwende jeden meiner Gedanken darauf, was ich noch tun kann, um das Leid der beiden zu lindern. Letztlich und schmerzlich muss ich feststellen, dass es vielleicht doch die beste Lösung ist, wenn

Dein Freund die Rolle als Ersatzvater wahrnimmt. Nachdem er ja auch sehr vermögend ist und ich immer noch der Meinung bin, dass Du mich verlassen hast, weil Du mit ihm ein luxuriöses Leben führen kannst, solltest du Dir Gedanken machen, ob nicht noch ein Restfunken von Moral in Dir glimmt und wir uns einig sind, dass ich die Unterhaltszahlungen für die Kinder einstelle. Das wäre auch für die Kinder ein positives Signal. Du bräuchtest auch nicht in Zukunft den Eiertanz zu machen, auf der einen Seite den Kindesunterhalt zu fordern, um mich andererseits als inexistenten Vater gegenüber unseren Kindern darzustellen. Denk mal darüber nach …«

Schon vor mehr als zwanzig Jahren war im »Spiegel« zu lesen:

»Jeder Sachkundige weiß, daß sich Partner- und Kompetenzkonflikte nicht mit den Mitteln der Justiz, sondern nur durch Einbeziehung aller Beteiligten lösen lassen. Ein Ausweg wäre, solche Eltern, die sich nicht einigen können, per Auflagen zu einer Familientherapie zu zwingen oder zur Teilnahme an einer sogenannten Mediation; das ist ein erfolgreich praktiziertes ›Vermittlungsprojekt‹ aus den USA, bei dem die Kontrahenten von einem unparteiischen ›Mediator‹ (Vermittler) lernen, sich sinnvoll auseinanderzusetzen. Dieser Idee liegt der Gedanke zugrunde, daß persönliche und psychische Konflikte nicht von Dritten, sondern nur von den Beteiligten gelöst werden können. Wer sich verweigert, setzt sich ins Unrecht. Er hätte damit seinen Anspruch auf das Sorgerecht verwirkt. Die Einsicht, sich friedlich zu einigen wäre im übrigen leicht zu erreichen. Das Gesetz müsste nur festlegen, daß es ohne Sorgerecht-Pakt keine Scheidung gibt.«[11]

Dieser Satz hat an Aktualität nichts eingebüßt. Zwar ist Wolfgang Hoffmann-Riem zuzustimmen, wenn er Mediation nicht als alleinigen Weg der Konfliktbewältigung missverstanden wissen will: »Die Gesellschaft«, so schreibt er, »kennt keinen Konsenszwang und sie sollte ihn auch nicht kennen. Mit Grund hat sie deshalb Mechanismen entwickelt, die nicht auf den Konsens der Beteiligten angewiesen sind, darunter auch die kontradiktorischen Gerichtsverfahren.«[12] Doch ist eine Ausnahme von diesem Grundsatz zwingend dann geboten, wenn die Beteiligten über den Kopf von hilflosen und beschützenswerten Kindern hinweg prozessieren und das Kind auf der Strecke bleibt.

Anmerkungen

1 Proksch: Scheidungsfolgenvermittlung, a. a. O., S. 917.

2 Mascha Kaléko: In meinen Träumen läutet es Sturm. Gedichte und Epigramme aus dem Nachlaß. Hg. und eingel. von Gisela Zoch-Westphal. München 1977, S. 129.

3 Jörg Rodloff: Der Scheidungsanwalt, a. a. O., S. 87.

4 Sandra Lüpkes: Ich verlasse dich. Ein Ratgeber für den, der geht. Frankfurt a. M. 2008.

5 Martin Walser: Ehen in Philippsburg. Reinbek bei Hamburg 1963, S. 40.

6 Willi Geiger in: Deutsche Richterzeitung 9/1982, S. 325.

7 Lamprecht: Die Lebenslüge der Juristen, a. a. O., S. 237.

8 Nach dem Gesetz über das Verfahren in Familiensachen und in den Angelegenheiten der freiwilligen Gerichtsbarkeit (FamFG), in Kraft getreten am 1.9.2009, soll eine Beschleunigung familienrechtlicher Verfahren u. a. auch durch die Erstattung zeitnaher Sachverständigengutachten erreicht werden. Gewiss hat das Gericht auch in diesem Fall von dem § 163 FamFG dadurch Gebrauch gemacht, dass es dem Sachverständigen eine Frist zur Fertigstellung des Gutachtens gesetzt hat. Aus diesem Grund wurde das Gutachten »schon« nach etwas mehr als einem halben Jahr erstellt.

9 Zit. nach: http://openjur.de/u/281978.html (Zugriff: 19.11.2013).

10 Vgl. z. B. Auszug aus der Studie von Matthias Franz u. a.: Wenn der Vater fehlt. Epidemiologische Befunde zur Bedeutung früher Abwesenheit des Vaters für die psychische Gesundheit im späteren Leben

(1999). Online auf: http://www.vaeterfuerkinder.de/franz.htm (Zugriff 22.11.2013).

11 »Wir gründen eine Eltern-RAF«. Eine Initiativgruppe kämpft um besseres Sorge- und Besuchsrecht. In: Der Spiegel 33/1993, S. 68.

12 Wolfgang Hoffmann-Riem: Modernisierung von Recht und Justiz, a. a. O., S. 75.

Gib einigermaßen acht auf dich selbst, nimm Notiz von dir selbst, damit du gewahr werdest, wie du zu deinesgleichen und der Welt zu stehen kommst. Hiezu bedarf es keiner psychologischen Quälereien ...
J. W. v. Goethe, Wilhelm Meisters Wanderjahre

Mediation und Psychotherapie bei Trennung und Scheidung

Zum Beginn des Buches habe ich die zahlreichen Funktionen des Mediators beschrieben. Erinnern wir uns daran, dass es neben der Klärung der aktuellen Fragen wie der Nutzung der Ehewohnung, dem Aufenthalt der Kinder, der Regelung des Unterhalts usw. auch zur Hilfeleistung des Mediators gehört, die Ehepartner mit veränderten Lebensumständen vertraut zu machen und ihnen Beistand bei der Auflösung akuter Handlungsblockaden zu leisten. Gelingt ihm dies nicht in einem überschaubaren Zeitraum, eben weil es einem Ehepartner (selten beiden zugleich) schwerfällt, sich auf die neuen Lebensumstände einzustellen, kann die Hilfe eines Therapeuten eine wertvolle Unterstützung sein. Der Mediator kann bei dem Ehepartner, der auf Trennung und Scheidung drängt, Verständnis dafür wecken, dass der andere noch eine gewisse Zeit benötigt, diese neue Entwicklung zu akzeptieren.

Seine Aufgabe ist es, die Ehepaare während der Trennung und Scheidung so zu unterstützen und anzuleiten, dass sie eine auf die Zukunft gerichtete tragfähige Vereinbarung treffen. Das Hauptaugenmerk ist also auf die Zukunft gerichtet. Demgegenüber ist es Ziel der Therapie, die Beziehung der Ehepartner zueinander nicht nur zu klären, sondern auch die Hintergründe und Ursachen der Konflikte zu erforschen, um sie zur Grundlage eines Heilungsprozesses zu machen.

Um den Unterschied von Paartherapie und Mediation verständlicher zu machen, möchte ich die Hauptaufgaben des Therapeuten nennen:

- Schaffung eines therapeutischen Milieus,
- Identifizierung der Familiendynamik, um die Ursachen des Konfliktes zu erforschen,
- psychologische Aufarbeitung der Konfliktentwicklung, die zu den familiären Verstrickungen geführt hat,
- Anleitung mit therapeutischen Mitteln zur Befähigung der Ehepartner, ihre eigenen Ansätze und Möglichkeiten zur Beilegung des Konflikts zu entwickeln,
- professionelle Hilfe zur Überwindung ggf. ernster depressiver Phasen und Vermeidung zerstörerischer Entwicklungen im psychischen und somatischen Bereich,
- Unterstützung der Ehepartner bei deren Neuorientierung und Anpassung an ihre veränderte Lebenssituation,
- Entwicklung neuer Perspektiven und Prävention zur Vermeidung von Rückfällen in frühere Verhaltensmuster.

Ausgangspunkt der Therapie ist die Annahme, dass eine seelische Beeinträchtigung sowohl bei dem einzelnen Betroffenen als auch bei der Familie insgesamt vorliegt. Das Ziel des Therapeuten ist es, die Ehepartner darin zu unterstützen, sich als ein Individuum und zugleich als einen sich in Trennung befindlichen Ehepartner wahrzunehmen. Es soll somit einerseits den Bedürfnissen eines jeden Ehepartners nach individueller Entwicklung Rechnung getragen werden, in gleichem Maße soll aber auch dessen Bereitschaft gestärkt werden, einen verantwortungsvollen Beitrag für das Gelingen der Neuorientierung der Familie insgesamt zu leisten.

Der Schwerpunkt der Tätigkeit des Therapeuten liegt in der Erarbeitung von Verhaltensstrategien. Es werden Handlungskompetenzen entwickelt, die bei der Bewältigung der seelischen Konflikte behilflich sind. Es lässt sich somit feststellen, dass der Therapeut den Schwerpunkt auf das Bedürfnis der Betroffenen legt, psychische Belastungen der Vergangenheit zu lindern und diese bestenfalls aufzulösen. Ziel ist es, eine Grundlage für ein eigenständiges Leben zu entwickeln.

Vergleichen wir die Tätigkeit des Therapeuten mit der des Mediators, sind durchaus Parallelen festzustellen. Die unmittelbar auf die Zukunft gerichteten Strategien des Therapeuten ähneln denen des Mediators. Doch werden sie bei Ersterem verstärkt von einem therapeutischen Ansatz geleitet. Der Mediator legt den Schwerpunkt seiner Tätigkeit eher auf ein handlungsorientiertes gegenwärtiges Verhalten der Ehepartner.

Vielleicht kann folgendes Beispiel verdeutlichen, was ich meine. Stellen wir uns jemanden vor, der unbedingt und schnell ein Dach über dem Kopf braucht. Das besichtigte Haus ist aber von Grund auf zu restaurieren. Ein Einzug scheitert an inneren Blockaden. Zu groß scheint der Aufwand, es bewohnbar zu machen. Ein Architekt (der Therapeut) müsste eine grundlegende Sanierung empfehlen und anleiten. Es gibt aber auch die Möglichkeit, sich an einen im Bauwesen erfahrenen Handwerker (Mediator) zu wenden, um zunächst einmal die Bewohnbarkeit der wichtigsten Räume des Hauses zu erreichen.

Eine wissenschaftlich-therapeutische Herangehensweise an Konflikte ist dem Anwaltsmediator schon deshalb verwehrt, weil er hierfür nicht ausgebildet ist. Er erlangt in seiner Ausbildung zwar ein gewisses Handwerkzeug, um mit streitenden Parteien ausgleichend umgehen zu können, doch beschränkt sich dieses auf das Ziel, die Beteiligten ohne unangemessene Zeitverzögerungen zu einer Einigung zu führen.

Es leuchtet ein, dass der therapeutische Ansatz in aller Regel fundierter und auch der Erfolg von anhaltenderer Wirkung ist. Deshalb wird der Mediator bei psychischen Verstrickungen innerhalb der Familie den Ehepartnern stets eine Therapie empfehlen.

Die größte Übereinstimmung bei der Tätigkeit des (Gesprächs-)Therapeuten und der des Mediators besteht darin, die Betroffenen dabei zu unterstützen, dass sie sich selbst, den anderen und die sie verbindende Konfliktsituation verstehen. Im Idealfall, d. h. wenn bei beiden Ehepartnern der Entschluss zur Scheidung feststeht, kann die Konfliktlösung frei von jedem Druck und jeder Erwartung, die Ehe fortzusetzen bzw. fortsetzen zu müssen, eingeleitet werden. Die Mediationsteilnehmer sprechen offen und unbefangen ihre jeweilige Sichtweise der anstehenden Fragen an. Dadurch erfahren sie, oft für sie selbst überraschend, die große Bedeutung und Wirkung des geduldigen Zuhörens. Sie lernen wieder, einfühlsam miteinander zu reden und entwickeln zunehmend Verständnis für die Ansichten und Gefühle des jeweils anderen. *Oft wird ihnen erst hier und jetzt bewusst, wie sehr sie sich gegenseitig seelische Verletzungen zugefügt haben, sehr häufig sogar unabsichtlich.*

Von hier aus ist es nur noch ein kleiner Schritt zu einem gegenseitigen Eingestehen eigener »Schuld«-Anteile und zur Bereitschaft, sich von Herzen kommend und ehrlich für das zu entschuldigen, was sie dem anderen an seelischen Wunden zugefügt haben. Diese Entwicklung kann dazu beitragen, dass die Mediationspartner erkennen, wie viele Missverständnisse zur Krise, zum Zerwürfnis und schließlich zum Scheitern der Partnerschaft geführt haben. Hieraus kann eine Erkenntnis reifen, in der sich ein ganz neues Verständnis für den anderen Partner entwickelt, der nunmehr (wieder) in einem vollkommen veränderten, wesentlich positiveren Licht erscheint. Wird dies erreicht, ist eine gute Ausgangsposition für einvernehmliche Regelungen geschaffen.

Sofern die Ehepartner therapeutische Intervention ablehnen, weil sie etwa eine solche für nicht erforderlich halten, ist es Aufgabe des Mediators, die psychischen Beeinträchtigungen der Beteiligten in einer Weise zu lindern, dass sie sich einer Einigung der Scheidungsfragen nicht verschließen. Aber gerade die unkomplizierte, auf die Zukunft der Parteien ausgerichtete Vorgehensweise des Mediators vermag nicht selten zu Ergebnissen führen, die denen des Therapeuten bei gelungener Therapie ebenbürtig sind.

Ein Fall aus meiner Mediationspraxis mag das illustrieren: Die Mediation war abgeschlossen. Die Umsetzung der Umgangsregelung stellte sich unerwarteterweise als schwierig dar. Die Mutter verweigerte dem Vater mit fadenscheinigen Gründen den Umgang mit dem Kind. Die Mediation wurde fortgesetzt. Mir wurde klar, dass diese Umgangsblockade tiefere Gründe als die von der Mutter angegebenen haben musste. Ich schlug ein Einzelgespräch mit der Mutter vor. In diesem vertraute sie mir allmählich an, dass sie einen noch immer ihr unverständlichen Hass gegenüber ihrem geschiedenen Ehemann empfinde. Meine Motivation, sie zu einer Therapie zu bewegen, blieb ohne Erfolg. Sie lehnte eine solche strikt ab: »Ich geh doch nicht zum Seelenklempner.« Die Einzelgespräche mit mir wollte sie gleichwohl fortsetzen, weil sie ihr, so ihre Begründung, gut täten. In dem darauf folgenden Gespräch brach es aus ihr heraus: »Ich hasse meinen Ex-Mann immer noch so sehr, dass ich langsam beginne, meinen eigenen Sohn (vier Jahre alt) nicht mehr lieben zu können, weil er von seinem Aussehen und von seiner ganzen Art her immer mehr seinem Vater ähnelt. Ich habe mich dagegen gewehrt, aber ich kann gegen dieses schlimme Gefühl nichts machen. Ich bin darüber selbst entsetzt. Am Anfang habe ich mich, vor allem vor dem Schlafengehen, mit ein paar Gläschen Eierlikör getröstet. Langsam merke ich, dass ich darauf gar nicht mehr verzichten kann und ich immer mehr trinken muss, sogar tagsüber. Mit meiner Freundin und meinen Eltern kann und möchte ich darüber nicht sprechen. Was soll ich denen denn sagen? Etwa dass ich alkoholabhängig bin?«

So kapselte sie sich immer mehr von der Außenwelt ab. Meine weiteren Versuche, sie zur Therapie zu bewegen, weil meine Qualifikation für die Bewältigung eines solchen Problems nicht ausreichend sei, blieben ohne Erfolg. Dennoch wünschte sie weiterhin Einzelgespräche mit mir. Dies war auch deshalb erstaunlich, weil die Kosten der Therapie wohl von der Krankenkasse getragen worden wären, wohingegen sie die Kosten der Mediation selbst zu tragen hatte. Allmählich – inzwischen war mehr als ein halbes Jahr vergangen – gelang durch die Einzelgespräche ein langsamer, aber stetiger Abbau der negativen Emotionen dem Vater und auch dem Kinde gegenüber. Schließlich sagte sie wieder »Ja« zum Leben, nahm verstärkt soziale Kontakte auf und ging auch eine neue partnerschaftliche Bindung ein. Einige Monate später meldete sie sich noch einmal telefonisch bei mir, um mir mitzuteilen, dass sie die Krise habe überwinden können und mir dankbar sei, dass ich so viel Zeit für sie »geopfert« habe.

Ausgangspunkt in einem weiteren Fall war eine sehr vertrackte, schon in der Vergangenheit der Ehe liegende, ungelöste Problematik. Beide Ehepartner wünschten sich sehnlich ein Kind. Alle Bemühungen einschließlich künstlicher Befruchtung schlugen fehl. Die Ehefrau näherte sich dem Alter, in dem die Wahrscheinlichkeit, Kinder zu bekommen, drastisch abnimmt. In ihrer »Not« traf sie sich heimlich mit ihrem Jugendfreund und vertraute ihm ihr Leid an. Kurzum: Die geheimen Treffen häuften sich. Die Ehefrau wurde schwanger. Sie nahm sich immer wieder vor, die »Vorgeschichte« ihrem Ehemann zu beichten, doch brachte sie es dann doch nicht übers Herz. Erst wenige Monate nach Geburt des Kindes gestand sie ihrem Ehemann die Wahrheit. Die Anfechtung der Vaterschaft war eher eine Formalie. Gleichwohl blieben die Ehepartner zusammen. Nach weiteren fünf Jahren scheiterte die Ehe schließlich doch, vor allem wegen des geschilderten Vertrauensbruchs.

Zu Beginn der Mediation erklärte die Ehefrau, dass sie schon seit längerer Zeit in therapeutischer Behandlung sei, um die Konflikte, die sich aus der Ehe wegen des Kindes ergeben hätten, besser zu verarbeiten und auch die Trennung leichter verkraften zu können. Der Ehemann, der selbst keine Therapie in Anspruch nehmen wollte, zeigte sich äußerst zwiespältig. Einerseits musste er erkennen, dass die Ehe nicht fortgesetzt werden konnte, andererseits hatte er aber zu dem Jungen eine Art väterliches Verhältnis entwickelt. Beide Ehepartner waren sich menschlich noch so zugetan, dass sie die Trennung zwar für richtig hielten, aber vor einer Scheidung zurückschreckten. Bis hierhin sind Konstellationen wie die geschilderten eigentlich nichts Außergewöhnliches.

Der Knackpunkt bestand aber darin, dass der Ehemann bei den Themen Unterhalt und Zugewinn vollkommen blockierte. Allein die Vorstellung, die Ehefrau könne finanzielle Leistungen von ihm fordern und auch erhalten, lösten bei ihm völliges Unverständnis und Empörung aus. In allen Mediationssitzungen wurde immer wieder deutlich, wie tief der Stachel der Verletzung beim Ehemann saß und wie er immer wieder unterschwellig sowohl seine Ehefrau als auch den Mediator wissen ließ, dass er über den damaligen Vertrauensbruch seiner Ehefrau nie hinweggekommen sei, vor allem deshalb, weil sie sich für ihr Verhalten bei ihm bis zum heutigen Tag nicht entschuldigt habe.

Ich führte mit der Ehefrau ein Einzelgespräch und fragte sie, ob und in welchem Umfang es ihr möglich sei, sich bei ihrem Ehemann um eine ehrliche und wahrhaftige Vergebung zu bemühen. Die Ehefrau stellte sich auf den Standpunkt, dass ihr das nicht möglich sei, weil sie es als gleichbedeutend mit einem Verrat an ihrem Kind empfinde. Es sei eindeutig gegen ihre Überzeugung, sich bei dem Ehemann für etwas zu entschuldigen, was sie unbedingt gewollt habe. Sie danke Gott dafür, dass ihr Kinderwunsch in Erfüllung gegangen sei. Gerade ihre intensive Arbeit mit dem Therapeuten habe schließlich bewirkt, dass sie sich allmählich von ihren Schuldgefühlen und -vorwürfen löse.

Sehr ausführlich wurde mit der Ehefrau besprochen, inwieweit sie ungeachtet dessen zu einem Ausdruck des Verständnisses und Mitfühlens für die Situation ihres Ehemannes in der Lage sei. Es ging also darum, dem Ehemann in einer empathischen Weise und mit Verständnis zu begegnen, ohne das Gefühl zu haben, sich dem Kinde gegenüber zu versündigen. Die Ehefrau war nach wie vor der Auffassung, dass es doch möglich sein müsse, eine Regelung der Scheidungsfolgen, insbesondere des Unterhalts, aber auch des Zugewinns, zu treffen, ohne diesen psychologischen

Knoten beim Ehemann zu lösen. Es zeigte sich jedoch immer wieder, dass kurz vor dem Abschluss einer solchen Vereinbarung bei dem Ehemann eine völlige Sperre einsetzte. Ich bat die Ehefrau, mich einmal an ihren Therapeuten wenden zu dürfen, um zu klären, ob und inwieweit ihr uneingeschränktes Ja zu ihrem Kind sie nicht daran hindere, ihrem Ehemann Verständnis und Trost für das von ihm erlittene Trauma entgegenzubringen. Die Ehefrau begrüßte den Vorschlag, und so konnte ich diese Frage mit ihrem Therapeuten in konstruktiver Weise erörtern.

Schließlich gelang es der Ehefrau mit therapeutischer Unterstützung, Verständnis und echtes Mitgefühl für die seelischen Wunden des Ehemannes zu entwickeln, sich beim nächsten Mediationstreffen ihm gegenüber dazu zu bekennen und ihn dies auch fühlen zu lassen. Anfänglich schien der Ehemann überrascht über die neue Entwicklung. Er erweckte den Eindruck, als wollte er sagen: »Die Botschaft höre ich wohl, allein mir fehlt der Glaube.« Denn er hatte noch immer das Gefühl, die Ehefrau handle nicht aus ihrem Herzen und ihrem inneren Bedürfnis heraus, sondern aufgrund des Impulses des Mediators bzw. der Anregungen ihres Therapeuten. Und doch war es für mich nicht überraschend zu sehen, wie bald der Ehemann die einfühlsame Haltung der Ehefrau als echt und authentisch akzeptierte, wodurch er sie auch in einer für ihn tröstenden und heilsamen Weise annehmen konnte. Ich fühlte, dass ich in diesem Moment nicht anwesend zu sein brauchte, und verließ den Besprechungsraum. Nach etwa einer halben Stunde baten mich die Eheleute wieder herein und vertrauten mir an, dass sie sehr bewegende Minuten erfahren und sich gegenseitig Vieles verziehen hätten.

Der Ehemann gestand mir gegenüber, dass er unbeschreiblich beglückt und von tiefer Dankbarkeit erfüllt gewesen sei, als die Ehefrau ihn in den Arm genommen und gemeinsam mit ihm geweint habe. Ich setzte die Mediation fort und gab beiden Seiten zu verstehen, dass ihnen das Schwerste, nämlich sich im Auseinandergehen respekt- und verständnisvoll zu begegnen, gelungen sei, sodass ich ihnen nunmehr auch zutraue, ohne weitere Hilfe die finanziellen Dinge zu klären, zumal ja die juristischen Grundlagen hierfür schon erarbeitet worden waren. Tatsächlich schafften es die Eheleute auch ohne meine weitere Unterstützung, sich über alle finanziellen Punkte zu einigen. Nach Abschluss der Mediation dankte die Ehefrau dem Ehemann in einem sehr einfühlsamen Brief dafür, dass trotz der so schwierigen Umstände alles zu einem so guten Ende geführt hatte.

Zwischen diesem Brief und dem Brief des Ehemannes, den er mir während der Mediation geschrieben hatte, lagen zehn Monate. Die entscheidende Passage dieses Briefes werde ich wohl nie vergessen. Der Ehemann schrieb sinngemäß, erst heute sei ihm verständlich geworden, was in Menschen vorgehe, die ihre Familie auslöschen und sich für den Freitod entscheiden. Etwa vier Monate nach dem Ergebnis seines Vaterschaftstests habe er im Radio einen Bericht gehört, dass ein Ehemann sich und seine Tochter umgebracht habe, nachdem seine Frau ihn verlassen hatte. Diese Nachricht habe ihm einen Schauer den Rücken herunter laufen lassen, denn er habe sich in diesen Ehemann so gut hineinversetzen können, dass er dessen verzweifelte Handlung aus der Ausweglosigkeit heraus gut verstanden und sich ihm nah gefühlt habe. Er habe inständig dafür gebetet, dass er nie so schwach werden möge, selbst eine solch schreckliche Tat zu begehen.

Gibt es ein schöneres Beispiel für die Funktion des Mediators als Katalysator? Gleichzeitig ist dieser Fall auch ein Beispiel dafür, dass der Mediator sich nicht einfach auf den Standpunkt stellen sollte, dass dem Ehemann, da er nun einmal keine Therapie in Anspruch nehme, eben nicht zu helfen sei.

Nach dem vorstehend geschilderten Fall drängt sich die Frage auf, unter welchen Voraussetzungen der Ehemann eher bereit gewesen wäre, therapeutische Hilfe in Anspruch zu nehmen oder wenigstens ersatztherapeutische Gespräche mit dem Mediator zu führen. Zwar ist heute eine große Anzahl von Männern, wie die bereits oben angeführte Bremer Studie nachwies, durchaus bereit, sich professionelle Hilfe zu suchen, doch trifft nach wie vor zu, dass Männer sich weitaus schwerer für die Therapie erwärmen können als Frauen und oft sogar eine ablehnend schroffe Haltung dagegen einnehmen. Nach meinen Erfahrungen akzeptieren oder suchen viele Männer durchaus therapieartige Gespräche mit dem Mediator, sofern folgende Voraussetzungen gegeben sind: Der Gesprächspartner sollte nicht psychologisieren und auch nicht mit psychologischen Begriffen daherkommen, sondern ohne Umschweife die Fakten ansprechen und dabei pragmatisch vorgehen. Jeder Hinweis auf defizitäre Entwicklungen in der Vergangenheit oder gar Kindheit schreckt viele Männer ebenso ab wie überhaupt die Verwendung des Begriffes »Psychologie« oder »Therapie«. So beschwören mich Ehefrauen häufig: »Versuchen Sie bitte, meinen Mann dazu zu bewegen, dass er mit mir eine Therapie macht, aber bitte vermeiden Sie das Wort ›Therapie‹ und vor allem den Begriff ›Psycho‹.« Männliche Mandanten haben mir immer wieder anvertraut, dass sie es beispielsweise nicht über das Herz brächten, an ihrem Stammtisch zu bekennen, dass sie »nächste Woche einen Termin beim Psychologen haben«. Sie nehmen die Reaktion ihrer Freunde vorweg, nämlich, dass diese nicht ohne einen hämischen Unterton bemerken werden, man habe eigentlich schon immer gewusst, dass er manchmal etwas »komisch« sei und jetzt natürlich offenkundig werde, dass mit ihm irgendetwas nicht stimme. Ganz anders die Situation, wenn der Betreffende sich selbst oder auch seinen Stammtischbrüdern gegenüber bekennt, dass er wieder einen Termin bei seinem Anwalt(-Mediator) habe. Dass mit diesem in erster Linie nicht-therapeutische Aspekte besprochen werden, liege für jedermann auf der Hand. Hierdurch geht er letztlich der Einsicht, therapiebedürftig zu sein, aus dem Wege.

Diese Kenntnisse haben dazu geführt, dass ich auch im Rahmen meines Netzwerkes einen Therapeuten ausfindig gemacht habe, der zum einen promovierter Volljurist ist und als solcher auch tätig war, der dann aber seinen neuen Tätigkeitsschwerpunkt im therapeutischen Bereich und insbesondere in der Familientherapie gesehen hat. Immer dann, wenn ich mit meiner »Kunst« am Ende war und diesen Therapeuten empfohlen habe, bin ich gerade dann auf unerwartet hohe Akzeptanz gestoßen, wenn ich ihn, statt seine therapeutische Qualifikation in den Vordergrund zu stellen, als qualifizierten Juristen mit zusätzlichen Kenntnissen im Therapiebereich geschildert habe. Hieraus lässt sich durchaus das Prinzip ableiten, dass Männer therapeutische Hilfe dann ohne Probleme in Anspruch zu nehmen bereit ist, wenn sie das Gefühl haben, der Therapeut habe durch seine bisherige Vita das Vorurteil widerlegt, er »doktere doch mit der Therapie am meisten an sich selber herum«. Erst dann sind sie unter Umständen bereit zuzugeben, dass der »Psychokram« ihnen vielleicht doch geholfen hat.

Zusammenfassend lassen sich drei Voraussetzungen nennen, unter denen Ehemänner bereit sind, therapeutische oder therapieähnliche Gespräche zu führen:

- Es sollte nicht versucht werden, Defizite aus der Vergangenheit des Mannes aufzustöbern.
- Der Mann sollte das Gefühl haben, dass der Therapeut ihm auf Grund seiner Persönlichkeit und Lebenserfahrung ebenbürtig ist.
- Der Therapeut sollte handlungsorientiert sein, also die Frage beantworten: »Was empfehlen Sie mir konkret, wie es weitergehen soll und welche Aufgabe habe ich hierfür zu erfüllen?«

Ich meine, es lohnt sich, zu dieser Frage weitere Untersuchungen anzustellen und gegebenenfalls eine Methode zu entwickeln, die speziell die Therapie von Männern zum Gegenstand hat.

Ein weiterer Gedanke liegt mir bei dem hier erörterten Thema am Herzen. Die Rede ist von der psychischen Stärkung, die die Ehefrau bei einer solchen Therapie erfährt. Nachdem sie viele Jahre in der Ehe, das (zumeist berechtigte) Gefühl hatte, untergebuttert worden zu sein, und sich schließlich durchgerungen hat, diesem Zustand durch Trennung ein Ende zu setzen, erlangt sie in der mit der Trennung verbundenen Therapie Oberwasser gegenüber ihrem Ehemann. Sie hat ihn zu Recht verlassen, dies solle er auch (gefälligst) spüren.

In der Mediation kann eine übertrieben starke Position den Verfahrensgang konterkarieren, weil sie von den Ehemännern als ein Nachtreten empfunden wird. Mit dem Verlassen hat ihm die Ehefrau – so die Klage des Ehemannes – ohnehin schon den »Todesstoß« versetzt. Jede zusätzliche Härte wird von dem Ehemann als unnötige Aggression erlebt.

Dieses Phänomen ist nicht neu. In der psychologischen Literatur wurde das geschilderte Phänomen bereits in den achtziger Jahren im Rahmen der Psychoanalyse thematisiert. Hierzu ein Zitat aus der Studie »Macht als Gefahr beim Helfer« von A. Guggenbühl-Craig. Dort heißt es: »In beschränktem Rahmen gelingt es ihm [dem Psychotherapeuten] sogar, hier und da einem Patienten zu einer ähnlichen gesunden Stabilisierung zu verhelfen. Viele seiner Patienten sind nach dem Durchlauf der Analyse weniger von neurotischen Symptomen geplagt, aber [...] oft sogar egoistisch-bösartiger als vor der Analyse«.[1] Der so gestärkten Ehefrau gelingt es manchmal nur schwer, außerhalb der Mediation von ihrer – wie es der Ehemann sieht – oft unnatürlichen, aufgesetzt wirkenden Stärke abzusehen.

Zusammenfassend lässt sich feststellen, dass die Mediation für Ehepartner, die beide bereit sind, die Ehe zu beenden, und denen es im Wesentlichen um die juristische und organisatorische Beendigung der Ehe geht, das ideale Verfahren ist. Aber auch in den Fällen, in denen es noch um die Bewältigung seelischer Beeinträchtigungen aus der kranken Ehe geht und in denen die Ehepartner einzeln oder zusammen eine Therapie ablehnen, kann die Mediation eine große Hilfe leisten und effiziente Ergebnisse erzielen. Zwar lassen sich die seelischen Konflikte in diesem Rahmen nicht aufarbeiten, doch werden die Mediationspartner soweit unterstützt und angeleitet, dass sie in der Lage sind, tragfähige Lösungen zu erarbeiten und diese auch einzuhalten.

Sind die Ehepartner jedoch bereit, parallel zur Mediation, einzeln oder zusammen, einen Psychotherapeuten in Anspruch zu nehmen, kann die dort erfahrene Hilfe ein wertvoller Beitrag zur psychischen Bewältigung der Trennung und Scheidung sein. Der weitergehende therapeutische Ansatz erfasst die tiefer liegenden Ursachen der Konflikte und kann die Mediationspartner befähigen, die

Vergangenheit aufzuarbeiten, um lebensbejahende, auf die Zukunft ausgerichtete Perspektiven zu entwickeln.

Eine Frage, die mir immer wieder bei meinen Vorträgen über die Mediation gestellt wird, möchte ich zum Schluss dieses Kapitels noch behandeln: »Wie oft kommt es vor, dass die Mediation eine Versöhnung der Ehepartner bewirkt?« Da ich keine Statistik darüber führe, bin ich auf eine Schätzung angewiesen. Ich denke, dass es etwa in zehn Prozent der Mediationsfälle zu einer Fortsetzung der Ehe kommt. Ein Beispiel:

Die Ehefrau bat mich, die Scheidung einzureichen. Ich erläuterte ihr das Modell der Mediation; sie gab diese Informationen anschließend ihrem Ehemann weiter. Gleich in der ersten Mediationssitzung stellte ich eine fundamentale Unvereinbarkeit in der Art der Kommunikation zwischen beiden Ehepartnern fest. Wann immer der Ehemann sich an seine Frau wandte, hörte und fühlte sie in seiner Stimme einen fordernden, fast anklagenden Unterton. Dies bewirkte bei der Ehefrau eine trotzige, teilweise aber auch eine resignative Haltung, die fortan jede weitere Kommunikation nahezu zum Erliegen brachte. Eine reine Psychotherapie wurde zwar abgelehnt, aber der Vorschlag einer Ko-Mediation mit einem Therapeuten positiv aufgenommen. Hier wurden dem Ehepaar in praxisnaher Weise die Grundlagen einer konstruktiven Kommunikation vermittelt. Die Gesamtdauer dieser Art der Mediation hat zehn Stunden betragen. Anschließend erklärte das Ehepaar, sie wollten das hier Erfahrene in ihrer Ehe anwenden.

Nach einem Jahr erreichte mich ein Brief der Ehefrau: »Vor ca. einem Jahr habe ich Ihre Kanzlei aufgesucht und um Hilfe gebeten. Statt einer Scheidung, die ich damals wollte, bekamen wir eine Mediation. Heute an Silvester blicke ich zurück und alles ist anders. So möchte ich auch dem Menschen danken, welcher an dieser positiven Wende beteiligt war. Meine Ehe ist wieder intakt und mein Sohn hat seinen Vater behalten. Jetzt sehen wir gemeinsam nach vorne. Im Namen meiner Familie möchte ich mich für die Gespräche bedanken, das Vertrauen und die Menschlichkeit, mit der Sie uns aus dieser Krise geführt haben ... und wünsche Ihnen ... weiter gutes Gelingen in Ihrer Arbeit. In Dankbarkeit.« Der Brief trägt die Unterschrift beider Ehepartner.

Gelegentlich wird ein solches Ergebnis in Kreisen der Mediation als ein Kunstfehler betrachtet. Als Begründung wird angeführt, dass es nicht die Aufgabe des Mediators sei, scheidungswillige Ehepaare »umzupolen«. Das ist grundsätzlich richtig. Andererseits sollte eine so bedeutsame Entscheidung, wie es die Ehescheidung ist, nur dann getroffen werden, wenn keine Zweifel mehr an einem solchen Schritt bestehen. Würde man die »Kunstfehlerthese« – wie ich sie einmal nennen möchte – strikt anwenden, läge die Vermutung nahe, dass die Ehepartner nicht als eigenverantwortliche Wesen wahrgenommen werden, die ihren anfänglichen Entschluss möglicherweise doch noch einmal überprüfen. Bei dem geschilderten Beispiel hat eine Mischung aus Mediation und Therapie zur Fortsetzung der Ehe geführt.

Wenn, auch für den Mediator unerwartet, die Ehepartner noch einmal einen neuen Versuch wagen, liegt der Grund für eine solche Entwicklung oft in erster Linie darin, dass die Ehepartner ungezwungen und offen kommunizieren und *gerade nicht* das Ziel einer Versöhnung verfolgen. Dass ohne inneren oder äußeren Zwang und ohne jeden moralischen Druck geführte Gespräche großartige und zum Teil sehr überraschende Entwicklungen auch außerhalb der Mediation möglich machen, hat in einer für mich unübertroffenen Weise der spanische Schriftsteller und Nobelpreisträger, Jacinto Benavente, dargestellt (ein Segen, dass er das Studium der Rechte abgebrochen und sich für die Literatur entschieden hat). In seinem Bühnenstück »Ungewollt und ohne Liebe« bringt er die außergewöhnliche Bedeutung eines freiwilligen, offenen und ungezwungenen Gesprächs, so wie es in der Mediation häufig anzutreffen ist, in einer zum Schmunzeln anregenden Pointe zum Ausdruck.

Die Geschichte spielt in Spanien zu einer Zeit, als es noch üblich war, dass Eltern über die Köpfe ihrer Kinder hinweg den späteren Ehepartner auswählten. Die von ihrem Vater so Auserwählten, Luisa und ihr Cousin Pepe, treffen sich, um eine Strategie zur Vermeidung einer solchen »Nutzhochzeit« zu besprechen. Dabei bekennen sie sich gegenseitig, wie ihr frei erwählter Ehepartner aussehen solle und was sie überhaupt unter ehelicher Liebe verstünden. Durch die Ungezwungenheit, mit der sie ihr Herz und ihre Seele öffnen, entwickelt sich in kürzester Zeit ein besonderes Vertrauen, ein großes Verständnis für die jeweiligen Ansichten und Blickwinkel des anderen und schließlich eine tiefe Zuneigung. Und vor allem: Sie gewinnen die Erkenntnis, dass sie in vielen maßgeblichen Fragen, insbesondere natürlich in denen der Liebe und Ehe, auf verblüffende und überraschende Weise übereinstimmen. Hier die in diesem Zusammenhang interessierenden Passagen:

»PEPE: Zum Glück hast du diesen großartigen Einfall [ein gemeinsames Gespräch zu führen, Anm. d. Verf.] gehabt.

LUISA: War es nicht so am besten? Man muß nur offen reden; wenn man miteinander redet, versteht man sich gleich. Du hast es ja selbst gesehen; wir haben hier unter vier Augen gesprochen, ohne uns zu verstellen, haben uns vom Gespräch treiben lassen, und ungewollt …

PEPE: Und obwohl wir uns nicht lieben, habe ich entdeckt, daß ich eine bezaubernde Kusine habe.

LUISA: Und ich, daß ich einen sehr netten und sehr vernünftigen Vetter habe, der in vielen Dingen des Lebens dieselben Ansichten hat wie ich.

[...]

LUISA: Ich glaube, auf so freundschaftliche Art ist noch nie eine Hochzeit in die Brüche gegangen.

PEPE: Wenn wir geheiratet hätten, wären wir bestimmt nicht so zufrieden miteinander.

LUISA: Wenn ich eines Tages mal heirate, wäre ich froh, wenn mein Mann dir ein bißchen gleichen würde.

PEPE: Und ich, wenn meine Frau dir ganz und gar gleichen würde.

LUISA: Wirklich? ...«

Sie stellen fest, dass sie sich tatsächlich in einander verliebt haben. – Szenenwechsel. Der Vater von Luisa bekennt ihr gegenüber, dass der Handel, Cousine und Cousin zu verbandeln, an dem Geiz von Pepes Vater gescheitert ist. Luisa deutet jetzt an, dass sie und Pepe sich vielleicht lieben könnten. Pepe bestätigt dies. Der Vater von Luisa verlangt Aufklärung.

»MANUEL [Luisas Vater]: ... Was bedeutet das?

PEPE: Das bedeutet, daß, während ihr von Geschäften gesprochen habt, wir unser Herz haben sprechen lassen; und weil man sich versteht, wenn man einmal offen miteinander spricht ...

LUISA: Haben wir das Gegenteil von euch beschlossen: uns zu heiraten.

MANUEL: Einfach so, in einer halben Stunde. Ihr seid verrückt!

LUISA: Was willst du machen? Ein halbstündiges Gespräch, in dem wir uns gegenseitig überzeugen wollten, daß wir nicht heiraten dürften, hat uns besser bekannt gemacht als zwei Jahre Kennenlernen zum Heiraten.

PEPE: Wir hatten keinen Grund zum Verstellen …

LUISA: Und keinen zum gegenseitigen Betrügen.

PEPE: Wir haben ganz offen gesprochen, fest entschlossen, uns nicht zu lieben.

LUISA: Und ungewollt und ohne Liebe …«[2]

Ist dieses Stück ein Beispiel für eine in der Literatur häufig anzufindende praxisferne Idealisierung? Ich meine nein. Für den Mediator ist es immer wieder faszinierend zu erfahren, welche bisweilen als Wunder erscheinenden positiven Entwicklungen möglich sind, *wenn und weil Ehepartner in der Mediation so konstruktiv miteinander kommunizieren, wie sie es selbst während ihrer gesamten Ehezeit nicht erfahren haben.*

Anmerkungen

[1] Adolf Guggenbühl-Craig: Macht als Gefahr beim Helfer. 5. unveränd. Auflage, Basel, München 1987 (Reihe: Psychologische Praxis 45), S. 99.

[2] Jacinto Benavente: Ungewollt und ohne Liebe. In: Rolf Hochhuth und Herbert Reinoß (Hg.): Ruhm und Ehre. Die Nobelpreisträger für Literatur. Gütersloh [1970], S. 372f.

In jeder großen Trennung liegt ein Keim von Wahnsinn; man muß sich hüten, ihn nachdenklich auszubrüten und zu pflegen.

J. W. v. Goethe, Maximen und Reflexionen

Wie Mediation Tragödien vermeidet

Ich könnte die Frage, ob Mediation in der Lage ist, Tragödien zu vermeiden, spontan mit einem Ja beantworten. Vordergründig ließe sich argumentieren: Wenn beide Seiten erst einmal (wieder) miteinander reden, und das tun sie nun ja in der Mediation, wird sich der Konflikt erheblich entkrampfen. Das klingt zunächst einleuchtend, doch trifft es nur auf diejenigen Ehepartner zu, die die Phase des Trennungsschmerzes einigermaßen überstanden haben und sich im Wesentlichen nur noch auf materielle Fragen der Scheidung konzentrieren.

Das mag für eine hohe Anzahl der Mediationsteilnehmer gelten. Was ist aber in den gar nicht so seltenen Fällen, in denen sich nur ein Ehepartner entschlossen hat, die Trennung mit Scheidungsabsicht herbeizuführen, während der andere nur deshalb der Mediation zustimmt, weil er, zugestanden oder insgeheim hofft, die versöhnliche Wirkung dieses Verfahrens werde vielleicht zu einer Fortsetzung oder zu einem Neubeginn der Ehe führen?

Erweist sich die Hoffnung dann als unbegründet, ist nicht nur die Fortsetzung der Mediation gefährdet, sondern es können sich hieraus noch viel größere Gefahren entwickeln. Der enttäuschte Ehepartner trägt sich zunächst mit dem Gedanken, die Mediation zu beenden, und blockiert, nicht selten unbewusst, den Prozess einer fairen und sauberen Abwicklung der Trennung und Scheidung. Das hiermit eine Verschlechterung gegenüber der Situation, wie sie vor der Mediation bestanden hat, einhergehen kann, liegt auf der Hand. Der verlassene Ehepartner hat seine ganze Hoffnung, und oft ist es ja die letzte, auf die Mediation und auf die Rückkehr seines Partners gesetzt und ist nun über alle Maßen enttäuscht. Seine Seelen- und Gemütsverfassung ist jetzt trostloser denn je. Tiefste Verzweiflung, wenn nicht sogar blanker Hass gewinnen die Oberhand. Nunmehr besteht die große Gefahr der Eskalation. Denn dass diese niederschmetternde Seelenstimmung Nährboden für gewaltsame Entwicklungen sein kann, wird niemand bezweifeln wollen.

Ähnlich liegen die Fälle, bei denen die Ehepartner frank und frei bekennen, was ihnen, womöglich schon seit Jahren, auf dem Herzen liegt und was sie aus vielfältigen Gründen vorher nicht den Mut hatten, offen an- und auszusprechen. Da die Entscheidung für eine Scheidung definitiv gefallen ist, wissen sie, dass sie im persönlichen Bereich nichts mehr zu verlieren haben. Jetzt werden dem anderen Ehepartner mit schonungsloser Offenheit Dinge an den Kopf geworfen, die auf ihn eine geradezu verheerende Wirkung ausüben können; sie lösen bei ihm das Gefühl der völligen Entwertung seiner Ehe und seiner eigenen Person aus. Wenn es dem Mediator nun nicht gelingt, dem so Enttäuschten wieder Sinn und Zweck der Mediation in Erinnerung zu rufen und ihm zu verdeutlichen, dass dieses Verfahren vom Wesen her gerade nicht zum Ziel hat, die Ehepartner wieder zusammenzuführen, sondern darauf ausgerichtet ist, fair und mit Anstand auseinanderzugehen, kurzum, wenn ihm der frustrierte Mediationspartner entgleitet, muss man fürchten, dass dieser sich dem herkömmlichen Verfahren zuwendet und nach dem härtesten und gnadenlosesten juristischen »Wadenbeißer« Ausschau hält. Dessen Aufgabe soll es sein, für das grenzenlos erlittene Unrecht, das ihm zuteil wurde, Rache zu üben. Das herkömmliche Verfahren dient dann bestenfalls als letztes Ventil, die zerstörerische Energie nicht in die Tat umzusetzen.

Hilfreich wäre jetzt der therapeutische Ansatz, um den Unglücklichen seelisch zu stärken. Deshalb wird der Mediator in dieser Phase nichts unversucht lassen, den verbitterten Ehepartner zu motivieren, eine solche Hilfe in Anspruch zu nehmen. Fatal ist bei diesen Fällen aber häufig, dass gerade diejenigen eine Therapie rigoros ablehnen, die einer solchen besonders dringend bedürfen. Die Weigerung geschieht zumeist mit dem entrüsteten Hinweis, man sei ja schließlich nicht psychisch krank oder »plemplem«.

Nachdem es mir über Jahre hinweg manchmal mehr intuitiv als bewusst gelungen ist, teils sehr kritische und schwierige Fälle gewaltlos zu lösen, kam und komme ich mir bisweilen heute noch vor wie der Held aus der Kurzgeschichte »Das Jüngste Gericht« von Slawomir Mrozek, in der es heißt: »Er blickte mich an mit der Nachdenklichkeit des Experten, der sich nach der Erkenntnis die Methode überlegt. (Er hatte etwas unendlich Fachmännisches an sich, obwohl ich nicht festzustellen vermochte, um welches Fach es sich handelte.)«[1] Mein Anliegen geht dahin, nachzuweisen, dass auch Interventionsmöglichkeiten bestehen, wenn sich die Hilfe- und Ratsuchenden gerade professioneller psychologischer Hilfe verschließen. Ich habe zunächst auf zahlreiche kritische Fälle nur gefühlsmäßig reagiert und erst später aus den erfolgreich gelösten Fällen Gesetzmäßigkeiten abgeleitet.

Einige dieser Fälle möchte ich im Folgenden vorstellen.

Fall 1: Raus aus der Wohnung
Eines Morgens höre ich auf meinem Anrufbeantworter eine äußert erregte Stimme: »Ich will, dass meine Frau endgültig aus der Wohnung verschwindet, es ist die Hölle, es ist nicht mehr auszuhalten. Bitte machen Sie etwas, bevor ich sie noch erschlage und ins Zuchthaus muss. Wie ich sie am schnellsten herausbringe, das wäre am wichtigsten vor allen anderen Fragen. Ich danke Ihnen« (Uhrzeit des Anrufs 04.20 Uhr).

Zur Vorgeschichte: Nach einer kurzen Phase des Sich-Kennenlernens heiratet das Paar. Die Ehe währt gerade erst ein Jahr. Der Ehemann ist davon überzeugt, dass seine Frau ihn ständig mit verschiedenen anderen Männern betrügt. Eindeutige Beweise hat er nicht, doch die Indizien scheinen erdrückend. Vor dem genannten Anruf hat eine erste Mediationssitzung stattgefunden, in der der Wille der Parteien nicht klar wurde. Die Ehefrau wollte grundsätzlich an der Ehe festhalten, weil sie die Mutmaßungen ihres Ehemannes als absurd abtat. Der Ehemann war in sich sehr ambivalent. Einerseits wollte er den Beteuerungen seiner Ehefrau Glauben schenken, andererseits hatte er das Vertrauen zu ihr verloren. Zwar war sie des Ehebruchs konkret nicht überführt worden, doch hatte sie aus seiner Sicht in Bezug auf Männerbekanntschaften wiederholt nachweislich die Unwahrheit gesagt. Gleichwohl gelang es der Ehefrau immer wieder, sich mit dem Ehemann zu versöhnen, sodass dieser phasenweise an die Fortdauer der Ehe glaubte.

Ich setzte mich mit dem Ehemann sofort telefonisch in Verbindung und machte mit ihm einen Besprechungstermin noch für den Spätvormittag desselben Tages aus. Schon nach den ersten Minuten des Gesprächs zeigte sich, dass sein äußerst nervöses Auftreten – während des Gesprächs stand er ständig auf und lief unruhig im Besprechungszimmer umher – Spiegelbild seines inneren Zustandes war. Auslöser seiner jetzigen Fassungslosigkeit war der Umstand, dass seine Ehefrau erst um 3.30 Uhr nach Hause gekommen und die Begründung für ihre Verspätung von ihm als völlig unglaubwürdig erachtet worden war. Es gab keinen Zweifel, dieser Mann hatte seinen psychischen Halt verloren, und es war zu befürchten, dass seine innere Sicherung ohne sofortige Hilfe bei einem erneuten Aggressionsausbruch durchbrennen würde. Es musste also gehandelt werden.

Mir war klar, dass es mir nicht gelingen würde, dem Ehemann hinreichend Kraft und Perspektive zu vermitteln, so lange durchzuhalten, bis die Wohnungsfrage eines Tages geklärt wäre. Aus der Sicht des Ehemannes musste die Ehefrau »raus aus der Wohnung«, und zwar »sofort«. In seinen Augen war sie eindeutig und ausschließlich die allein Schuldige.

Wäre von mir zum jetzigen Zeitpunkt dem Ehemann gegenüber auch nur in Erwägung gezogen worden, dass möglicherweise er aus der Wohnung ausziehen solle, hätte er mir sicher mit einem ungläubigem Gesichtsausdruck die rhetorische Frage gestellt, auf welcher Seite ich stehe. Ihm zu verdeutlichen, dass jetzt guter Rat teuer sei, weil behördlicherseits keine Lösung zu erwarten sei, hätte ihn wohl die Mediation abbrechen lassen. Ich gab ihm vielmehr Gelegenheit, zunächst so viel Dampf wie möglich abzulassen, und fragte ihn, ob ein sofortiger Anruf bei seiner Ehefrau sinnvoll sei. Nachdem er dies bejahte, rief ich noch in seinem Beisein die Ehefrau an und vereinbarte mit ihr einen Besprechungstermin für denselben Tag.

In dem Gespräch mit der Ehefrau ließ ich mir von ihr die letzten Vorkommnisse schildern und machte keinen

Hehl daraus, dass ich den Ehemann als psychisch kaum noch belastbar erlebte. Sie teilte schließlich mit mir die Auffassung, dass eine sofortige Trennung das Beste sei, ohne dass bis zu diesem Stand des Gesprächs die Fortdauer des Zusammenlebens erörtert, geschweige denn die Frage thematisiert wurde, wer von beiden es sei, der aus der Ehewohnung ausziehen solle.

Wie so häufig, wenn man behutsam an eine Sache herangeht, kommen Lösungsimpulse direkt von den Betroffenen selbst. Die Ehefrau erklärte mir, dass sie ohnehin nicht in der Wohnung bleiben werde, wenn ihr Mann ausziehe, da diese für sie zu groß sei und sie eine so hohe Miete nicht aufbringen könne. Die darauf folgenden Stunden nutzte ich dazu, mit Wohnungsmaklern und Untervermietern von Privatwohnungen bzw. -zimmern Kontakt aufzunehmen. Von einigen erhielt ich Internetadressen mit Angeboten günstiger Wohnungen. Das sich anschließende Gespräch mit dem Ehemann war sehr positiv. Angesichts der Bereitschaft der Ehefrau, ebenfalls binnen Kurzem auszuziehen, und der konkreten Möglichkeit, eine neue, akzeptable Bleibe zu finden, erschien es ihm nun nicht mehr als ein einseitiges und unzumutbares Nachgeben, die Ehewohnung kurzfristig zu verlassen, sondern als eine unter gegebenen Umständen durchaus sinnvolle Entscheidung, die ihm nicht das Gefühl vermittelte, aus dem Konflikt als Verlierer hervorzugehen.

Die von mir sogleich konzipierte schriftliche Vereinbarung wurde von beiden Parteien unterzeichnet und in die Tat umgesetzt.

Der beschriebene Fall zeigt den Unterschied zwischen einem bloßen Ratschlag und einer organisatorischen Hilfe. Bei jenem überlässt man es letztlich den Ehepartnern, wie sie konkret einen Ausweg aus dem Konflikt finden, während ihnen bei dieser ein echter Beistand, eine wirkungsvolle Unterstützung zuteil wird.

Die Erkenntnis, dass mit einer tatkräftigen Unterstützung ein wesentlicher Beitrag zur Lösung eines Problems geleistet werden kann, ist nicht neu. Einmal mehr möchte ich Worte unseres Geheimrats in Erinnerung rufen: »... Seelenleiden, in die wir durch Unglück oder eigne Fehler geraten, sie zu heilen vermag der Verstand [zumal der juristische, Anm. d. Verf.] nichts, die Vernunft wenig, die Zeit viel, entschlossene Tätigkeit hingegen alles.«[2]

Liest man den vorstehend beschriebenen Fall, erscheint die Lösung relativ einfach, ja geradezu banal. Aber wie viele Tragödien ereignen sich allein deshalb, weil ein Zusammenleben in der Endphase der Ehe bzw. der Trennung, und hier vor allem der Auszug aus der Wohnung, von den Partnern nicht auf friedliche Weise bewältigt werden kann. Die Tageszeitungen berichten davon nahezu täglich.

Schauen wir zusammenfassend die Lösungskriterien in Stichworten an:

1. Einsicht, dass mit den herkömmlichen juristischen Mitteln der Fall nicht gelöst werden kann. – Nun muss ich vorausschicken, dass die Ehefrau, selbst wenn sie die auf dem Anrufbeantworter gesprochenen Worte ihres Mannes mit angehört hätte, weder von dem Familiengericht noch von polizeilicher Seite her wirksame Hilfe hätte erlangen können. Das Familiengericht hätte bestenfalls die jeweils alleinige Nutzung des einen und anderen Raumes der Ehewohnung geregelt, die Polizei hätte beschwichtigend abgewiegelt. Wir wissen zur Genüge, dass bei Behörden sehr häufig erst etwas passiert, wenn schon etwas passiert ist. Aber für die Mediation war bereits so viel passiert, dass sofort gehandelt werden musste.

2. Unverzügliche Einzelgespräche, zunächst mit dem Ehepartner, bei dem gewaltsame Handlungen nicht auszuschließen sind.

3. Sofortiges Einbeziehen des anderen Ehepartners und Abtasten von Lösungsmöglichkeiten (hier Auszug beider Ehepartner, lediglich zeitversetzt).

4. Konkrete Hilfe des Mediators bei der Umsetzung des Lösungsgedankens, vor allem Nutzung aller Möglichkeiten seines Netzwerkes.

Eine Spielart dieser organisatorischen Hilfeleistung ist das Einschalten weiterer (einer oder mehrerer) Personen, insbesondere dann, wenn der Mediator selbst keine konkrete Hilfestellung geben kann. Die besondere Leistung besteht dann darin, dass der Mediator sich um Hilfe für den Betroffenen bemüht, das heißt eine solche vermittelt.

Hierzu gehören die Fälle, bei denen sich der Mediator unmittelbar mit den Verwandten des gewaltbereiten Ehepartners in Verbindung setzt und auf die aktuelle Gefahr aufmerksam macht. Das kann z. B. ein Anruf bei den Eltern des Betroffenen mit dem Hinweis sein, dass ein größerer seelischer Beistand als der bisher geleistete erforderlich ist.

So rief ich in einem Fall bei einem von dem Ehemann früher in Anspruch genommenen Psychologen an und bat ihn, sich schnellstmöglich mit seinem ehemaligen Patienten direkt in Verbindung zu setzen, um ihm seine Hilfe anzubieten. Bedenken, dass einem vom Betroffenen zum Vorwurf gemacht wird, quasi hinter seinem Rücken Hilfe für ihn aktiviert zu haben, sind nach meinen Erfahrungen in aller Regel nicht begründet. Im Gegenteil. Der Rat- und Hilfesuchende bedankt sich zumeist für die fürsorgliche und unerwartete Haltung und Handlung des Mediators.

Fall 2: Der rettende Klinikaufenthalt

Ein zweiter Fall soll unter dem Gesichtspunkt der sofortigen Hilfe geschildert werden. Hier geht es um einen Fall, bei dem der Mediator nicht nur der Vermittelnde zwischen beiden Seiten war, sondern auch gleichzeitig die dringend notwendige Hilfeleistung für die Mediationsteilnehmer aktiviert hat.

Das Ehepaar ist fünfzehn Jahre verheiratet und hat zwei schulpflichtige Töchter im Alter von zwölf und vierzehn Jahren. Seit zwei Jahren befindet sich die Ehe in einer schweren Krise. Seit genau diesem Zeitpunkt korrespondiert die Ehefrau nahezu täglich über das Internet mit einem Arbeitskollegen. Stundenlang. Der Ehemann erlebt diese Aktivität als eine zunehmend unerträgliche Belastung. Schließlich gesteht die Ehefrau ihre Liebe zu jenem Arbeitskollegen und bittet den Ehemann, aus dem gemeinsamen Wohnhaus auszuziehen. Der Ehemann weigert sich und setzt alles daran, der Ehefrau den Aufenthalt im Haus zu verleiden. Die berufliche Tätigkeit des Ehemannes ist so ausgestaltet, dass er wesentliche Teile seiner Arbeit auch daheim erledigen kann. Die Ehefrau sieht keine Möglichkeit eines sofortigen Auszugs, weil sie auf keinen Fall die Kinder beim Vater zurücklassen möchte. Ein Zusammenziehen mit ihrem neuen Partner scheitert daran, dass sich dieser seinerseits gerade in der Scheidung befindet.

Die erste Mediationssitzung zeigt ein äußerst beklagenswertes Bild. Der Ehemann ist voller Hass und Aggressionen, er will partout, dass seine Ehefrau auszieht, die Ehefrau zeigt erschreckende Anzeichen ihrer seelischen Notlage, sie wirkt stark unterernährt, völlig eingeschüchtert und spricht fast nur in flüsterndem Ton.

Die Frage der Trennung, gegebenenfalls auch innerhalb des Wohnhauses, kann nicht zur Zufriedenheit geklärt werden. Einzelgespräche werden vereinbart. Die seelische Verfassung der Ehefrau verschlechtert sich von Tag zu Tag, schließlich verkriecht sie sich in das seit Langem von ihr allein genutzte Schlafzimmer und verlässt dieses nur noch dann, wenn der Ehemann außer Haus ist. Da sie sich seelisch und körperlich nicht in der Lage sieht, mein Büro aufzusuchen, findet das Einzelgespräch in dem Wohnhaus der Beteiligten statt. Sie eröffnet mir, dass sie ihren Hausarzt gebeten habe, schnellstmöglich ihre Einweisung in eine therapeutische Klinik in die Wege zu leiten. Trotz intensiver Bemühungen werde ihr – so ihr behandelnder Arzt – eine Klinikaufnahme frühestens in etwa einem halben Jahr in Aussicht gestellt.

Nach meiner sofortigen Kontaktaufnahme mit zahlreichen Therapeuten, mit denen ich seit Jahrzehnten zusammenarbeite, konnte erreicht werden, dass die Frau aufgrund ihrer körperlichen Beeinträchtigung innerhalb von nur drei Tagen in ein normales Krankenhaus eingewiesen wurde, um, nachdem sie körperlich etwas aufgepäppelt worden war, einen Platz in einer psychosomatischen Klinik zu erhalten. Die Tage bis zur Abreise wurden genutzt, um mit beiden Seiten alle organisatorischen Fragen abzustimmen, die durch die längere Abwesenheit der Frau zu klären waren. Dieser Aufenthalt bewirkte Wunder. Nach einer Verlängerung des üblichen Aufenthaltszeitraums kehrte sie psychisch gestärkt zurück. Während dieser Phase nutzte der genannte Arbeitskollege, nunmehr ihr offizieller Partner, die Gelegenheit, eine Wohnung für sie anzumieten, in der sie nach Entlassung aus der Klinik einziehen konnte.

Die Zeit des Klinikaufenthaltes erwies sich auch für den Ehemann als sehr segensreich. Er musste für diesen Zeitraum Arbeit und Betreuung der Kinder bewerkstelligen und war rund um die Uhr beschäftigt, alle an ihn herangetragenen Aufgaben und Arbeiten zu erledigen. In Einzelgesprächen vertraute er mir an, dass er sich mit dem Gedanken beschäftige, die jetzigen für ihn günstigen Umstände zu nutzen, um eine gerichtliche Vorentscheidung im Eilverfahren bezüglich des Aufenthalts der gemeinsamen Töchter bei ihm zu erwirken. Hierdurch würde er sich eine bessere Ausgangsposition für die Zeit nach Beendigung des Klinikaufenthaltes der Ehefrau erhoffen. Er gestand mir frank und frei, dass er sich anwaltlich habe beraten lassen und ihm positive Aussichten für ein solches Vorgehen signalisiert worden seien. Nachdem ich ihm alle Eventualitäten einer solchen Vorgehensweise verdeutlicht hatte, vertraute er auf eine Regelung, die ihn in all seinen Belangen nicht zu kurz kommen ließ.

Die sich nach der Entlassung der Ehefrau aus der Klinik anschließenden Mediationsgespräche konzentrierten sich nunmehr auf die Frage, wo denn die Kinder überwiegend wohnen würden. Beide Ehepartner waren entschieden der Auffassung, dass die Kinder jeweils bei ihnen am besten aufgehoben seien. Da die Mutter die Kinder für die Zeit ihres Klinikaufenthaltes – bis auf einige Besuche – hatte entbehren müssen, wurde vereinbart, dass die Kinder sich zunächst für einen Monat bei ihr aufhalten sollten, jedoch mit der eindeutigen Absprache, dass die Mutter darin keine Vorentscheidung in der Frage sehen dürfe, wo die Kinder letztlich überwiegend wohnen würden. Obwohl in dieser Phase des Sich-Wiederannäherns zwischen den Kindern und der Mutter die Umgangskontakte zum Vater eingeschränkt werden sollten, zeigte die Ehefrau sich sehr großzügig, sodass dem Ehemann die Befürchtungen genommen wurden, die Mutter werde die Zeit der Betreuung dazu missbrauchen, um die Kinder zu sehr an sich zu binden. Die Umgangsregelung sah dann übergangsweise vor, dass die Kinder jeweils vierzehn Tage bei der Mutter und vierzehn Tage beim Vater sein sollten. Die Folgezeit wurde dazu genutzt, sich an die Frage heranzutasten, wo die Kinder denn letztlich ihre größere seelische Heimat haben. Als beide Seiten erlebten, dass jeweils der andere Elternteil die Kinder nicht klammerhaft und erst recht nicht mit unlauteren Mitteln an sich zu binden trachtete, konnte schließlich eine für alle Beteiligten zufriedenstellende Umgangsregelung erreicht werden.

Die Lösung in Stichworten:

1. Einsicht, dass mit den Gesetzen des Familienrechts und mit der Familienrechtsjustiz keine akzeptable Lösung erreichbar war.
2. Aktivierung des Netzwerkes des Mediators bezüglich eines Klinikplatzes für die Ehefrau.
3. Kurzfristige und vorläufige Regelung aller dringenden Fragen wegen der längeren Abwesenheit der Ehefrau.
4. Vorbereitung der Regelungen für die Zeit nach der Entlassung der Ehefrau aus der Klinik.
5. Aufbau des Vertrauens und der Bereitschaft bei beiden Elternteilen, keine Hau-Ruck-Lösungen bezüglich der Kinder anzustreben.
6. Beide Elternteile dahingehend überzeugen, ihren Kindern ausreichende Möglichkeit, vor allem Zeit zu geben, sich zu entscheiden, bei welchem Elternteil sie schließlich überwiegend leben wollen.

Therapieersatz

Eine Vorbemerkung erscheint mir an dieser Stelle unerlässlich. Lehnt der in Not geratene Ehepartner jede Therapie ab, hätte ich eigentlich nur noch die Möglichkeit, ihn mit einem dringenden Appell, eine solche Hilfe in Anspruch zu nehmen, zu entlassen. Das habe ich jedoch in den seltensten Fällen übers Herz gebracht, und zwar deshalb, weil die Ehepartner mir in vielfältiger Form zu verstehen gegeben und mir auch das Gefühl vermittelt hatten, möglicherweise könne ich ihnen doch einen Ausweg aus ihrem Dilemma aufzeigen.

Fall 1: Der »Warum nur?«-Fall

Die Ehe währt schon achtundzwanzig Jahre. Aus ihr sind drei Kinder hervorgegangen, das jüngste Kind ist zehn Jahre alt. Der Ehemann liebt seine Ehefrau nach wie vor abgöttisch. Sie dagegen empfindet, dass die Ehe immer mehr verarmt. Sie schreibt häufig Briefe, dass sie so nicht weiterleben wolle. Der Ehemann übergeht dieses Anliegen geflissentlich. Die Ehefrau möchte, dass ihr Ehemann auszieht und sie mit den Kindern weiterhin im Haus lebt. Ihr Ehemann wiederum besteht darauf, im Haus zu bleiben, mit dem Hinweis, die Ehefrau könne ja ausziehen.

In den ersten Mediationsbesprechungen wurde versucht, eine Trennung innerhalb des Wohnhauses herbeizuführen, nachdem schon für längere Zeit eine Trennung von Tisch und Bett bestanden hatte. Auf diesem Weg sollte auch erreicht werden, dass kein Ehepartner mehr dem anderen für seine zukünftige Lebensgestaltung Rechenschaft ablegen muss. Für eine kurze Zeit wurde diese Regelung für beide als gangbar betrachtet und auch praktiziert. Nachdem die Ehefrau sich einem anderen Partner zugewandt hatte und dies, so der Ehemann, »Stadtgespräch« wurde, verhärtete sich die Atmosphäre innerhalb des Hauses. Für den Ehemann war bis dahin die freie Lebensgestaltung der Ehefrau gerade noch erträglich gewesen. Als aber eine neue Verbindung, zudem noch »stadtbekannt«, hinzukam, löste dies beim Ehemann von ihm selbst nicht erwartete Aggressionen und Hassgefühle aus.

Dies sollte Thema des nächsten Mediationsgespräches mit beiden Beteiligten sein. Kaum hatte die Mediation begonnen, bat mich meine Sekretärin, wegen eines Eilfalls kurz unterbrechen zu dürfen. Ziemlich verärgert kam ich ihrer Bitte nach. Im Sekretariat zeigte sie mir einen Brief, den die Ehefrau ihr mit den Worten anvertraut hatte, sie möge ihn mir so schnell wie möglich übergeben, ohne dass ihr Ehemann davon etwas bemerke. In dem Brief schrieb sie, dass sie sich in großer Angst befinde, da ihr Ehemann in den letzten Tagen stark alkoholisiert nach Hause gekommen sei, sie in ihrem Schafzimmer drohend zur Rede gestellt habe, in welchem Verhältnis sie nun mit dem neuen Partner stünde und ob sie tatsächlich auf diese Art und Weise die Ehe zerstören wolle. Auf ihre ausweichende Antwort habe er seine Hand um ihren Hals gelegt und sie derart kräftig geschüttelt, dass sie schon unter höchster Atemnot gelitten habe. Schließlich habe er dann unter wildem Fluchen das Schlafzimmer verlassen.

Ich setzte daraufhin die Mediation fort, ließ mir aber die Kenntnis dieses Briefes nicht anmerken. Ich bat beide Ehepartner, mir die Erfahrungen der letzten Zeit zu schildern. Der Ehemann erklärte, es habe sich alles verschlechtert, und drängte darauf, dass die Ehefrau endlich ausziehen solle. Auch die Ehefrau erklärte, dass sich die bis dahin praktizierte Regelung nicht bewährt habe, ohne jedoch konkret auf den in dem Brief geschilderten Vorgang Bezug zu nehmen. Eine vertretbare Lösung konnte in dieser Mediationssitzung nicht gefunden werden. In dem anschließenden Einzelgespräch mit der Ehefrau ließ ich mir die im Brief mitgeteilte Szene noch einmal im Detail schildern, die Erzählung stellte sich mir als glaubwürdig dar. In dem sich kurz darauf anschließendem Einzelgespräch mit dem Ehemann kristallisierte sich schnell heraus, dass er mit der neuen Partnerschaft seiner Frau einfach nicht zurecht kam. Eine therapeutische Intervention hielt er für abwegig. Das Problem sei nicht therapeutisch zu lösen, seine Frau solle zurückkommen, damit sei wieder alles in Ordnung, erklärte er.

In dem Gespräch mit dem Ehemann ließ ich mir in aller Ruhe die Entwicklung der Beziehung bis hin zur Ehe und schließlich auch deren Verlauf sowie deren Höhe- und Tiefpunkte schildern. Das Gespräch wurde immer wieder durch die Frage des Ehemanns unterbrochen, warum die Ehefrau ihn verlassen habe, obwohl sie auch in den letzten Jahren seinem Eindruck nach sehr glücklich gewesen sei? Ich sprach mit ihm über die Briefe, die sie ihm in den vergangenen Jahren geschrieben hatte. Er erklärte zwar, dass er diese Briefe gelesen habe, doch seien die darin erhobenen Vorwürfe nicht allzu ernst zu nehmen gewesen, da die Ehe ja auch nach Erhalt dieser Briefe – jedenfalls aus seiner Sicht – wieder sehr harmonisch verlaufen sei. Nach einer Reihe von Einzelgesprächen fragte ich den Ehemann, ob diese fortgesetzt werden sollten, da eigentlich schon alles gesagt worden sei. Er bat mich, die Gespräche unbedingt fortsetzen zu dürfen, denn er erlebe sie doch als sehr hilfreich.

Da ich mich mit meinen »Gesprächskünsten« am Ende wähnte, nahm ich meinerseits Hilfe von einem Therapeuten in Anspruch, um einen Weg zu finden, den Ehemann zur Aufgabe dieser nicht enden wollenden »Warum-Frage« zu bewegen. Eines Tages kam mir ein Zufall zu Hilfe, der das Problem einer positiven Entwicklung zuführte. Bei einem Museumsbesuch in Calw, dem Hermann-Hesse-Museum, las ich einen Brief, den Hesse am 31. Mai 1927 an seinen Freund Walter Schädelin geschrieben hat: »Meine zweite Frau hat sich wieder scheiden lassen, ich konnte selber nicht recht herauskriegen, warum eigentlich. Sie hielt die Sache der Mühe einer persönlichen Besprechung nicht wert, und teilte mir nur eines Tages mit, sie wünsche die Scheidung, welche Bitte ich ebenso höflich und ratlos erfüllte, wie ich vor einigen Jahren die Bitte um Heirat erfüllt hatte.«[3] Ich schrieb diesen Brief ab und las ihn dem Ehemann vor. Ich hatte hiermit genau seine Art von Humor getroffen. Er lachte und erklärte, dass er wohl nicht weiter nach dem Warum fragen dürfe, nachdem der große Kenner der Seelengründe und -abgründe auch keine Antwort auf dieses Warum gefunden habe.

Jetzt öffnete sich der Ehemann den verschiedenen Lösungskonstellationen. Er war seiner Frau bei der Anmietung einer angemessenen Wohnung behilflich, in die sie mit dem jüngsten Kind einzog. Die beiden älteren Kinder waren bereits groß genug, um die tägliche Betreuung der Mutter entbehren zu können. Nach wenigen Einzelgesprächen und einem Abschlussgespräch konnte sogar erreicht werden, dass die Ehefrau in der Zeit, in der der Ehemann berufsbedingt abwesend war, die größeren Kinder im Hause betreute und für sie kochte.

Das Schlussgespräch, das ich mit dem Ehemann führte, war für mich besonders interessant. Er erklärte mir, dass er am Anfang seiner großen Not einen Arzt aufgesucht und auch Beruhigungsmedikamente eingenommen habe. Die Wirkung dieser Medikamente habe nur ganz begrenzte Zeit angehalten, danach sei wieder eine fürchterliche Leere eingetreten, während die positive Wirkung der Einzelgespräche, die er mit mir geführt habe, wesentlich nachhaltiger gewesen sei.

Mit zu den schwierigsten Fragen für einen Mediator gehört die Abwägung, ob bei Gewalt des Ehepartners von der gesetzlichen Möglichkeit Gebrauch gemacht werden soll, diesen mithilfe der Polizei kurzfristig aus der Ehewohnung entfernen zu lassen, oder ob man den sanfteren, aber ungleich mühevolleren Weg wählt, um gewaltsamen Ausbrüchen des Ehepartners zu entgehen. Dabei darf nicht verkannt werden, dass die negative Energie des Ehepartners, bei dem die Gewalt gegenüber dem anderen Ehepartner zu befürchten ist, oft derart intensiv und anhaltend ist, dass jedes behördliche Einschreiten nur für eine kurze Zeit Abhilfe schaffen kann.

Fall 2: Der Existenzminimum-Fall
Die zwölfjährige Ehe der Parteien ist relativ normal verlaufen. Aus der Ehe sind zwei Kinder hervorgegangen. Die Ehefrau verlässt eines Tages ihren Mann – aus dessen Sicht wie aus heiterem Himmel. Die Ehefrau hat bereits einen neuen Partner, mit dem sie auch schon zusammen in einer Wohnung lebt. Der Ehemann wirkt in der ersten Besprechung sehr stark mitgenommen, abwesend und sogar depressiv. Als im Laufe der Beratung die Unterhaltsfrage angesprochen wird, verhärtet sich seine bis dahin eher weiche und nachgiebige Haltung. Er habe durch das Studium der Unterhaltsliteratur schon in etwa ausgerechnet, was ihm bleibe. Dies sei auf jeden Fall zu wenig, um zu leben. Er habe alles genau durchkalkuliert, aber wenn ihm nicht wenigstens 1.500 Euro verblieben, fehle ihm jegliche Perspektive, ohne ein Mindestmaß an Lebensqualität aber werde er Schluss mit dem Leben machen. Er zog ernsthaft in Erwägung, zuvor den Nebenbuhler und seine Ehefrau in den Abgrund zu reißen. Er vertraute mir an, dass er zurzeit starke Antidepressiva nehme. Die Sache war also nicht auf die leichte Schulter zu nehmen.

Ich versuchte ihm die objektiv vorhandenen positiven Prognosen zu verdeutlichen: Kürzung des Unterhalts durch

Erweiterung der beruflichen Tätigkeit der Ehefrau, höhere Einkünfte durch zu erwartende Gehaltserhöhung, Reduzierung des Unterhalts durch Anrechnung von Einkünften der Ehefrau aus dem Gesichtspunkt der Haushaltsführung für ihren neuen Partner, realistische Chancen der Unterhaltsreduzierung bei einer Dauer der außerehelichen Partnerschaft von ca. zwei Jahren, Wegfall der Unterhaltsleistung in einigen Jahren, wenn das älteste Kind eine Lehre beginnt. Meine Bemühungen gingen jedoch schon deshalb ins Leere, weil der Ehemann immer wieder den Eindruck einer deutlichen Geistesabwesenheit machte. Ich hatte den Eindruck, dass meine Worte nicht einmal in sein Ohr hinein und durch das andere hinaus gingen, sondern dass ich schlichtweg an ihm vorbeiredete. Nachdem die Auflistung sämtlicher positiver Gesichtspunkte und Kriterien versagte, stellte sich die Frage, wo und wie hier angesetzt werden könne. Einer Motivation für eine Therapie bedurfte es nicht, er versicherte mir, eine solche Behandlung bereits in Anspruch genommen zu haben, da er sonst die zurückliegende Phase keinesfalls überlebt hätte. Nachdem er mir die Erlaubnis erteilt hatte, sprach ich mit seinem Therapeuten, der mein Angebot der Kooperation und Koordinierung sehr positiv aufnahm.

Die Einzelgespräche mit der Ehefrau ergaben, dass sie, obwohl sie für die Situation ihres Mannes Verständnis zeigte, den Mindestunterhalt für sich und die zwei Kinder und damit einen Betrag ansetzte, der immer noch etwa 400 Euro über der Maximalleistung lag, die der Ehemann sich als unverrückbare Höchstgrenze gesetzt hatte.

Also blieb mir nichts anderes übrig, als die Einzelgespräche mit dem Ehemann fortzusetzen. Dies umso mehr, als er es war, der häufiger, als ich ihm Termine geben konnte, die Gespräche suchte. Während eines Gesprächs mit dem Unglücklichen machte ich eine hochinteressante Entdeckung: Der Ehemann hatte mit seinen sehr feinen Sinnen rasch herausgefunden, dass ich meine ganze Kraft aufbot, ihm zu helfen. Meine Bemühungen, ihm die objektiv vorliegenden positiven Prognosen immer wieder ins Gedächtnis zu rufen, hatte ich längst aufgegeben. Den Schlusspunkt dieser Bemühungen hatte ich nicht ohne einen Unterton von Empörung und Vorwurf gesetzt, als ich ihm verdeutlichte, dass ich an seiner Stelle einen Fehlbetrag von etwa 400 Euro monatlich schlimmstenfalls durch Putzarbeiten in den Haushalten anderer Leute kompensieren würde und mir der Wunsch aller Kinder heilig wäre, den eigenen Vater nicht zu verlieren. Es ging also darum, seine Lebensfreude, den Wert des Lebens an sich viel stärker als bisher zu verdeutlichen. Aber wie? Letztlich war dies die Aufgabe seines Therapeuten. Dieser bedeutete ihm aber, dass er zunächst nur über die Medikamente ruhigzustellen sei und eine Therapie bis zum Absetzen der Medikamente lange Zeit in Anspruch nehmen könne.

Ich fragte den Ehemann, ob er mir einen Gefallen tun könne, was er spontan bejahte. Ich gab ihm die Novelle »Victoria« von Knut Hamsun und bat ihn, sie so schnell wie möglich zu lesen, um mir dann seinen Eindruck von dem Inhalt mitzuteilen.

Der Hintergrund dieser Novelle ist nicht ungewöhnlich. Victoria, eine Frau aus äußerst gutem Hause, liebt seit ihrer Kindheit Johannes, einen Jungen aus der einfachsten Schicht. Im heiratsfähigen Alter wird sie einem Mann versprochen, der standesgemäß ist, den sie aber nicht liebt. Unmittelbar nach der Heirat kommt er auf tragische Weise ums Leben. Sie ist nun frei für ihre Jugendliebe. Der Junge ist inzwischen zu einem erfolgreichen Schriftsteller avanciert. Als sie diesem ihre Liebe bekennt, muss er ihr eröffnen, dass er nur kurze Zeit vorher einer anderen Frau die Ehe versprochen hat und dadurch gebunden ist. Nicht viel später trennt sich die Verlobte von ihm.

Obwohl es noch Begegnungen zwischen Victoria und dem Schriftsteller gibt, sind beide in ihrer jeweiligen Welt gefangen, sodass es kein Happy End gibt. Victoria erkrankt schwer und stirbt schließlich. Erst nach ihrem Tod wird, ihrem Wunsch entsprechend, dem Schriftsteller ihr Abschiedsbrief geschickt. In diesem Brief spricht Victoria zwei große Themen an. Zum einen die unerfüllte Liebe, zu der sie sich in herzzerreißender Weise bekennt, und zum anderen den Wert des Lebens, was noch ergreifender ist. Zum letztgenannten Thema möchte ich zitieren: »Nun habe ich heute schon viele Male an diesem Brief geschrieben, und doch habe ich Ihnen nicht den tausendsten Teil von dem gesagt, was ich sagen wollte. Es ist so fürchterlich für mich, zu sterben, ich will es nicht, noch hoffe ich so innig zu Gott, daß es vielleicht ein weniger besser werden könnte, wenn auch nicht länger als bis zum Frühling. Da sind die Tage hell, und an den Bäumen ist Laub. Wenn ich jetzt wieder gesund würde, dann wäre ich gewiß nie wieder böse gegen Sie, Johannes. Wie habe ich darüber nachgedacht und geweint! Ach, ich würde hinausgehen und alle Steine auf der Straße streicheln und an jeder Treppenstufe, an der ich vorbeikäme, anhalten und ihr danken und gut gegen alle sein. Es wäre ganz gleich, wie schlecht es mir auch erginge, wenn ich nur leben dürfte. Nie mehr würde ich über etwas klagen, nein, ich würde dem, der mich überfiele und schlüge, zulächeln und Gott loben und danken, wenn ich nur leben dürfte. Mein Leben ist so ungelebt; für niemand habe ich etwas tun können, und dieses verfehlte Leben soll jetzt enden. Wenn Sie wüßten, wie ungern ich sterbe, würden Sie vielleicht etwas tun, würden alles tun, was in Ihrer Macht stünde. Sie können freilich nichts tun; aber ich dachte, wenn Sie und die ganze Welt für mich beteten und mich nicht fortlassen wollten, würde Gott mir das Leben schenken. Oh, wie dankbar wollte ich da sein und nie mehr jemand etwas Böses tun, sondern allem zulächeln, was mir beschieden wäre, wenn es mir nur erlaubt wäre zu leben. Mutter sitzt da und weint. Sie saß auch die ganze Nacht hier und weinte um mich. Das tut mir ein wenig wohl, es mildert die Bitterkeit des Abschieds.«[4]

Wie sehr die Novelle den Ehemann angesprochen hat und ihm eine Hilfe war, den Wert des Lebens anders als bisher zu schätzen, konnte ich nur ahnen. Entscheidend für eine positive Wende war, dass er erkannte, wie ernst ich seine Drohung auffasste, sich das Leben zu nehmen, und wie sehr ich mich mit meinen bescheidenen Mitteln bemühte, ihm zu helfen. Beim nächsten Gespräch erklärte er mir, dass er regelrecht gerührt sei zu sehen, wie sehr ich mich anstrenge, auch wenn wohl alles vergeblich sei. Ich merkte plötzlich jedoch, dass eine andere Phase der Gespräche eingeleitet wurde. Ich fühlte, wie er sich Mühe gab, mir in meiner Hilflosigkeit behilflich zu sein und quasi mich zu trösten. Wenn der Mensch sich, wie der Ehemann, in einer Phase befindet, in der er von ganzem Herzen und mit ganzer Seele eine Lösung sucht, ist es wohl so, dass er für jeden Impuls aufnahmebereit ist.

Der Impuls kam in diesem Fall vom Ehemann selbst. Weil er bisher auf einen bestimmten Betrag fixiert war, der ihm zum Lebensunterhalt monatlich verbleiben müsse, sagte er unerwartet: »Wenn ich wenigstens ein kleines finanzielles Polster hätte, könnte ich die entwürdigenden Phasen des finanziellen Engpasses ein wenig überbrücken.« Das war das entscheidende Stichwort. Einen Kapitalbetrag für den Ehemann aufzutreiben schien relativ schnell machbar. Über Gespräche mit seinen Eltern konnte ihm schließlich ein solches Kapital zur Verfügung gestellt werden.

Wenn der Betroffene fühlt, dass er mit seinen auch irrationalen oder wenig nachvollziehbaren Vorstellungen ernst genommen wird, wenn er fühlt, dass die Bemühungen des Mediators ehrlich und wahrhaftig sind, und wenn der Betroffene erkennt, dass der Mediator von Herzen alles gibt, was er zu geben in der Lage ist, setzt eine Art Mitleid des Betroffenen für den Mediator (den Helfenden) ein, verbunden mit einer Bereitschaft, diesem zu helfen, damit er mit seinen Bemühungen nicht ganz erfolglos sei und von ihm, dem Ratsuchenden, nicht weiter gequält werde.

Der Hilfesuchende erlebt somit den Helfer als jemanden, dem Hilfe zuteil werden sollte. Während die Fähigkeit des Betroffenen, sich selbst zu helfen, darniederliegt, kann die Hilfsbereitschaft für andere geweckt werden. Das Mitleid, das der Betroffene zunächst nur für sich selbst empfunden hat und das nicht ausreichte, sich selbst zu helfen, entwickelt mitunter eine Stärke, aus der heraus Impulse zu helfen geäußert werden.

Der tiefere Grund dieses Phänomens liegt wohl in der Erkenntnis, gebraucht zu werden, wichtig zu sein. Wenn wegen mangelnden Selbstvertrauens das eigene Leben gering geachtet wird, kann in der Hilfeleistung für andere ein mittelbarer Impuls für das eigene Leben ausgelöst werden.

Fall 3: Das nicht enden wollende Telefonat

Blicke ich auf meine lange Tätigkeit als Scheidungsanwalt zurück, ist mir noch sehr genau ein Fall erinnerlich, bei dem mir erstmals das Mandat entzogen wurde. Wenn eine

Mandatsentziehung als ein Scheitern des Anwalts betrachtet wird, war ich ganz offensichtlich gescheitert. Worum ging es? Der Fall schien zunächst relativ normal gelagert. Die Ehefrau, meine Mandantin, erklärte, dass sie sich schnellstmöglich scheiden lassen wolle. Sie sei aus der Ehewohnung bereits ausgezogen. Sie berichtete, dass sie schon achtundzwanzig Jahre verheiratet sei, im Übrigen seien zwei inzwischen erwachsene Töchter aus der Ehe hervorgegangen.

Der von ihr angegebene Scheidungsgrund war nicht unüblich. Sie schilderte ihren Ehemann als unerträglich eifersüchtig, das Martyrium dieser Ehe wollte sie nicht länger ertragen. Die Beispiele der eifersüchtigen Exzesse ihres Mannes, alle durchweg von ihr glaubhaft geschildert und für eine sofortige Scheidung eigentlich wohl auch ausreichend, lagen jedoch schon über ein Jahrzehnt zurück. Kurioserweise nannte die Ehefrau als einen besonders gravierenden Grund einen Vorfall, der sich schon am Tag der Eheschließung zugetragen hatte. So sollte ihr Ehemann unmittelbar nach dem Verlassen der Trauungskirche auf die liebevolle Umarmung ihres Vaters mit den sinngemäßen Worten reagiert haben, dass er sich in Zukunft solche Intimitäten von seinem Schwiegervater energisch verbitte.

Ich erklärte der Ehefrau, dass die genannten Gründe mangels Aktualität nicht ausreichten, um eine Scheidung auf die sogenannte unzumutbare Härte zu stützen. Aus ihren Schilderungen ergebe sich, dass die Ehe sich, jedenfalls in den letzten Jahren, wohl relativ normal und – zumindest würde das Gericht es wohl so beurteilen – als einigermaßen erträglich dargestellt haben dürfte. Ich fragte die Ehefrau, ob sie mir auch einen aktuellen Grund nennen könne, der nicht direkt etwas mit der Eifersucht ihres Ehemannes zu tun habe. Daraufhin erklärte sie, dass sie sich in einen

Mann aus ihrem Tennisklub verliebt habe und die Liebe auch von ihm leidenschaftlich erwidert werde. Sie wolle, wenn schon eine schnelle Scheidung nicht möglich sei, wenigstens alle anderen Fragen, die mit der Scheidung zusammenhingen, so bald wie irgendwie machbar geklärt haben.

Das von mir an den Ehemann gerichtete Schreiben enthielt neben dem geäußerten Scheidungswunsch der Ehefrau noch einige standardartige Formulierungen, die u. a. Fragen des Unterhalts und des Hausrats betrafen.

Wenige Tage später erhielt ich abends von dem Ehemann, der von seiner Arbeit zurückkehrend meinen Brief vorgefunden hatte, einen Anruf. Zunächst wusste ich nicht einmal, wer der Anrufer war, weil er seinen Namen nicht genannt hatte und kaum verständliche Sätze hervorbrachte. Schließlich stellte sich heraus, dass es eben der Ehemann der genannten Mandantin war. Seine Stimme klang verzweifelt und klagend, es folgten Vorwürfe gegenüber seiner Ehefrau, schließlich wechselte er in einen flehenden und bittenden Ton. Die Botschaft war eindeutig. Er wollte um keinen Preis der Welt die Scheidung. Er schilderte, dass er die Ehe als harmonisch und beglückend erfahre und dass ihn die jetzige Entwicklung wie ein Blitz aus heiterem Himmel getroffen habe. Vor allem habe seine Frau ihm durch ihr jahrzehntelanges Verhalten und Tun immer wieder zu verstehen gegeben, dass er von ihr geliebt werde und sie mit ihm zusammen alt werde wolle. Meine Bedenken, dass die Ehefrau sein Verhalten mitunter als eifersüchtig und sehr belastend erlebt habe und weiterhin erlebe, ließ er nicht gelten.

Nachdem ich mir alles sehr geduldig angehört hatte – inzwischen war wohl schon etwa eine halbe bis eine dreiviertel Stunde vergangen – erklärte ich ihm, dass ich das mit ihm Besprochene meiner Mandantin mitteilen und mit ihr erörtern werde. Meine Versuche, nun das Gespräch nach den allgemein üblichen Konventionen zu beenden, waren jedoch erfolglos. Schließlich wurden meine Ankündigungen, den Hörer nun doch aufzulegen, immer deutlicher. Je konsequenter ich ihn jedoch bat, das Gespräch beenden zu dürfen, desto flehentlicher wurde seine Bitte, nicht aufzulegen. Er müsse mir noch so vieles sagen, das außerordentlich wichtig sei. Ich versuchte ihn mit allen mir zu dieser Zeit bekannten Rückzugsstrategien zum Ende des Gesprächs zu motivieren.

Meine Gedanken kreisten anfangs um das Anliegen meiner Mandantin, sich so schnell wie möglich scheiden zu lassen. So konnte ich mir gut ausmalen, was sie in Phasen psychischer Instabilität ihres Mannes wohl alles durchlitten haben musste. Doch entwickelte ich seltsamerweise von Minute zu Minute mehr Mitleid für den mir unbekannten Mann am Ende der Leitung. Mein anfängliches Unbehagen, das sich bei mir eingeschlichen hatte, weil er im Begriff war, mir meinen verdienten Feierabend zu stehlen, verflüchtigte sich allmählich und wurde von echtem Mitgefühl abgelöst. Ein Blick auf die Uhr zeigte mir, dass ich meine für diesen Abend geplante Unternehmung ohnehin schon verpasst hatte, und so übte ich mich weiter in der Geduld des Zuhörens.

Im weiteren Gesprächsverlauf versuchte ich ihn zu motivieren, seelsorgerische oder therapeutische Hilfe in Anspruch zu nehmen. Aber auch diese Bemühungen waren vergeblich. Offensichtlich hatte er mich als den allein maßgeblichen Gesprächspartner in der Erwartung auserwählt, ich könne als Scheidungsanwalt seiner Frau Einfluss auf sie ausüben und sie vielleicht doch noch von ihrem Scheidungsvorhaben abbringen. Er bat mich inständig, weiter zuzuhören, was er auf dem Herzen habe. Ich hörte meine innere Stimme zu mir sagen: »Zuhören, zuhören, zuhören«. Offensichtlich hatte er inzwischen so viel Vertrauen zu mir gewonnen, dass er mir von seiner Kindheit erzählte, von dem frühen Tod seiner Mutter. Seinen Vater hatte er nie kennengelernt. Von seiner Zeit in Waisenheimen und wie schmerzhaft es für ihn gewesen sei, immer wieder die ihn betreuenden Personen zu verlieren, kaum dass er Wärme und Zuspruch erfahren hatte. Als das Wort Waisenheim fiel, musste ich daran denken, dass es in noch gar nicht so ferner Vergangenheit hieß, die kleinen Waisen seien absichtlich nicht sonderlich liebevoll zu behandeln, weil ihnen sonst die Ablösung vom Heim und ihr Schritt ins selbstständige Leben zu schwer fallen würde. Das genaue Gegenteil schien mir stets Erfolg versprechender.

Als er von seiner ersten Liebe, seiner einzigen Liebe, von seiner Ehefrau sprach, konnte ich mir gut vorstellen, was für eine Erlösung aus der Einsamkeit sie für ihn gewesen sein musste. Er empfinde jetzt, wo sie ihn verlassen habe, eine völlige Bedeutungslosigkeit seines Lebens, eine vollständige Leere. Jeder Lebensmut habe ihn verlassen. Für sie habe er gelebt, nur sie und seine Kinder seien der Sinn seines Lebens gewesen. Diese Qualen halte er nicht mehr aus. Diese Enttäuschung werde er nie überwinden können. Dass seine Ehefrau zu so etwas fähig sei, hätte er sich nie vorzustellen vermocht. Und dann sprach er es deutlich aus: Er werde sich das Leben nehmen. Er sei sich dessen ganz sicher. Dann wurde seine Stimme immer brüchiger und ging schließlich in einen Weinkrampf über.

Ich fühlte mich sehr unwohl, weil ich einfach nicht mehr wusste, was ich sagen und was ich tun konnte. Ihm so banale Worte zu sagen wie: das Leben werde schon weitergehen und er mit der Zeit seinen Lebensmut gewiss wieder zurückgewinnen, brachte ich einfach nicht über die

Lippen. Aber nichts zu sagen, schien noch weniger das Richtige zu sein. Denn kaum hatte ich eine Weile geschwiegen, fragte er sehr besorgt, ob ich denn noch am Telefon sei. Ich kämpfte mit mir, ob ich den polizeilichen Notdienst benachrichtigen sollte, um den Lebensmüden, in eine psychiatrische Klinik bringen zu lassen. Einerseits brauchte er dringend Hilfe, andererseits hatte er mir sein Herz ausgeschüttet, hatte sich mir anvertraut, sodass ich es wie einen Verrat empfunden hätte, diesen Weg zu wählen. Aber als letzten Ausweg diese Reißleine zu ziehen, behielt ich mir während des ganzen Gesprächs dann doch noch vor.

Als seine Worte, noch immer vom Schluchzen begleitet, hoffnungsloser und verzweifelter klangen, lösten sie urplötzlich bei mir eine eigenartige Resonanz aus. Mit einem Schlag war ich nicht mehr der Außenstehende, der Unbeteiligte. Auf einmal tauchte vor meinem Auge eine Szene auf, an die ich seit ihrem Geschehen nie wieder erinnert worden war. Es war eine Begebenheit aus den letzten Tagen des Zweiten Weltkrieges. Wir, d. h. meine Geschwister und ich, saßen am Tisch in der Wohnung unserer Tante in der Berliner Rankestraße und spielten mit den Mosaiksteinchen, die wir kurz zuvor aus den Trümmern der von Fliegerbomben zerstörten Gedächtniskirche aufgesammelt hatten. Unsere Beschäftigung mit diesen wunderschönen, vor allem goldenen und leuchtend rubinroten Steinchen wurde jäh unterbrochen, als es äußerst aufdringlich an der Haustür klingelte. Meine Tante öffnete und ich hörte eine männliche Stimme in einem äußerst gehetzten Ton sagen: »Sie sind hinter mir her.« Die Worte selbst haben mir nicht viel gesagt, aber die Stimme verriet höchste Erregung und ein Flehen um sofortige Hilfe. Meine Tante flüsterte dem Mann etwas zu, was ich nicht verstand, und eilte mit ihm durch die Wohnung in einen hinteren Raum, von dem aus ein Fluchtweg wieder aus dem Hause heraus führte. Kaum war meine Tante wieder zurück, klingelte es erneut an der Tür. Diesmal viel stürmischer und von einem heftigen Klopfen begleitet. »Sofort aufmachen«, hieß es. Mit einer hektischen, aber flüsternden Stimme sagte unsere Tante zu uns, wir sollten einfach weiterspielen, und wenn man uns fragen würde, ob hier gerade ein Mann gewesen sei, sollten wir einfach mit einem Nein antworten. Sobald meine Tante die Tür geöffnet hatte, stürmten zwei Männer in die Wohnung und riefen: »Er muss sich hier versteckt haben.« Sie eilten durch alle Räume, schauten überall nach, wo sich jemand hätte versteckt haben können und verließen, als sie den Gesuchten nicht gefunden hatten, die Wohnung ebenso schnell, wie sie gekommen waren. Gott sei Dank hatten sie uns nicht gefragt. Vielleicht hätten unsere ängstlichen Stimmen verraten, dass wir nicht die Wahrheit sagten.

Ob sie den Mann je gefasst haben, erfuhren wir nie.

Für mich hätte dieser Vorfall nichts Besorgniserregendes gehabt und ich hätte ihn als eine Art Versteckspiel für Erwachsene empfunden, wäre da nicht die Stimme gewesen, die mich hat spüren lassen, was es für einen Menschen bedeutet, Todesangst zu empfinden. Seiner Stimme war eine derart herzzerreißende Schwingung eigen, dass sie sich meiner Seele bemächtigte und gleichzeitig auf meinen Körper überging.

Ich hätte wohl nie wieder an diesen Vorfall gedacht, wenn mich nicht jetzt diese unüberhörbare Nuance in der Stimme des Ehemannes, die allerhöchste Not verriet, an den Vorfall in der Rankestraße erinnert hätte. Noch wenige Minuten vorher, bei der ersten Ankündigung des Ehemannes, sich das Leben zu nehmen, hatte ich mir eingeredet, dass Menschen, die einen Selbstmord ankündigen, ihn wohl nicht durchführen werden, weil Selbstmörder eine solche Entscheidung stets stillschweigend treffen und diese ebenso stillschweigend und konsequent in die Tat umsetzen. Die gleichzeitig vernehmbare innere Stimme aber, die mir sagte, dass Selbstmörder oft sogar vorher ihren Schritt wiederholt ankündigen, hatte ich geflissentlich überhört, denn diese hätte mich ja zum Handeln gedrängt. Auf einmal aber hatte ich um diesen fremden Mann am Ende der Leitung große Angst, anteilnehmende Angst, weil ich nun unmittelbar seine Angst fühlte. Ich fühlte sie so, als wäre ich plötzlich in seinen von Angst erfüllten Seelenraum getreten und ein Teil seiner Angst hätte sich übergangslos auf mich übertragen.

Zum ersten Mal fühlte ich, dass echtes Anteilnehmen an dem schweren Schicksal eines Menschen einen viel tieferen Sinn vermittelt, als ich mir je vorzustellen vermocht hatte. Bislang hatte das Wort Anteilnehmen nur die Bedeutung, dass ich einem anderen Menschen gegenüber mein Mitleid bekundete. Diesmal hatte es eine viel tiefere Dimension, nämlich einen Teil seines Leids durch das wahre Mitfühlen auf mich zu nehmen und so dessen Schmerz wahrhaftig zu teilen. Aus meiner Angst um den Leidenden heraus gestand ich ihm, wie ich mit ihm litt und was ich fühlte, weil seine Verzweiflung mir so nahe ging, und dass sich seine schmerzhaften Gefühle auf mich übertragen hätten. Er muss gespürt haben, wie ich von seiner Angst ergriffen worden war, und diese Angst in meinen Worten muss ihn etwa so, wie ein schwingender Resonanzkörper wieder auf die Quelle des Tons zurückwirkt, getroffen haben, denn es setzte ein eigenartiger Wechsel in seiner Stimme und in seinem Tonfall ein. Er wirkte unversehens ruhiger, beherrscht, fast normal, ich fragte mich, wie seine plötzliche Stimmungsschwankung zu erklären sei. Wahrscheinlich war es so, dass sein Schmerz sich in dem Maße von ihm gelöst hatte, wie ich von ihm ergriffen worden war, und er fühlte, dass ich mit ihm zusammen litt, echt und wahrhaftig. Dies mag für ihn Trost und Erleichterung bedeutet haben.

Er entschuldigte und bedankte sich gleichzeitig bei mir dafür, dass er mich für so viele Stunden beansprucht und ich ihm so uneigennützig meine Zeit geschenkt hatte. Er bat mich, mir keine Sorgen mehr um ihn zu machen und versicherte mir, darauf vertrauen zu dürfen, dass er sich nichts antun werde. Noch einmal flackerte der Gedanke in mir auf, vielleicht doch noch das Einsatzkommando zu rufen, um auf eine Gefährdung dieses Unglücklichen aufmerksam zu machen, doch fühlte ich, mehr noch, als es am Anfang des Gesprächs der Fall gewesen war, dass ich ihn damit womöglich hintergangen hätte. Auch hier war es wieder so, dass mich weniger seine Worte überzeugt hatten, als seine Stimme, die mich fühlen ließ, dass ihm ein großer Teil seines Grauens und Entsetzens genommen worden war.

Gleich am nächsten Morgen benachrichtige ich die Ehefrau von der telefonischen Nachtsitzung. Zwar hatte ich kein besonderes Lob erwartet, doch ihre Antwort machte mich fassungslos. Sie fragte mit einem eindeutig unterkühlten und beinahe vorwurfsvollen Ton, wessen Anwalt ich denn eigentlich sei. Auf meinen Hinweis, dass ich tatsächlich Schlimmstes für ihren Mann befürchtet hatte, erwiderte sie barsch: »Na und, dann wäre doch mein Problem gelöst gewesen.« Schließlich fügte sie noch hinzu, dass mein Mandat beendet sei und ich ihr meine Rechnung schicken möge.

Natürlich war mir bekannt, dass es viele Ehepartner gibt, die den anderen so schnell wie nur möglich loswerden möchten und es als eine Erleichterung erfahren, wenn diesem tatsächlich etwas zustößt. Und mehr noch: Dass sie hierbei sogar oft genug gewaltsam nachhelfen. Gleichwohl war ich von der Art und Weise, wie die Ehefrau meine Schilderung von der Nachtsitzung aufnahm, ziemlich betroffen. Eine derart gefühllose Reaktion, wie die dieser Frau, die sich selbst nicht mehr in Not befand und von ihrem Mann nicht mehr gequält, gedemütigt oder gar körperlich beeinträchtigt wurde, sondern durch ihren Auszug aus der Ehewohnung und ihr neues partnerschaftliches Glück schon die Weichen für ein erfülltes Leben gestellt hatte, war mir in der Realität noch nicht untergekommen, so etwas kannte ich bis dahin nur aus der Literatur. Sie erinnerte mich spontan an jene Cerise Osprey in Sinclair Lewis' »Sammlung von Ehegatten«, wo die Situation des verlassenen Ehemannes namens Vince so beschrieben wird: »Vince musste mit irgend jemand über den Verlust seiner Frau reden, sonst wäre er verrückt geworden. Aber da er keine anderen Vertrauten hatte, blieb die einzige Person, mit der er darüber reden konnte, seine Frau. Sie war nicht die Geeignete. Er bat sie, ihm zu sagen, was er tun sollte, und sie schlug vor, er solle sich das Leben nehmen.«[5] Die Geschichte nimmt den von der Ehefrau angestoßenen tragischen Verlauf. Innerhalb weniger Tage wird Vince zu einem heruntergekommen Landstreicher, der »unrasiert, taumelt, öffentlich und geräuschvoll betrunken in den Kneipen geifert«. Einem Bekannten, bei dem er Hilfe sucht und den er sehr verehrt, gesteht er schluchzend, dass es für jede Hilfe zu spät und er schon »kaputt gegangen« sei. Dennoch verspricht er weinend, tapfer zu sein. Doch ein weiterer Versuch, bei einem ehemaligen Studienkameraden Trost zu finden, bleibt ebenfalls ohne Erfolg. Schließlich stürzt er sich von einem Hochhaus.

Nachdem mir das Mandat von der Ehefrau entzogen worden war, konnte ich ohnehin nichts mehr verlieren, sodass ich mich veranlasst sah, an ihre Menschlichkeit zu appellieren. Ich glaubte, ihr mitteilen zu müssen, dass sie die Trennung von ihrem Ehemann durchaus etwas behutsamer hätte herbeiführen können. Als eine »unangebrachte Belehrung« empfand sie meinen Hinweis auf die Worte des Fuchses im »Kleinen Prinzen«, dass man sein Leben lang für denjenigen verantwortlich sei, dem gegenüber man sich vertraut gemacht habe.[6]

Wenn es mir nur um die mit dem Mandanten verbundenen Gebühren gegangen wäre, hätte ich etwas Wichtiges aus diesem Fall lernen können: »Schuster, bleib bei deinen Leisten.«

Seelenbeistand – und erst recht ein solcher für die Gegenseite – ist nicht Anwaltssache. Doch was hatte ich tatsächlich gelernt? Welche Erkenntnisse hatte ich aus diesem Nachtgespräch gezogen? Und: Welches Verhalten würde ich künftig in vergleichbaren Situationen zeigen? Was ich erfahren hatte, war eigentlich nur die Bestätigung einer mehr oder weniger bekannten Binsenweisheit, nach der Menschen in Not zu helfen ist. Doch der Unterschied zwischen Wissen und Fühlen ist wie Tag und Nacht. Tausendfaches Lesen dieser Weisheit ohne gefühlsmäßige Anteilnahme vermag nichts zu bewirken. Nichts, rein gar nichts! Erst im Laufe der Jahre wurde mir klar, dass und wie viel ich diesem Nachtgespräch mit dem Ehemann zu verdanken hatte, nämlich:

Es geht nicht nur darum, sich die Zeit für ein Gespräch zu nehmen, sondern es muss Zeit sein, die für dieses Gespräch ausreicht. Wie viel Zeit erforderlich ist, kann vor Beginn des Gesprächs nicht einmal gesagt werden. Optimal wäre somit eine unbegrenzte Zeit. Erst wenn dem in Not Geratenen die Furcht genommen ist, das Gespräch könne viel zu verfrüht beendet werden, kann er das erforderliche Vertrauen zu seinem Gegenüber entwickeln. Erst dann kann er sich öffnen, um sich mitunter zu Seelenzuständen zu bekennen, die ihm möglicherweise nicht einmal selbst bewusst waren.

Des Weiteren wurde mir klar, dass die Fortdauer einer Ehe dem später dann verlassenen Ehepartner suggeriert, alle Verletzungen, Demütigungen, Konflikte seien geheilt und befriedet, während sie sich beim verlassenden Ehepartner derart angesammelt und aufgestaut haben, dass ihm eine Trennung als der einzige Weg, als einzige Lösung erscheint. Im Klartext: Er erlebt seine Ehe als unglücklich, der andere als glücklich.

Auch habe ich erfahren, dass derart unerwartete große seelische Belastungen zu einer extremen Schwächung des Menschen führen und dabei Kurzschlussreaktionen auslösen können. Schließlich habe ich aus diesem Gespräch gelernt, dass eine wirklich hilfreiche Unterstützung, ein wirklicher Beistand dem Hilfsbedürftigen nur dann zuteil wird, wenn er nicht nur weiß, dass er von einem Gesprächspartner verstanden wird, sondern auch fühlt, dass der andere mit ihm fühlt, d. h. sein Leid fühlbar teilt. Jahrzehnte später wurde ich in dieser Erkenntnis durch Marshall B. Rosenbergs Werk »Gewaltfreie Kommunikation« (2001) bestätigt.

Fall 4: Der coole Ehemann

Der Ehemann hat seinen Arbeitsplatz verloren, zeitgleich hat die Ehefrau die Ehe beendet und sich einem anderen Partner zugewandt. Zu allem Überfluss ist eine finanzielle Investition des Ehemanns völlig fehlgeschlagen, sodass auch sein gesamtes Vermögen verloren ging. Die zwei nicht schulpflichtigen Kinder lieben nach Aussage der Ehefrau ihren neuen Partner – ganz dem Stereotyp getreu – »abgöttisch«. Die Ehefrau drängt auf den Auszug des Ehemannes aus dem Haus, das ihr gehört.

Der Ehemann gibt sich in der Mediation »cool«, für meine Begriffe ein wenig zu »cool«. Daraufhin schlage ich ihm ein Einzelgespräch vor. In diesem signalisierte ich Verständnis für seine extrem schwierige berufliche und private Situation. Dies war der Auslöser dafür, dass seine anfänglich »coole« Fassade in sich zusammenfiel und seine ganze seelische Not aus ihm herausbrach. Er gestand mir ein, dass er schon mehrmals versucht gewesen sei, mit dem Auto auf der Autobahn gegen den nächsten Brückenpfeiler zu fahren. Erschütternd war, als er mir gestand, dass er auch schon konkrete Vorstellungen gehabt habe, wie er das ganze Problem mit Gewalt gegen seine Familie und sich selbst auf »einen Schlag« lösen könne. Mit allen erdenklichen Mitteln versuchte ich, den Ehemann zur Aufnahme einer Therapie zu bewegen und erklärte mich bereit, für ihn kurzfristig einen Termin bei einem Therapeuten zu vereinbaren.

Es gelingt mir in solchen dramatischen Fällen immer wieder, den Mediationspartner für diesen Weg zu gewinnen. Bei dem hier konkret beschriebenen Fall ist es mir jedoch nicht gelungen. Am Ende des Gesprächs bat er mich um weitere Einzelgespräche. Diese haben schließlich dazu geführt, dass der Ehemann wieder Mut und Hoffnung fasste, die neuen Herausforderungen des Lebens anzunehmen.

Dieses Beispiel zeigt einerseits die Aufgabe des Dritten, wenn Mediationspartner sich zunächst gegen andere psychologische Hilfen sträuben, und gleichzeitig, welch außerordentlich wichtige Arbeit die Mediation in solchen Fällen leistet. Sie schafft Voraussetzungen dafür, dass sich die Mediationsteilnehmer gegenüber anderen Hilfestellungen öffnen oder wieder Kraft und Mut erlangen, ihr neues Leben zu meistern.

Wenn die seelischen Belastungen der Mediationsteilnehmer allerdings bereits zu psychosomatischen und sonstigen

Erkrankungen geführt haben, können sie durch eine Mediation in Form von Gesprächen und Einzelterminen auf Dauer nicht angemessen begleitet werden. Es ist in solchen Fällen dringend erforderlich, über ärztliche und therapeutische Arbeit eine Basis für weitere Mediationssitzungen zu schaffen.

Den Trennungswunsch vermitteln

Achtzig Prozent derjenigen, die infolge ungelöster Familienkonflikte zu Straftätern werden, behaupten, vom Opfer provoziert worden zu sein.

Nun kann man die Auffassung vertreten, dass dies reine Schutzbehauptungen seien, zumal die Täter die Tat in der Regel selbst dann abstreiten, wenn alle Indizien eine deutliche Sprache sprechen. Des Weiteren könnte man sich auf den Standpunkt stellen, in all den Fällen, bei denen der Straftäter von seinem Partner verlassen worden ist, mag allein dieser Umstand durchaus eine ausreichende Provokation für die spätere Tat gewesen sein. Schauen wir uns aber all diese Tragödien etwas näher an, stellen wir fest, dass neben der Erschütterung, verlassen worden zu sein, zumeist weitere erhebliche Umstände des Konfliktes und Verhaltensweisen des späteren Opfers vorgelegen haben, die zu der Frage führen, ob dieser fatale Ausgang nicht vielleicht doch hätte vermieden werden können.

Aus meinen Erfahrungen weiß ich: Nach vielen erfolglosen Bemühungen, dem anderen den Trennungswunsch so zu vermitteln, dass er das Ende der Partnerschaft akzeptiert, platzt dem Verlassenden oft der Kragen und er versucht jetzt dem Partner mit überdeutlichen und deshalb auch mit überwiegend verletzenden Worten klarzumachen, dass nun ein für alle Mal Schluss sei.

Gehen wir zur Ausgangssituation zurück, d. h. zu dem Zeitpunkt, da die Entscheidung getroffen wurde, den anderen endgültig zu verlassen. Zwei wichtige Fragen sind jetzt zu klären. Wann, und vor allem wie sage ich es dem Partner? Man kann es drehen und wenden wie man will, es gibt keinen guten Zeitpunkt! Dies kommt in der Anekdote deutlich zum Ausdruck, bei der ein Ehepaar am berühmten Trevibrunnen in Rom steht und die Ehefrau, nachdem sie die »Wunschmünze« in den Brunnen geworfen hat, ihrem Mann gegenüber spontan bekennt: »Es wird dich überraschen, aber ich möchte so schnell wie möglich von dir geschieden werden.«

Mir berichten immer wieder Ehepartner, dass sie Anläufe zu einem »Beichtversuch«, die Ehe beenden zu wollen, gemacht haben, diesen Versuch jedoch kurz nach Beginn des Gesprächs wieder aufgaben. Sie brachten es einfach nicht übers Herz und fanden auch nicht die richtigen Worte dafür.

Eine solche Situation ist von André Gide in seinem Klassiker »Die Schule der Frauen« beschrieben worden: Die Ehefrau zu ihrem Ehemann:

»›Robert, ich möchte eine ernste Unterredung mit dir haben.‹

›Du weißt, meine Liebe, daß ich mich nie weigere, mich ernsthaft zu unterhalten [...].‹

Jedoch auf einmal hörte ich auf zu begreifen, worüber ich mich beklagte und was ich hatte sagen wollen. Oder genauer: das, worüber ich zu klagen hatte, schien mir plötzlich unformulierbar zu sein. Vor allen Dingen wußte ich nicht, wie, mit welchem Satz, mit welcher Frage beginnen; indessen war ich fest entschlossen, den Kampf aufzunehmen, und ich wiederholte mir bis zum Wahnwitz: ›Wenn du es jetzt nicht tust, tust du es nie.‹ So daß mir war, als käme es vielleicht gar nicht so sehr darauf an, mit welchem

Satz ich den Angriff eröffnete und daß es das beste wäre, einer Art Eingebung zu vertrauen, die mir nachher schon weiterhelfen würde. Und wie ein Taucher, der sich mit geschlossenen Augen in den Strudel stürzt:

›Robert, ich möchte, daß du mir sagst, wenn du dich noch daran erinnerst, aus welchen Gründen du mich geheiratet hast. [...] Diese Unterredung mit dir, die ich mir schon lange vorgenommen, und die ich von Tag zu Tag aufschiebe ...‹

Ich konnte nicht vollenden; der Satz war mir schon zu lang geraten. Ich begann noch einmal, so leise, daß ich mich wunderte, wie er mich hören konnte:

›Höre, Robert. Ganz einfach: Ich kann nicht mehr mit dir leben. [...] Der, den ich leidenschaftlich geliebt habe, war sehr verschieden von dem, der, wie ich langsam entdeckt habe, du bist.‹ [...]

Ich wiederholte:

›Ich habe allmählich entdeckt, daß du ein ganz anderer bist, als ich anfänglich glaubte, ein anderer als der, den ich geliebt habe.‹«

Der Ehemann bricht in heftiges Schluchzen aus und ruft an die zwanzig Mal mit irrer Stimme: »Meine Frau liebt mich nicht mehr! Meine Frau liebt mich nicht mehr! ...« Am Endes des Kapitels seufzt die Ehefrau: »Er liebt mich noch. Ach, leider! Also kann ich ihn nicht verlassen ...«[7]

Wie kann man also seinem Partner, seinem Ehepartner, verständlich machen, dass die Liebe erloschen ist und man keine Perspektiven mehr für eine gemeinsame Zukunft sieht? Man spielt vielleicht gedanklich hundert verschiedene Möglichkeiten durch, und doch vermag keine zu überzeugen, zu keiner kann man sich durchringen.

Weil das Wie-sag-ich-es-ihm/ihr? so überaus schwer ist, versuchen es Ehepartner häufig mit (Aus-)Wegen, die wir uns einmal etwas genauer unter dem Aspekt anschauen wollen, ob diese als provokativ von dem Verlassenen empfunden werden könnten. Weil die überwiegende Zahl der Täter Ehemänner sind, wähle ich bei allen Beispielen die Fälle heraus, bei denen die Ehefrau diejenige ist, die ihren Partner zu verlassen beabsichtigt.

Verheimlichen

Das Verheimlichen einer außerehelichen Partnerschaft wird oft begleitet von der trügerischen Hoffnung, dass sich schon eine Gelegenheit zur Aussprache finden werde. Der Nachteil besteht darin, dass man Vorwände erfinden und Ausreden suchen muss, um das Geheimnis zu wahren. So werden Geschäftstermine vorgeschoben, Treffen mit Freunden, Sportaktivitäten vorgespiegelt usw. Schon gibt es Dienstleistungsfirmen, die sich darauf spezialisiert haben, dem untreuen Ehepartner ein perfektes Alibi zu liefern. Zumeist kommt aber schließlich alles durch einen »blöden Zufall« heraus. Genauer betrachtet handelt es sich jedoch nicht um einen Zufall. Der hintergangene Ehepartner hat nämlich Verdacht geschöpft und überprüft die Gründe, die der frisch verliebte Ehepartner für sein Fernbleiben angibt. Der Getäuschte wird also das Gefühl nicht los, dass hier irgendetwas nicht stimmt. Schließlich macht er sich auf die Suche und wird auch meistens fündig. Hierauf versucht der überführte Ehepartner zum Gegenangriff überzugehen, wirft dem anderen sein Nachspionieren vor und beklagt sich über dessen Vertrauensbruch. Aber es nützt nichts. Der Vorwurf, den anderen betrogen, belogen und hintergangen zu haben, steht im Raum und belastet die Zukunft, d. h. das bevorstehende Scheidungsverfahren und nach der Scheidung auch für alle Zeit die gemeinsame Vergangenheit.

Dabei kann der untreue Ehepartner noch von Glück sagen, wenn es der Betrogene selbst ist, der ihm auf die Schliche gekommen ist, der die Post gelesen, die Handynachrichten abgefragt und in den Tagebüchern gelesen hat. Verschlimmern können sich die Folgen eines Ehebruchs dann, wenn ihn schon »die Spatzen von den Dächern pfeifen« und der Betroffene noch immer nichts ahnend ist. Das mag eine Weile gut gehen, doch eines Tages wird es dem Betrogenen zumeist von dritter Seite (womöglich von seinem Klubkameraden) zugetragen. Etwa: »Du Paul, eigentlich gehen mich deine Privatsachen ja nichts an, aber ich weiß nicht so recht, man sagt, dass deine Frau und der Karl – also ich hab natürlich nichts gesagt – aber vielleicht hast du ja schon selbst etwas gemerkt – ich glaube ja nicht an solche Gerüchte, andererseits soll sie gestern mit dem Karl in ziemlich eindeutiger Weise gesehen worden sein.«

Wir stellen also fest, dass das Verheimlichen, das »Aussitzen-Wollen«, sich meist als der falsche Weg erweist. Wenn der Ehebruch dann doch eines Tages herauskommt und herauskommen muss, wird das Verschweigen dieses oft schon Monate währenden Hintergehens von dem Verlassenen eindeutig als eine besonders große Demütigung und Erschütterung erfahren.

Flucht mit Ortswechsel

Sind keine Kinder aus der Ehe hervorgegangen, geschieht diese Flucht häufig in einer Nacht-und-Nebel-Aktion; eines Tages kommt der Ehepartner nach Hause und steht vor einer halb oder gar völlig ausgeräumten Wohnung. Ein kleiner Zettel weist darauf hin, dass der andere nicht mehr wiederkommt.

Betrachten wir diesen Lösungsweg etwas näher, ist auch hier festzustellen, dass die unerwarteten Aktionen als provokativ erlebt werden. Der verlassene Partner wird alles daransetzen, den neuen Wohnort des Verlassenden ausfindig zu machen. Auf den Geflüchteten wird sich dann die ganze Wut, die sich während der Suchaktion aufgestaut hat, entladen. Verweigert der Verlassende auch weiterhin das Gespräch, so besteht die große Gefahr, ständig verfolgt und zur Rede gestellt zu werden.

Meiner Erfahrung nach bewährt sich eine Flucht ausnahmsweise nur dann, wenn eine beträchtliche räumliche Distanz vom Fluchtort zum bisherigen Wohnort besteht. Am vorteilhaftesten ist es natürlich, in ein fernes Land, wenn nicht sogar auf einen anderen Kontinent zu flüchten. Ein solches Verhalten ist zwar auch provokativ, aber zumeist ohne dramatische Folgen, und zwar nicht nur wegen des zu großen Aufwands, den die »Verfolgung« in Anspruch nimmt, sondern vor allem, weil der geflohene Ehepartner den Zurückgelassenen von seiner neuen Heimat aus nicht mit Forderungen (Hausrat, Unterhalt, sonstige Vermögensansprüche usw.) konfrontieren wird.

Ein hoher Provokationsgrad wird immer dann zu bejahen sein, wenn der verlassende Partner gleich in die Wohnung des Neuen/der Neuen einzieht. Hierdurch wird beim Verlassenen fast immer der Eindruck erweckt, kurzerhand ausgetauscht worden zu sein.

Flucht mit zeitweiligem Ortswechsel

Eine Mandantin berichtete mir, dass ihr Ehemann derart eifersüchtig sei, dass jede Chance auf eine vernünftige Trennung zum Scheitern verurteilt sei. Darüber hinaus erlebe sie das Zusammensein mit ihm als unerträglich. Jeder Versuch, aus der Ehewohnung auszuziehen, würde zu einer Katastrophe führen. Schließlich habe sie sich, da die Kinder groß genug gewesen seien, um mit dem Vater alleine zurechtzukommen, in eine psychosomatische Klinik einweisen lassen. Wann immer ihr Mann sie besucht habe, sei es ihr gelungen, ihn davon zu überzeugen, dass eine Rückkehr in die Ehewohnung den langsam einsetzenden Heilungsprozess wieder zunichte machen würde. Nach einer Verlängerung ihres Klinikaufenthaltes habe der Ehemann schließlich eingesehen, dass seine Frau »verrückt« geworden sei, und sich einer anderen Partnerin zugewandt. Mit einem Augenzwinkern erklärte mir die Ehefrau, sie habe in der Klinik einen derart guten Eindruck hinterlassen, dass einige Therapeuten ernsthaft an einer Notwendigkeit ihres Klinikaufenthalts gezweifelt hätten.

Es handelt sich um eine gelungene, weil nicht provokative, wenn auch mit einem erheblichen Aufwand verbundene Flucht, die natürlich letztlich nur schwer zu billigen ist. Trotzdem ist sie im Vergleich mit allen sonstigen Arten der Flucht (nach Übersee, in den Alkohol, in Psychopharmaka u. Ä.) ein durchaus verständlicher Weg.

Beispiel einer missglückten Paartherapie

Wie behutsam man bei diesem Lösungsweg vorgehen sollte, zeigt folgender Fall. In den ersten Stunden der Mediation stellte sich heraus, dass die Ehefrau recht ambivalent war. Einerseits erklärte sie, sie habe keinerlei seelischen Bezug mehr zu ihrem Ehemann, was dazu geführt habe, dass sie seit langem auch im erotischen Bereich eine völlige Blockade erlebe, andererseits verspüre sie aber keinen akuten Wunsch, sich von ihrem Ehemann zu trennen. Der Ehemann wollte demgegenüber definitiv nicht nur an der Ehe festhalten, sondern vor allem die von ihm stets als beglückend erfahrene geschlechtliche Begegnung mit seiner Ehefrau fortsetzen. Das Ehepaar entschied sich zu einer Paartherapie. Die Mediation wurde ausgesetzt. Monate später rief mich der Ehemann an und bat um Fortsetzung der Mediation, und zwar mit folgender Begründung: Die Therapie habe bei seiner Frau zwar sehr gut angeschlagen, sodass ihre Blockade im erotischen Bereich behoben werden konnte, andererseits sei der Begünstigte dieser Therapie nun aber ein anderer Mann geworden, mit dem sie jetzt ein außereheliches Intimverhältnis unterhalte! Der Ehemann hat durch diese Entwicklung eine schwere seelische Erschütterung erfahren, gerade weil er im Hinblick auf die gemeinsame Therapie gehofft hatte, die Ehefrau wieder zurückzugewinnen. Da der Ehemann verständlicherweise von der Therapie »die Nase voll hatte«, begleitete ich ihn viele Monate lang mit oft täglichen Gesprächen, bis er schließlich besser damit zurecht kam, seine Frau endgültig verloren zu haben.

Das Verhalten der Ehefrau muss als provokativ bewertet werden. Während der Therapie wird sie festgestellt haben, dass ein Zurück zu ihrem Ehemann nicht mehr möglich sein würde. Zu diesem Zeitpunkt hätte sie die Therapie beenden und auch die offizielle Trennung von ihrem Ehemann einleiten müssen. Die Ernsthaftigkeit der Ehefrau, die Ehe zu retten, muss in dem Maße bezweifelt werden, wie sie ohne Einhaltung einer Schamfrist das (Nacht-)Lager gewechselt hat.

Flucht mit Unterstützung des »Retters in der Not«

Mit einer weiteren, häufig anzutreffenden Konstellation möchte ich mich näher befassen. Die Ehefrau klagt schon seit Monaten, wenn nicht seit Jahren ihrem Ehemann gegenüber, dass ihre Ehe verarmt sei und sie eigentlich die Trennung von ihm wolle. Da der Ehemann sie inständig bittet zu bleiben, kann sie sich nicht entschließen, die räumliche Trennung herbeizuführen. Sie sieht sich außer Stande, ihren »Absprung« aus eigener Kraft zu schaffen. Die Bereitschaft, eine andere Beziehung einzugehen, ist deshalb groß. Der neue Partner wird dann zum »Retter in der Not«, wenn er es als seine selbstverständliche Kavalierspflicht ansieht, die Ehefrau aus den Fängen des »grausamen« Ehemannes zu retten. Meist versucht sie in dieser Situation, dem Ehemann klarzumachen, dass sie ohnehin, also unabhängig von der neuen Beziehung, die Ehe beendet hätte. Doch muss ihre Begründung dann härter und direkter ausfallen, wenn der Ehemann sie einerseits mit schwersten Vorwürfen überschüttet, andererseits sie aber inständig bittet, nicht die Ehe, sondern vielmehr den Partner aufzugeben.

Bei dieser Sachlage werden meiner Erfahrung nach die größten provokativen Fehler begangen. Während der Ehemann sich ohnehin durch die neue Entwicklung über alle Maßen verletzt, entwertet und gedemütigt fühlt, hat die Ehefrau, sich der moralischen Unterstützung ihres neuen Partners gewiss, die psychische Kraft, dem Ehemann unverhohlen all seine tatsächlichen und vermeintlichen Fehler vorzuwerfen. Geradezu fatal ist es, wenn demgegenüber die faszinierenden Fähigkeiten des neuen Partners in schillernden Farben gemalt werden.

Die Ehefrau, die mit ihrem Mann in einem Sechsfamilienhaus im Erdgeschoss wohnte, hatte sich in den freien Architekten, der als Single eine Etage darüber lebte, unsterblich verliebt. Als sie eines Tages – wie stets – die Kinder ins Bett gebracht hatte, verabschiedete sie sich mit den Worten, sie habe zu dem Nachbarn eine starke seelische Bindung entwickelt und wolle mit ihm die schönen, (natürlich nur) geistreichen Gespräche, die sie auch schon tagsüber mit ihm geführt habe, fortsetzen. Der Ehemann machte noch gute Miene zum bösen Spiel und wollte den Worten seiner Frau Glauben schenken. Als er (einmal mehr durch einen »Zufall«) entdeckte, dass seine Ehefrau, die seit Jahren abgesetzte Pille wieder einnahm, ohne freilich mit dem Ehemann den ehelichen Verkehr zu vollziehen, klappte das Lügengebäude der Ehefrau wie ein Kartenhaus zusammen. In ihrer Wut, der Lüge und des Ehebruchs überführt worden zu sein, und in dem Bewusstsein, dass ihr Liebhaber weiterhin hinter ihr stehen werde, schrie sie ihren Ehemann mit den Worten an, mit dem Neuen den schönsten Sex in ihrem ganzen Leben erlebt zu haben, und dass sie sich nie habe vorstellen können, was für ein unendliches Glücksgefühl – ja der »pure Wahnsinn« – mit dieser wahren Liebe, der wahrsten die sie je erlebt habe, verbunden sei.

In vielen Einzelgesprächen machte der Ehemann mir gegenüber immer wieder die verzückte Geste der Ehefrau nach – den flüchtigen Kuss auf die sich berührenden Fingerspitzen einer Hand – mit der sie diesen besonders attraktiven Sex mit ihrem Liebhaber gelobt hatte: Er vertraute mir an, dass er diese Enttäuschung wohl nie überwinden könne und der Wunsch nach Rache von Tag zu Tag größer werde. Es sei nur noch nicht klar, wer letztlich auf der Strecke bleibe, d. h. ob er seine Ehefrau, den Nebenbuhler, oder gar beide umbringen werde und anschließend sich selbst! Der Ehemann hat diese Erschütterung nur mit schweren Psychopharmaka überwinden können. Unaufhörlich klagte er mir sein Leid darüber, dass ihn die erwähnte Geste der Ehefrau auf immer und ewig verfolgen werde und er dieses Bild nie aus seinem Gedächtnis werde löschen können.

Die Spielarten, den Ehemann mit dem Bild des (scheinbar) alles rettenden Märchenprinzen zu provozieren, sind derart vielfältig, dass nur einige Beispiele herausgegriffen seien.

Das Ehepaar lebt, wenn auch vom Ehemann widerwillig akzeptiert, in der Ehewohnung getrennt. Die gemeinsamen Kinder sind noch in einem Alter, in dem sie nachts beaufsichtigt werden müssen. Die Ehefrau bedeutet dem Ehemann, dass sie heute Nacht aushäusig sei und er auf die Kinder aufpassen möge. Jede Minute, die über die vom Ehemann erwartete Rückkehr der Ehefrau hinausgeht, stellt sich für ihn als eine ins Unerträgliche steigernde Qual dar, weil er sich – zutreffend oder unzutreffend – in den schlimmsten Bildern ausmalt, in welchem Liebestaumel sich die Ehefrau gerade mit dem anderen befindet.

So hat dieser Ehemann mir eine Liste gezeigt, auf der minutiös die Zeiten vermerkt sind, zu denen die Ehefrau das Haus verlassen hat und wann sie wiedergekommen ist. Seine Hände zitterten unbeschreiblich, als er diese Liste mit den Worten kommentierte: »Glauben Sie mir, es war die Hölle. Daß ich sie noch immer nicht umgebracht habe, kann ich eigentlich bis heute nicht verstehen.«

Generell kann gesagt werden, dass immer dann eine Provokation vorliegt, wenn der verlassene Ehepartner erleben muss, wie er sich im ehelichen Wohnbereich eingeschränkt und gar verdrängt fühlt, weil der neue Partner immer größeren Platz einnimmt, sei es durch Besuche, wenn der andere Ehepartner aushäusig ist, sei es durch Telefonate, wenn der andere Ehepartner sich in der Ehewohnung aufhält, sei es durch Briefe, Geschenke u. Ä. Eine Gefahr der Provokation besteht also immer dann, wenn Ehepartner noch nicht räumlich voneinander getrennt leben.

Ich selbst bin ganz knapp der Tätlichkeit eines neuen Partners entronnen, weil ich in der Begründung des Scheidungsantrags (wahrheitsgemäß) ausgeführt hatte, dass der von mir vertretene Ehemann es als unerträgliche Provokation erlebt hatte, dass die Ehefrau die Geschenke, mit denen sie von ihrem neuen Partner überschüttet wurde, in der Ehewohnung zu – so meine Formulierung – einer Art Altar mit Opfergaben aufgestellt hatte. Der neue Partner begleitete die Ehefrau als besonderer Beschützer zum Scheidungstermin und bedrohte mich derart massiv, dass mich der Gott sei Dank pünktliche Aufruf des Gerichts über Lautsprecher, den Gerichtssaal zur Verhandlung zu betreten, vor einem Schlag bewahrte.

Der Leser wird zu Recht fragen, was denn nun der richtige Weg sei, d. h. wie man am besten vorgehen könne, um zu vermeiden, dass allzu viel Porzellan zerschlagen wird. Gehen wir zum Ausgangspunkt des Kapitels zurück.

Provokation vermeiden durch Kommunikation

Es nützt alles nichts, im übertragenden wie im konkreten Sinne. Auch wenn die Hürde viel zu hoch erscheint, dem anderen Ehepartner in einem Gespräch die Situation zu verdeutlichen, gibt es keine bessere Alternative als diese Form der Kommunikation. Die Frage des Wie ist allerdings damit noch nicht beantwortet.

Aus meiner Sicht ist in der bereits genannten Novelle »Victoria« diese heikle Situation meisterhaft gelöst worden.

Ich habe die Handlung bereits eingeführt (vgl. den Existenzminimum-Fall, S. 297). Der erfolgreiche Schriftsteller, Johannes, der einst einem Mädchen von dreizehn Jahren, Camilla, das Leben gerettet hat, macht ihr später einen Heiratsantrag, den diese jetzt, als junge Frau, mit Freuden annimmt. Bevor es zur Hochzeit kommt, lernt sie einen anderen Mann kennen und lieben. Dieser begleitet sie zu dem Haus des Schriftstellers, wartet davor, während Camilla in das Haus geht und mit Johannes spricht. Langsam bereitet sie ihn auf die neue Situation vor. Doch dann handelt sie ganz spontan:

»Sie wirft sich ihm an den Hals, verbirgt ihr Gesicht an seiner Brust, zitternd und verstört.

Ja, aber dich habe ich auch lieb, bricht sie aus. Das mußt du mir glauben. Ich liebe nicht nur ihn, so schlimm ist es nicht. Als du mich voriges Jahr fragtest, wurde ich so froh; aber jetzt kam er. Ich verstehe es nicht. Ist es so schrecklich von mir, Johannes? Ich liebe ihn vielleicht ein ganz klein wenig mehr als dich; ich kann nichts dafür, es ist über mich gekommen. Ach Gott, viele Nächte habe ich nicht mehr geschlafen, seit ich ihn gesehen habe, und ich liebe ihn immer mehr. Was soll ich tun? Du bist so viel älter, du sollst es sagen. Nun hat er mich hierher begleitet, er steht unten und wartet auf mich, um mich wieder heimzubegleiten, und jetzt friert er vielleicht. Verachtest du mich, Johannes? Ich habe ihn nicht geküßt, nein das habe ich nicht, glaube mir; ich habe ihm nur meine Rose gegeben. Warum antwortest du nicht, Johannes? Du mußt sagen, was ich tun soll, denn ich halte es nicht mehr aus.

Johannes saß ganz still da und hörte ihr zu. Er sagte:

Ich habe nichts darauf zu antworten.

Dank, Dank, lieber Johannes, es ist so lieb von dir, daß du nicht wütend auf mich bist, sagte sie und trocknete ihre Tränen. Aber du sollst nicht glauben, daß ich dich nicht auch lieb habe. Du lieber Gott, ich will jetzt viel öfter zu dir kommen als früher und alles tun, was du willst. Aber es ist eben nur das eine, daß ich ihn lieber habe. Ich habe es nicht gewollt. Es ist nicht meine Schuld .«[8]

Eigentlich überflüssig zu erwähnen, dass Johannes auf dieses Geständnis positiv reagiert. Er geht mit Camilla aus dem Haus, begleitet sie und den neuen Partner noch ein Stück des Weges und verabschiedet sich dann.

Nun wird der Leser einwenden, dass es vielleicht die höchste Form der Heuchelei gewesen sei, dem Verlassenen so liebevolle Worte zu sagen. So etwas sei wohl nur in der Literatur anzutreffen. Das Höchste, wozu sich der verlassende Ehepartner gerade noch »hinreißen lässt«, sei doch wohl nur, dem Verlassenen eine Art Freundschaft anzutragen. Dies geschieht jedoch zumeist mit den ebenso seelenlosen wie stereotypen, oft nur so dahingeworfenen Worten: »Wir können doch gute Freunde bleiben.« In Gedanken möchte man fortsetzen, »Wir können es natürlich auch bleiben lassen, das wäre mir eigentlich noch lieber.« Der Verlassene spürt bei einem solchen Vorgehen natürlich, dass diese Redewendung nicht wirklich von Herzen kommt und daher nicht ansatzweise einen Trost zu vermitteln vermag.

Bevor ich dem Leser zahlreiche Beispiele nenne, die zeigen, mit welcher Geschicklichkeit es Ehepartnern gelungen ist, den von ihnen Verlassenen nicht nur zu trösten, sondern von ihm auch den Segen für ihren neuen Weg zu erhalten, bedarf es einer Vorbemerkung. Dem Ehepartner, der den anderen verlassen möchte, wird es dann am ehesten gelingen, mit buchstäblich heiler Haut davonzukommen, wenn er sich in die desolate Gefühlsverfassung des Verlassenen hineinzuversetzen vermag. Dass dies im Zustand des höchsten Glücks, das er ja mit dem neuen Partner erlebt, eine kaum zu überbietende mentale Leistung darstellt, bedarf keiner weiteren Erwähnung. Andererseits darf nicht übersehen werden, dass es allzu oft um Leib und Leben geht und es daher alle, aber auch wirklich alle Reserven des Verstehens und Sich-in-den-anderen-hinein-Versetzens zu aktivieren gilt. Am besten gelingt ein solches Mitfühlen und Mitleiden den Partnern, die eine solche Phase der tiefsten Enttäuschung schon selbst einmal erlebt haben.

Ein Betroffener schilderte mir folgenden Fall: Er hatte eine Frau kennengelernt, die sich nach einer dreijährigen Partnerschaft, aus der ein Kind hervorgegangen war, in einem persönlichen und finanziellen Chaos wiederfand. In dieser Situation hatte er ihre Bekanntschaft gemacht. Er nahm sich nun sehr liebevoll all ihrer widrigen Verhältnisse an und setzte seine ganze Lebenskraft und sein ganzes Können ein, um ihr bei der Bewältigung einer Vielzahl von Problemen wirtschaftlicher, seelischer und sonstiger Art zu helfen. Zunehmend entwickelte dieser Mann eine Liebe zu ihr, die sie zwar zu erwidern versuchte, was ihr aber nicht so recht gelang. Er zeigte mir Briefe von ihr, die mit zärtlichen Worten und Versprechungen seine Liebe zu ihr geweckt hatten. In einen Brief wählte sie sogar den Begriff »Bräutigam«. Zwischenzeitlich habe es zwar Phasen gegeben, in denen er ihre Worte über eine gemeinsamen Zukunft in Zweifel zog, sodass er sich veranlasst gesehen habe, sie offen zu fragen, ob es ihr lieber sei, wenn er seine Gedanken an eine Heirat aufgebe. Hierauf habe sie stets vehement erwidert, dass er dies bitte nicht tun möge. Schließlich habe er sich ermuntert gesehen, ihr einen Heiratsantrag zu machen, weil sie ihn dann doch zunehmend habe glauben lassen, er habe Aussicht, ihr »Ja« zu erhalten. Gerade in dem Moment, in dem sie ihm auch zu verstehen gegeben hatte, dass sie sich ihm völlig öffnen und sich ihm auch körperlich hingeben werde, habe sie einen anderen Mann kennengelernt, zu dem sie eine wahre Leidenschaft entwickelt habe. Natürlich machte der Betroffene ihr daraufhin Vorhaltungen und erklärte, er könne das Gefühl nicht loswerden, von ihr letztlich doch getäuscht worden zu sein.

Sie schrieb ihm folgenden Abschiedsbrief: »Mein lieber ..., das gestrige Gespräch hat mir sehr weh getan. Vielleicht habe ich das auch verdient. Ich kann aber trotzdem nicht aufhören Dich zu lieben. Du bist einfach das Schönste, das Beste, was mir in meinem Leben passiert ist. Zu schön, um wahr zu sein [...]. Aber wie ich Dir schon mehrmals gesagt habe: ich habe es nicht verdient mit Dir zu sein, dass ist mir noch gestern Abend sehr klar geworden. Du hast mich überschätzt. Ich habe total versagt. Du hast Dich geirrt. Du bleibst für mich immer [...] der Große, ethisch der Wertvollste und Würdevollste. Es ist die höchste Ehre, Dich lieben zu dürfen.

Deine ...

PS.: Hilf mir bitte bitte bitte, Dich nicht mehr so unendlich zu lieben.«

So wie es dem unglücklichen, weil verlassenen Mann nicht gelingen wird, den Widerspruch zwischen dem Handeln der Frau und dem Inhalt dieses Briefes aufzulösen, so wenig wird es dem Leser gelingen. Das Prinzip, das diese Frau angewandt hat, kann, positiv bewertet (also als authentisch und wahrhaftig betrachtet), das Bemühen sein, dem Verlassenen Achtung, Wertschätzung und Respekt nicht zu nehmen, sondern, im Gegenteil, ihn so sehr zu erhöhen, dass die Verlassende seiner nicht wert sei.

Wer nicht in der Lage ist, diesen Worten Glauben zu schenken, wird nur ein Wort parat haben: Manipulation! Und er wird sich an das Gesetz des Weglobens erinnert sehen, das etwa im Beamtenrecht seit Jahrhunderten Tradition hat, wonach ein missliebiger Kollege für einen anderen Posten als besonders qualifiziert bewertet wird, um ihn schnellstmöglich und auf angenehme Weise loszuwerden.

Der Unglückliche hat die erste Möglichkeit »gewählt«; denn als er mir diesen Brief zum Lesen gab, sagte er mit tiefster Traurigkeit, er müsse *um seiner selbst Willen*, aber auch um ihretwillen an die Wahrhaftigkeit ihrer Worte glauben, obwohl sein Zweifel daran eher überwiege.

Ein weiteres Beispiel möchte ich aus meiner Praxis nennen, bei dem es dem Ehemann, der seine Ehefrau nach dem klassischen Muster wegen einer wesentlich jüngeren

Frau verlassen hat, wohl authentischer als in dem vorstehenden Beispiel gelungen war, seiner unglücklichen Ehefrau Trost zu spenden:

»Liebe ...,

gedanklich habe ich schon unendliche Briefe an Dich geschrieben, doch sie alle wieder verworfen. Alles hätte so nichtssagend, so trostlos geklungen, dass ich Dich damit nicht noch mehr belasten wollte. Nach wie vor glaube ich, dass wir in einem persönlichen Gespräch viel mehr über die eingetretene Entwicklung erfahren können, als dies durch Telefongespräche oder Briefe möglich ist. Ich war zu diesem Weg bereit, aber Du wolltest und konntest nicht, was ich verstehe. Nach wie vor glaube ich, dass dies die beste Möglichkeit ist zu begreifen, zu verstehen und auch zu ertragen. Lass mich wissen, wann Du Dich stark genug für ein solches Gespräch fühlst. Am [...] hatte ich geglaubt, du seist über das Gröbste hinweg und erwartete seither Deinen Anruf. Mein Schweigen darfst Du nicht als Gleichgültigkeit interpretieren, ich bin völlig verunsichert, was richtig ist. Glaube mir, ich bin ebenso fassungslos wie Du. Ich glaube nicht, dass sich mein Problem auf die von Dir genannte Feststellung, »Männer sind eben so« reduzieren lässt. Es ist eine schicksalhafte Entwicklung eingetreten, die ich nicht mehr unter Kontrolle habe. Natürlich frage ich mich auch immer wieder, wie so etwas hatte passieren können. Wir beide, das war für mich seit über einem Jahrzehnt klar, gehörten einfach zusammen, komme, was da wolle. Immer wieder befinde ich mich jetzt in einem Zustand, in dem ich daran zweifle, ob ich in der Realität lebe, oder ob ich dem psychischen Druck, der seit langem auf mir lastet, der immer stärker wurde, einfach nicht mehr gewachsen bin und eine tollkühn-verzweifelte Flucht aus der Realität angetreten habe. Doch eines weiß ich: Ich wünsche mir, dass wir uns unsere große Liebe in dem Kleid einer großen, tiefen, beharrenden Freundschaft bewahren. Ich möchte weiter für Dich da sein, wenn Du mich brauchst, möchte – wie bisher – Anteil nehmen an all dem, was Dich beschäftigt, was Dich freut, was Dir Sorgen bereitet. Ich möchte mich Dir anvertrauen dürfen, wenn ich nicht mehr weiter weiß, möchte mit Dir auch wieder lachen dürfen. Ich habe die Vision, dass das möglich ist. Wir beide, das war immer etwas Großartiges und Einmaliges, etwas Unwiederholbares und Unschätzbares. Es könnte – mit eigentlich nicht so entscheidenden Einschränkungen – auch in Zukunft so sein. Ich glaube fest daran und vertraue darauf. Ein Impuls in diese Richtung habe ich ganz spontan beim Betrachten des beigefügten Ringes erhalten. Er soll symbolisieren, dass wir so oder so zusammengehören, dass wir uns durch die eingetretene Entwicklung nicht »auseinanderdividieren« lassen. Ich wäre sehr glücklich, wenn Du den Ring mit ähnlichen Gefühlen tragen würdest. Es ist kein Abschiedsring, sondern ein Ring, der einen Neuanfang unserer Freundschaft signalisiert. Glaube bitte auch mit daran.

Wenn auch Du diese Vision mit mir teilst, schaffen wir beide es.

In Liebe …«

Die Frage ist bei den beschriebenen Konstellationen nahezu immer gleich. *Wie wahrhaftig und wirklich ernst gemeint sind die Bemühungen des verlassenden Ehepartners, den zurückgebliebenen noch mit Fürsorge und Beistand zu begegnen?* Auf diese Wahrhaftigkeit und Ernsthaftigkeit kommt es letztendlich an. Meine Ausführungen sollen nicht etwa als Anleitung zur Manipulation verstanden werden, sondern vielmehr aufzeigen, dass es unter bestimmten Voraussetzungen, mitunter nur noch den einzigen

Weg gibt, nämlich den, sich die wirklichen Werte des Verlassenen in Erinnerung zu rufen und sie notfalls, d. h. in der tatsächlichen Not, zu erhöhen und zu verstärken.

Wie häufig das »richtige« (oder besser gesagt: bestmögliche) Verhalten Lebensrettung bedeuten kann, möchte ich noch an einem letzten Beispiel erläutern:

Die Ehefrau erzählte mir, dass sie sich von ihrem äußerst gewalttätigen Ehemann trennen wolle, aber noch nicht wisse, wie sie dies anstellen könne. Sie hätten einen zwölfjährigen Sohn, Kevin, der oft Opfer von furchtbaren Schlägen ihres Mannes werde. Sie habe nicht die Kraft, sich von ihm zu lösen, weil sie wisse, dass höchste Gefahr sowohl für ihr Kind als auch für sie bestehe. Der Ehemann erfuhr von einem völlig harmlosen Treffen seiner Frau mit einem Arbeitskollegen. Dies reichte aus, um den Sohn, der die Mutter verteidigte, auf das Übelste zusammenzuschlagen. Als die Ehefrau die Wohnung betrat, am Boden ihren wimmernden und übel zugerichteten Sohn sah und danach in das vom Hass verzerrte Gesicht des Mannes schaute, wusste sie, dass jetzt alles davon abhängen würde, was sie sagen würde. Ihrem Mann die Gewalttätigkeit gegenüber dem Sohn vorzuwerfen, würde, das wusste sie, dessen gewaltsames Handeln nur auf sie selbst lenken, was sie sicher nicht überleben würde. Eine solche oder ähnliche Situation hatte sie gedanklich schon oft durchgespielt, sodass sie in der Lage war, sinngemäß folgendes zu ihm zu sagen: »Wie sehr muss Kevin dich gereizt und verletzt haben, dass du nicht anders kannst, als ihm so weh zu tun.« Darauf sah sich der Ehemann veranlasst, sich heftig über die »Unverschämtheiten« des Sohnes zu beklagen, sodass er seine negative Energie kanalisieren konnte.

Wie Fälle wie dieser ausgehen, hängt – man kann es nicht genug betonen – entscheidend von den jeweiligen Umständen des Einzelfalls ab. Die in diesem Buch geschilderten Beispiele haben dies, wie ich hoffe, deutlich machen können. Die Umstände aber, auch das soll noch einmal gesagt werden, kennen die Ehepartner selbst am allerbesten.

Eine der wichtigsten Lehren, die daraus für die Mediation gezogen werden kann, hat der schon zitierte ehemalige Verfassungsrichter Wolfgang Hoffmann-Riem in ebenso knappen wie überzeugenden Worten zum Ausdruck gebracht. Er soll hier das letzte Wort haben:

»Ein Mensch, der ausgleicht, *darf* nicht irren; ein Mensch, der anderen hilft, den Ausgleich selbst zu finden, *kann* nicht irren.«[9]

Anmerkungen

1 In: Slawomir Mrozek: Das Leben für Fortgeschrittene. Zürich 2006, S. 40f.

2 J. W. v. Goethe: Wilhelm Meisters Wanderjahre, HA 8, S. 281.

3 Hermann Hesse: Gesammelte Briefe. Hg. von Ursula und Volker Michels. Bd. 2: 1922–1935. Frankfurt/M. 1979, S. 176.

4 Knut Hamsun: Victoria. Die Geschichte einer Liebe. In: Hochhuth/Reinoß: Ruhm und Ehre, a. a. O., S. 335.

5 Sinclair Lewis: Cass Timberlane. Der Roman enthält mehrere satirische Exkurse u. d. T. »Sammlung von Ehegatten«. Zit. nach: Hochhuth/Reinoß: Ruhm und Ehre, a. a. O., S. 504.

6 Antoine de Saint-Exupéry: Der kleine Prinz. Olten 2000, S. 72.

7 André Gide: Die Schule der Frauen. Erzählungen. München 1982, S. 59–64.

8 Knut Hamsun: Victoria, a. a. O. S. 329f.

9 Wolfgang Hoffmann-Riem: Modernisierung von Recht und Justiz, a. a. O., S. 73.

Danksagung

Mein aufrichtiger Dank gilt meinem langjährigen Freund Martin Rupps. Ohne ihn wäre das Buch nicht zustande gekommen.

Großen Dank empfinde ich auch gegenüber meiner Lektorin Ute Maack, die mich bei der Fertigstellung des Buches unterstützt hat. Die inspirierenden Gespräche mit ihr haben mir eine besondere Freude gemacht.

Den Frauen und Männern, die den Weg der Mediation gewählt und mir ihr Vertrauen geschenkt haben, sei ebenfalls mein herzlicher Dank ausgesprochen.